职业教育经济管理类新形态系列教材

辽宁省职业教育"十四五"第二批规划教材

商品基础知识
与养护技能

Shangpin jichu zhishi
yu yanghu jineng

于威 张敏 ◎ 主编
姚伟 刘娜 ◎ 副主编
周建共 ◎ 主审

人民邮电出版社
北 京

图书在版编目（CIP）数据

商品基础知识与养护技能 / 于威，张敏主编. -- 北京：人民邮电出版社，2017.4
21世纪高职高专财经类规划教材
ISBN 978-7-115-44647-3

Ⅰ. ①商… Ⅱ. ①于… ②张… Ⅲ. ①商品学—高等职业教育—教材 Ⅳ. ①F76

中国版本图书馆CIP数据核字(2017)第005878号

内 容 提 要

本书主要介绍商品基础知识和养护实用技能，包含商品学和商品养护学基础知识。商品学部分主要包括商品分类与商品质量；商品养护学部分重点阐述水（湿度）、温度、微生物、仓虫、气体、灰尘、光、机械力、火等商品安全储运的外部条件控制。

本书不仅注重理论知识的讲解，更注重每一个知识点的实际应用。

本书提供电子课件、实训教学资料、习题参考答案、模拟试卷等配套教学、学习资料，索取方式参见"配套资料索取示意图"。

本书为物流、连锁经营、电子商务（营销类）专业教学用书，也可作为商品行业从业者自学参考用书。

◆ 主　　编　于　威　张　敏
　　副主编　姚　伟　刘　娜
　　主　　审　周建共
　　责任编辑　万国清
　　责任印制　杨林杰
◆ 人民邮电出版社出版发行　　北京市丰台区成寿寺路 11 号
　　邮编　100164　　电子邮件　315@ptpress.com.cn
　　网址　http://www.ptpress.com.cn
　　廊坊市印艺阁数字科技有限公司印刷
◆ 开本：787×1092　1/16
　　印张：12　　　　　　　　　2017 年 4 月第 1 版
　　字数：266 千字　　　　　　2025 年 7 月河北第 13 次印刷

定价：36.00 元
读者服务热线：(010)81055256　印装质量热线：(010)81055316
反盗版热线：(010)81055315

前　言

或许是机缘巧合，我本科学习了化学专业，研究生学习了工商企业管理专业，完成了商品学课程所需各种知识的积累，从教的第一门课就是商品养护课程，对这门课程有着一份特殊的情感。

无论是物流专业，还是连锁经营与管理、电子商务（营销类）等专业，或多或少都需要一些商品基础知识支撑其他专业课程的学习。市场上商品知识类的教材很多，章节体系主要分以下三类：一是以商品学为主要知识体系；二是以商品养护特性为体系；三是以物流商品运输条件为体系。为更好地完成教育教学工作，培养学生的可持续发展能力，经过多年的教学实践，我们对常规教学体系做了一些调整，逐步形成了本书的教学体系。

本书命名为《商品基础知识与养护技能》，以物流专业需求为基础设计，兼顾连锁经营、电子商务（营销类）等专业的需求，在编写中进行了以下尝试。

第一，兼顾物流和相关专业所需的商品知识。本书将商品学知识体系精简为商品与商品分类、商品质量两章内容。商品分类、商品质量是商品经营管理的必备知识，以备物流专业学生在营销类岗位的就业之需。同时，商品与商品分类、商品质量也是物流人做好商品养护管理的理论基础。本书重点内容是商品养护，厘清外界因素与商品养护的关系是保障学生职业生涯可持续性发展的根本，故而注重相关问题的追根溯源、阐明其间的逻辑关系，让学生对理论知识、养护技能看得明白，用得放心。

第二，注重理论与实践的结合。高职教学，更加注重理论知识的实践应用。本书重点内容结合课堂讨论、看板、阅读案例、网络实践等形式强化知识的应用和拓展，以提高阅读（学习）的趣味性；章后设置"教学做一体"实训教学，涉及茶叶、金属制品、黄花鱼、轮胎、大米、玻璃包装花露水、果蔬等商品，实训过程中有思路引导、资料支撑，让"教与做、学与做"更具针对性和可实施性。书后附录有化妆品和服装品综合实训项目。

第三，注重知识的完整性、逻辑性和简洁性。追根溯源，方可谈发展。本书通过商品故事的问题为"引"，逐步探索，从微观到宏观、从学习到生活、从简单到复杂，逐步完成章节内容的学习，完成相关问题的解答。商品基础知识、养护知识貌似体系庞杂，实际上，读者利用初、高中的物理、化学、生物中最简单的知识，利用对生活的观察，就可以轻松读懂本书。

第四，注重解决易教易学的问题。为了方便教师梳理教学思路、方便学生探索知识，

　　章前设置知识目标、技能目标、知识体系等框架性内容；为了方便教师检验学生的学习状况和自学效果，在章后设置本章小结和巩固练习（包括习题与实训题目）。另外，本书还提供电子课件、实训教学参考资料、习题参考答案、模拟试卷等配套教学（学习）资料资料，索取方式参见"更新勘误表和配套资料索取示意图"。

　　参加本书编写的有大连职业技术学院的于威、张敏、姚伟、刘娜，其中于威负责编写第四、第五、第六章，张敏负责编写第二、第三章，周建共编写第七章，姚伟编写实训、第八章，刘娜编写绪论、第一章。全书由于威、张敏主编，负责提纲拟定，总纂定稿；由周建共主审。

　　在本书的编写过程中，大连职业技术学院物流专业教研室主任郭美娜老师、工商企业管理（连锁经营）专业教研室主任赵明晓老师、工商企业管理（连锁经营）李志波老师也给出了宝贵的意见和建议，并得到了大连职业技术学院工商管理系的大力支持，在此表示感谢。

　　在本书的编写过程中，吸收、引用、借鉴了有关专家、学者的研究成果，在此表示由衷的感谢和诚挚的谢意！

　　由于编者水平有限，书中难免有不当和疏漏之处，欢迎读者和专家批评指正。

于威

2016 年 11 月

目　录

绪　　论

对于一般消费者，通过日积月累可以逐渐了解日常生活中所接触商品的特性、保养方法等知识，不学习商品学课程也可以较好地生活。

如果读者将来在采购、物流、零售等行业中就职，需要接触成千上万种商品，这些商品可能很多是我们认识的，但不可能都是我们熟悉的，工作岗位上也不允许我们"慢慢""逐一"熟悉，因此，需要提前储备一些商品基础知识，解决商品采购、商品储运物流、商品营销的技术管理思路问题。商品变质、损坏，在家中常常直接被丢弃，但工作中多数情况下不允许这样简单处理，必须在充分了解商品分类、质量、养护等专业知识的基础上，做好商品的专业防护工作，减少损失、提高效益。

一、商品学与商品养护学简介

"商品学"课程的研究对象是商品的使用价值及其变化规律，它有两个主线：一是商品分类，二是商品质量。主要研究内容有商品、商品分类、商品质量、商品检验、商品标准、商品包装，其中商品质量是"商品学"研究的核心内容。

"商品养护学"课程是"商品学"的分支学科，其研究对象是商品使用价值在储存中的变化规律以及商品科学养护的理论和技术措施。它有两个主线：一是商品的储运归类与分类，二是合理损耗定额基础上的商品质量安全储存措施。主要研究内容有商品的自然属性及其变化规律、商品的仓储分类、商品安全储存措施（气象环境控制措施、生物环境控制措施、物流设备设施环境控制措施、物流工序作业控制措施、仓库环境控制措施等）、商品检验、商品标准、商品包装，其中商品的安全储存措施是"商品养护学"研究的核心内容。

本书侧重商品基础知识和养护实用技能，包含了商品学基础知识和商品养护学基础知识。为了方便读者更好地掌握商品流通所需的基本技能和知识，这里总结了一些可供参考的学习思路和方法。

二、本书的主要内容简介

学习本课程可以以商品的使用价值及其变化规律为中心，从商品分类、商品质量、商品养护三个方向入手。其中，商品分类与商品质量是商品经营管理的必备知识；商品养护是以商品分类和商品质量为基础，是储运物流的必备知识。

1. 商品分类

商品合理分类是研究商品使用价值的基础。围绕商品使用价值的自然属性和社会属性、顾客需求分析，进行市场细分，进而实现商品品类划分是实现商品使用价值的基础；围绕商品使用价值的自然属性在储存过程中因受环境因素影响而引起的质变现象进行分类是维护商品使用价值的基础。简单来说，商品分类是商品适销对路的基础，是商品储运养护的基础。

对于商品分类的知识，可以按照图 0.1 的思路来学习。

2. 商品质量

商品质量是衡量商品使用价值的尺度，是商品课程研究的中心内容。商品质量高低的尺度，是因人、因时、因地而异的。供不应求时，人们对商品的要求是能用、用得住，适用性和使用寿命是商品质量好的标准；供大于求时，人们对商品的要求是能用、用得住、用得安全、用得舒心、用着漂亮、用着有地位等，商品质量好的标准趋于多样化。商品质量好的标准也是一个动态的概念，人的体验成为评价质量高低的关键因素。商品质量得到消费者认可，商品使用价值才能实现。简单来说，商品质量是商品能够销售出去的关键，商品质量不劣变是商品养护的中心任务。

对于商品质量的知识，可以参照图 0.2 的思路学习。

3. 商品养护

商品养护知识是维护商品使用价值的科学依据。商品使用价值的变化规律是商品养护的研究内容。商品使用价值的变化规律以商品的自然属性为基础，商品的自然属性取决于商品的成分、体型结构、性能，决定着商品具有不同的储藏特性：怕干、怕湿、怕光、怕力、怕热、怕冻、怕微生物等。

商品养护讲究的是"防护为主，防治结合"，"防护"的是商品使用价值降低的影响因素，如时间、光、风、空气、水、温湿度、机械力、微生物、昆虫、小动物等外部环境。

怕热、怕冷的商品要注意温度与商品养护的关系；怕干、怕湿、易锈的商品要注意湿度与商品养护的关系；易碎的商品要注意机械力与商品养护的关系；易老化的商品要注意光、氧、热等外部条件与商品养护的关系；易霉腐的商品要注意微生物与商品养护的关系；易虫蛀的商品要注意仓虫与商品养护的关系；世界上任何商品都有它的寿命，要关注时间与商品养护的关系。

对于商品养护的知识，可以参照图 0.3 的思路学习。

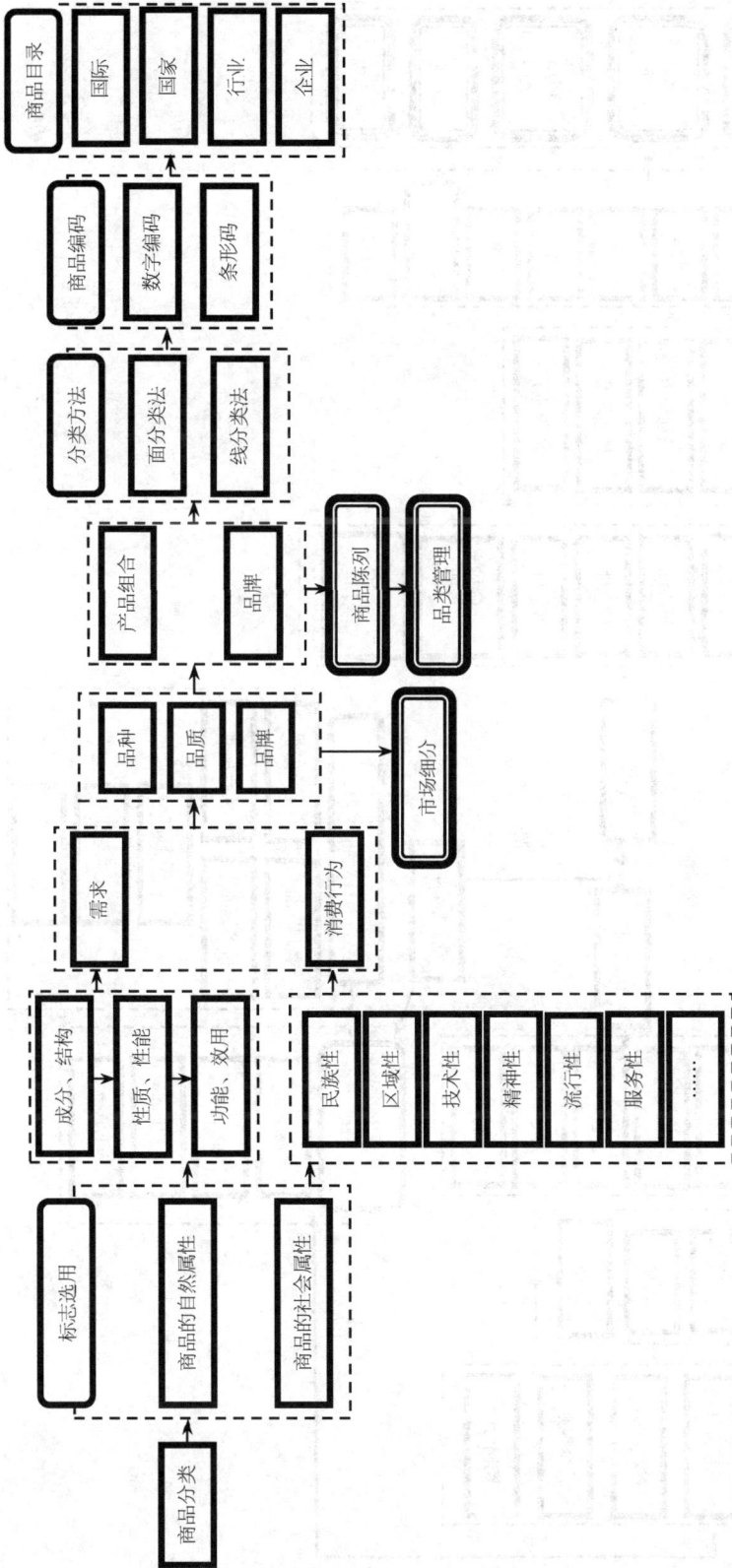

图 0.1　商品分类学习思路

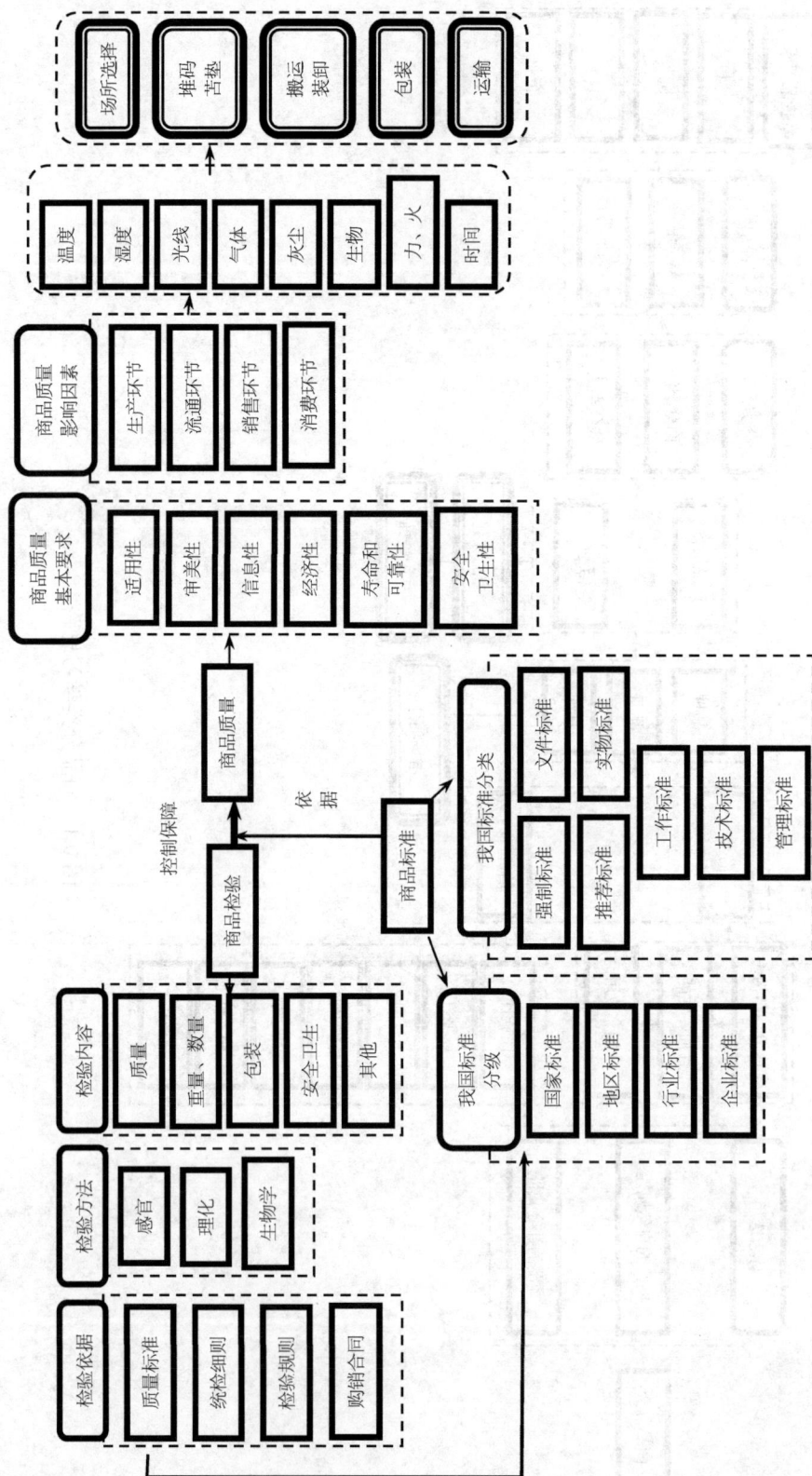

图 0.2　商品质量学习思路

检验依据	检验方法	检验内容
质量标准	感官	质量
验收细则	理化	重量、数量
检验规则	生物学	包装
购销合同		安全卫生
		其他

我国标准分级：国家标准　地区标准　行业标准　企业标准

我国标准分类：强制标准　推荐标准　文件标准　实物标准　工作标准　技术标准　管理标准

商品标准

商品检验　依据

控制保障

商品质量

商品质量基本要求：适用性　审美性　信息性　经济性　寿命和可靠性　安全卫生性

商品质量影响因素：生产环节　流通环节　销售环节　消费环节

温度　湿度　光线　气体　灰尘　生物　力、火　时间

场所选择　堆码苫垫　搬运装卸　包装　运输

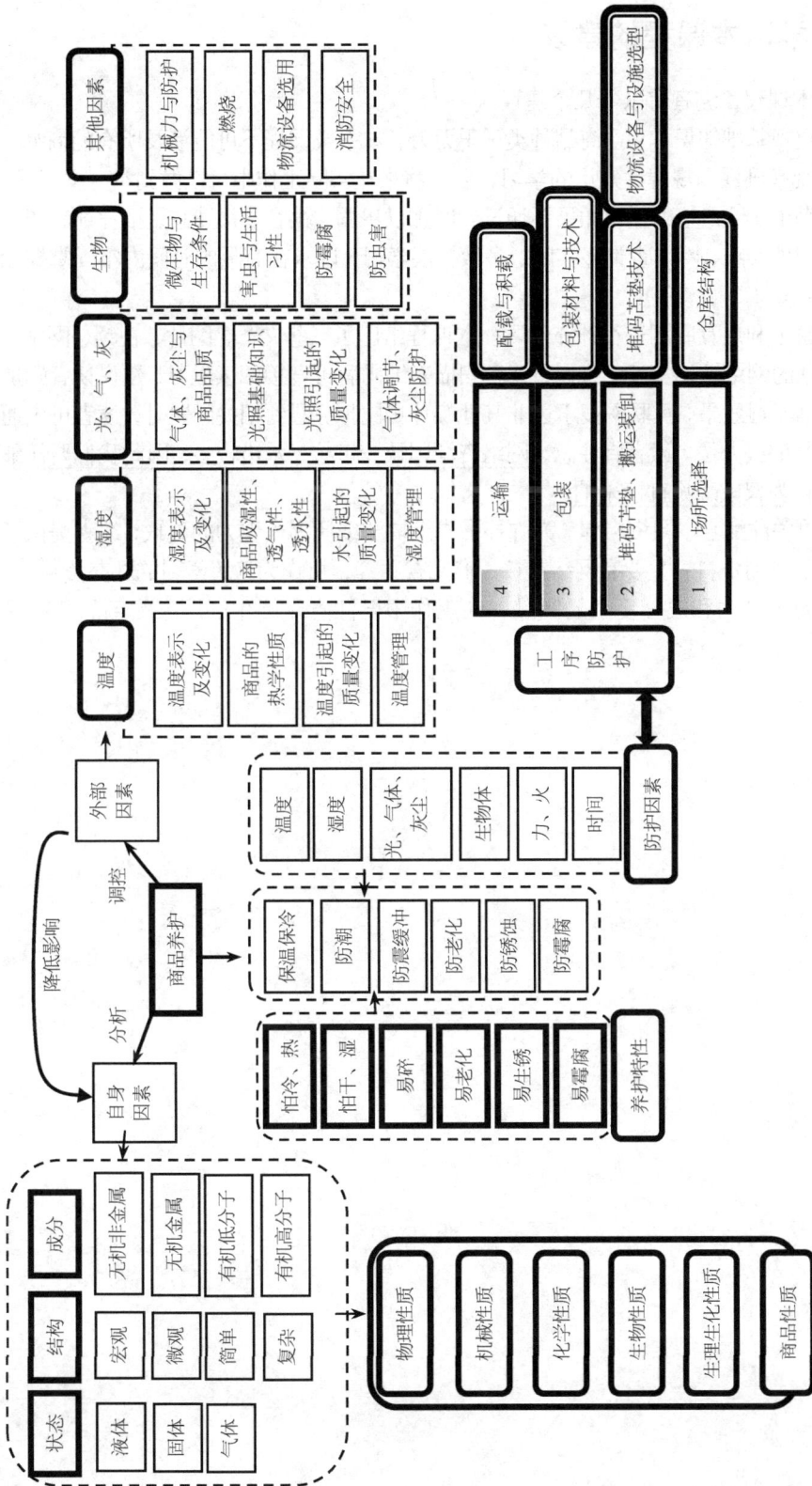

图 0.3 商品养护学习思路

三、对学习本课程的建议

学习本课程，编者有以下几个建议。

（1）重视基础知识学习。商品种类千千万万，本书或课程不可能涉及所有的商品，建议读者重视基础性、规律性知识的学习，以求将来在实际工作中可以做到举一反三。

（2）勤于实践。基础知识如果不通过实践加以巩固，很容易被遗忘，推荐读者通过课程实训、课外实践、网络查询多实践、多做扩展学习，以求在有限的时间内牢固掌握相关的基础知识。

（3）善于利用互联网进行补充学习。本课程给出了一些文章、图片、视频、网站（或网站栏目）的网络地址及其二维码，读者扫描二维码后可直接阅读学习，建议读者勤加利用，以提高学习效果。互联网搜索远非其他媒体可比拟，遇到相关问题时，读者可先通过互联网查找解决办法。读者宜注意，网络资源因缺少审核，差错较多，因此我们要仔细辨别，不可作为权威意见直接采纳。

（4）可关注配套学习资料包。为弥补书本篇幅和纸质书表现力的欠缺，编者提供了一些电子化的学习资料，主要有网络链接、商品视频等，可作为读者学习的补充资料。

（5）对于结构和成分复杂的商品，在工作中要注意查阅生产厂家配备的"商品说明书"。

第一章

商品与商品分类

学习目标与知识体系

知识目标：了解商品、商品使用价值、商品构成；掌握商品的分类、编码、目录编制。

技能目标：初步具备进行商品构成与使用价值的分析的能力；能够依据商品的自然属性对商品集合进行合理分类、赋予编码、编制管理目录。

知识体系：

商品与商品 使用价值	商品特征
	商品的层次构成
	商品使用价值
商品分类	商品分类一般过程
	商品分类标志选用
	商品分类方法
	商品分类体系
商品编码	商品编码原则
	商品代码的种类与编码方法
商品目录	商品目录的种类
	企业商品目录的形式与编制

商品故事

太姥传仙茶

在闽东福鼎太姥山间有一个古老的传说：

尧帝时，太姥山下一农家女子因避战乱逃至山中，栖身鸿雪洞，以种蓝为业，乐善好施，人称蓝姑。那年山里麻疹流行，无数患儿因无药救治而夭折。一天夜里，蓝姑梦见南极仙翁，仙翁告诉她：鸿雪洞顶有一株小树叫茶，是几年前他给王母娘娘御花园送茶种时掉下的一粒种子长成的，它的叶子是治疗麻疹的良药。蓝姑惊喜醒来，趁月色攀上洞顶，在榛莽之中找到那株与众不同的茶树，迫不及待地采下绿叶，晒干后送到每个山村。

神奇的茶叶终于战胜了麻疹患魔。从此，蓝姑精心培育这株仙茶，并教四周的乡亲一起种茶。很快，整个太姥山区就变成了茶乡。人们感其恩德，尊称她为太姥娘娘，太姥山也因此而得名。

太姥娘娘传种仙茶的故事一直在民间流传下来，她所传制的茶叶就是现在流行的福鼎白茶。至今，在太姥山鸿雪洞还留有一株据说是她手植的福鼎大白茶母株，目前已被列入福建省古树保护名录。

思考：人们为什么要学习培育茶树的方法？

商品使用价值的适当介绍与商品的合理分类是零售企业引导消费者购买的重要手段，同时也是引导消费者理性购买的重要依据。商品的合理分类同样是商贸物流企业提高管理效率的重要手段。围绕商品与商品分类的知识，将成为未来从事物流与销售人员的不可或缺的重要知识。

第一节　商品与商品使用价值

商品是用来交换的劳动产品，具有使用价值和价值两种属性。

商品的概念有两层含义：一是狭义的商品，是指通过市场交换、能够满足人们社会需要的物质形态的劳动产品；二是广义的商品，是指通过市场交换，能够满足人们社会消费需要的所有形态的劳动产品。随着大数据时代的到来，技术创新的提速，商品的发展呈现出知识化、软件化、服务品牌化等趋势和特点，商品不再局限于需求与经济的结合，开始了需求、文化与经济的结合。

一、商品的特征

我们将物品划分为劳动产品、天然物品，与二者相比，商品具有以下特征。

（1）商品是具有使用价值的劳动产品。商品隶属于劳动产品，某些天然物，如空气、海水等虽然具有使用价值，但因其不是劳动产品，所以不属于商品。商品具有使用价值，假冒伪劣和残次品（如三聚氰胺超标的奶粉）不具有使用价值，不能算作商品。

（2）商品是供社会和别人消费的劳动产品。劳动产品按用途可分为自给自足的产品和市场交换的产品。自给自足的产品是用来满足自我需要的劳动产品，如服装工厂的半成品、农业基地的自用农产品，它们只对生产者具有使用价值，但没有对别人生成使用价值。

（3）商品是通过交换到达消费者手中的劳动产品。商品的交换存在有偿交换和无偿赠予两种形式。有偿交换必须进入市场，并受市场规律的支配，这时才能实现交换价值向使用价值的转变，才能称为商品。

二、商品的层次构成

消费者购买商品，其本质是购买一种**需求**，这种需求体现在商品购买和消费的全过程中，包含了对**商品本身**和**无形服务**的需求。因此，商品能给人们带来实际**功能效用利益**和**心理需求利益**两部分，构成了商品整体。

（1）核心部分。商品是人们利用原材料，通过有目的、有效用的劳动投入而创造出来的具体劳动产物。它本身的成分、结构使其具有一定的物理机械性能、化学性能、生理生化性能等，这些性能使商品表现出一定的功能/效用，从而满足消费者需要。这种功能/效用就是商品的核心部分。

（2）形式部分。即商品的基本形式。商品的形式部分包括商品的成分、结构、外观、质量等，具体表现为商品名称、商标及其注册标记或品牌、商品条形码、商品包装及其标识、专利标记及其原产地标志或证明、质量及安全卫生标志、环境标志、商品使用说明标签或标识、检验合格证、使用说明书、维修卡、购货发票。

（3）延伸部分。即人们购买有形商品时所获得的附加利益的服务，例如送货商品、免费安装与维修、退换货服务、使用培训、分期付款等。

【思考讨论 1.1】

讨论分析茶叶的商品构成，将讨论结果填入表 1.1。

表 1.1　分析商品的构成

茶叶商品	核心部分	形式部分	延伸部分
福鼎白茶——白牡丹			
福鼎白茶——白毫银针			

三、商品的使用价值

商品的使用价值是指商品的功能/效用，即商品为了满足消费者的一定需要所能提供的可靠而必需的功能或效用。如电冰箱的功能和效用是冷藏食物。

（1）商品的使用价值表示商品和人之间的自然关系，实际上表示商品为人而存在。商品有需求者就可生存，无需求者即被淘汰。商品的使用价值是由商品的属性与人的需要相互作用而形成的。人的需求的不断变化，引导着商品品种多样化与商品质量的不断提升；决定着商品的生产者、经营者要不断地调整商品结构，更新商品品种，在生产商品时将主观上求利润与客观上生产销售具有社会使用价值的商品有机结合成一体。

看板

市场细分由在一个市场上有相似需求的顾客组成。市场细分的最终层次是"细分到个人""定制营销"或"一对一营销"。

消费者市场细分有消费者特征和消费者反映两个基础。对消费者市场细分的主要细分变量有地理细分、人文细分、心理细分、行为细分。这些变量可以单独使用，也可综合使用。

目标市场在对商品属性和顾客需求的详细划分基础上，寻找属于商品的有价值顾客，让我们认识到不是所有的顾客都是上帝。[①]

（2）商品的属性与人的需要的吻合程度决定使用价值的大小。商品的使用价值主要是由商品的**自然属性**决定的。但商品及其属性本身还不是商品的使用价值，商品和它的属性只是商品使用价值的载体和客观基础。商品的使用价值依赖于人存在：同样的商品对于不同的

[①] 本部分内容主要整理自：菲利普·科特勒，凯文·莱恩·凯乐. 2006. 营销管理. 梅清豪译. 世纪出版集团，上海人民出版社.

人群，表现出不同的使用价值；不同的商品对同样的人群，也可能表现出相同的使用价值。

【思考讨论1.2】

茶叶，世界三大饮品之一。近年来，茶叶商品围绕其特有的功能和效用也出现了个性化、保健化、高档化、礼品化趋势。

讨论消费者类型与商品使用价值的关系，将讨论结果填入表1.2。

表1.2　不同消费群体对茶叶使用价值的要求

消费类型	对茶叶使用价值的要求
馈赠	
自用	

第二节　商品分类

商品分类是根据一定的管理目的，为满足商品生产、流通、消费活动的全部或部分需要，将管理范围内的商品集合总体，以所选择的适当的商品基本特征作为分类标志，将任何一个商品集合总体进行合理划分的过程。

一、商品分类的一般过程

合理的分类对企业来讲可以提高管理效率，节约成本。结合对商品分类的认知，可以参照下面的步骤对管理的商品进行分类操作。

（1）明确分类对象所包含的范围。我们要进行分类，是对一个集合总体进行分类，针对的是一个明确范围的集合总体。

（2）明确分类的目的。不同的人，出于不同的目的，对相同的商品进行分类也会出现不同的结果。同样是一批福鼎白茶，用于销售、储运、科研等不同的目的时会进行不同的分类。

（3）选择适当的标志。中央电视台2013年播出的6集纪录片《茶，一片树叶的故事》里向我们展示了采茶、制茶、品茶的那些事情，在片中我们可知道毛茶、成品茶是按照茶叶的加工程度对茶叶进行的分类，白茶、黄茶、青茶、红茶、黑茶是按照制造方法进行分类，同属白茶的大白茶、小白茶和水仙白等是按照原材料的不同进行的分类。在不同的领域内，为了不同的管理目的我们会选择与管理需要相呼应的分类标志。

阅读案例

商品分类的应用

茶叶，渐渐地走进人们的生活，成为了调剂生活、愉悦身心的神奇食品。小星成立了一个龙润家庭茶室，为了满足消费者的不同需求，小星的茶室里有陈列和保存商品用的柜子、冰箱，茶叶品种有福鼎白牡丹、洞顶乌龙、东方美人、安溪铁观音、政和白毫银针、西湖龙井、大红袍、武夷水仙、武夷肉桂、正山小种、黄山毛峰、信阳毛尖、祁红、滇红、君山银针、广西六堡茶等。为吸引更多的茶叶品饮者驻足消费，现茶室的空间需要被美化，增强文化气息，同时也为了方便消费和管理，小星应如何进行分类管理呢？

参考表1.3，讨论小星该如何进行茶叶分类。

表1.3　茶室茶叶商品集合

序号	茶叶名称	序号	茶叶名称	序号	茶叶品类	序号	茶叶名称
01	福鼎白牡丹	05	政和 白毫银针	09	武夷肉桂	13	祁红
02	洞顶乌龙	06	西湖龙井	10	正山小种	14	滇红
03	东方美人	07	大红袍	11	黄山毛峰	15	君山银针
04	安溪铁观音	08	武夷水仙	12	信阳毛尖	16	广西六堡茶

步骤一，明确商品范围（已经给出）。

步骤二，明确整理目的：①储藏空间的合理利用，美化购物环境；②划分适宜储存环境，更好地保存茶叶饮用品质；③让消费者分享茶叶知识与茶文化。

步骤三，选择茶叶属性作为分类标志：

　　标志一　加工制造方法　　让消费者了解中国的六大茶系

　　标志二　储存条件要求　　让消费者了解不同茶叶的存放条件也有不同

　　标志三　饮茶时令　　让消费者了解饮茶与四季的关系

步骤四，茶叶分类体系初步建立，参见表1.4。

表1.4　茶室茶叶商品分类体系初稿

加工方法	序号	茶叶名称	加工方法	序号	茶叶名称	加工方法	序号	茶叶名称
青茶	02	洞顶乌龙	白茶	05	政和 白毫银针	红茶	10	正山小种
	03	东方美人		01	福鼎白牡丹		13	祁红
	04	安溪铁观音	黄茶	15	君山银针		14	滇红
	07	大红袍	绿茶	06	西湖龙井	黑茶	16	广西六堡茶
	08	武夷水仙		11	黄山毛峰			
	09	武夷肉桂		12	信阳毛尖			

步骤五，结合分类目的细化分类体系，参见表1.5。

表1.5　茶室茶叶商品分类体系细化

加工方法	编号	茶叶名称	茶室储存条件	饮茶与四季	茶与人的契合
青茶	01	洞顶乌龙	密封 冷藏（铁观音） 室温 干净卫生 无杂味 避光	秋	男人的茶 清热降火时的铁观音 健胃消食的大红袍
	02	东方美人			
	03	安溪铁观音			
	04	大红袍			
	05	武夷水仙			
	06	武夷肉桂			

续表

加工方法	编号	茶叶名称	茶室储存条件	饮茶与四季	茶与人的契合
白茶	01	政和白毫银针	锡纸袋密封	春夏	咽喉肿痛时
	02	福鼎白牡丹			饭后孩子漱口时
黄茶	01	君山银针	锡纸袋密封	春夏	消炎杀菌
绿茶	01	西湖龙井	密封 冷藏	夏	提神醒脑
	02	黄山毛峰			美的视觉
	03	信阳毛尖			心的平静
红茶	01	正山小种	锡纸袋密封	秋冬	女人的茶
	02	祁红			香甜醇和的滋味
	03	滇红			浪漫的暖胃红茶
黑茶	01	广西六堡茶	室温 干净卫生 无杂味 避光	秋冬	夫妻的茶 祛湿暖体

步骤六，制作标志、整理空间、陈列摆放。

二、商品分类标志的选用

合理的商品分类，让我们面对成千上万的商品可以做到了然于胸，有条不紊地开展各项管理工作。商品集合的分类，是根据既定的分类标志对商品进行系统的划分，建立管理所需的分类体系。商品分类标志的选用实质是商品的属性。

1. 原材料来源

原材料是决定商品的组成成分的重要因素，原材料的种类和质量很大程度上反映了商品的质量和商品养护的特点。

以原材料作为分类标志，不仅分类清晰，而且能从本质上反映出每类商品的使用性能、特点及保管要求，为确定商品的运输、储存、分拣、配送、销售提供依据，有利于保证流通领域内的商品质量。

此种方式适用于原材料对商品性能影响较大的商品，原材料超过两种的商品不适合使用此标志，如电视机、电冰箱等商品。

2. 生产过程和相对成本

工业品进入流通领域前，要进入生产过程，根据它们进入生产过程的方式和相对成本这两点进行分类，我们将工业品分成**材料和部件**、**资本项目**、**供应品和服务**。材料和部件是指完全转化为制造商所生产的成品的那类商品，它们可分成**原材料**、**半成品**和**部件**，半成品和部件可分为**构成材料**和**构成部件**，它们销售给工业用户，用于制造商品。

3. 用途

商品的**用途**表现为商品对使用者所体现的功用，是商品使用价值的重要体现。所以用途是日常生产和生活中普遍采用的一种分类标志。

按用途可以将全部流通商品分为**食品**和**工业品**两大类，工业品又可分为**日用工业品和生产用工业品**，也可将全部商品分为**生活资料和生产资料**等。

以商品用途为标志便于根据用途选用适宜的商品，做到物尽其用，充分发挥商品的效用，也便于分析、比较同一用途的商品的性能和效用。这种分类标志是零售经营中经常采用的商品分类标志，因商品按用途分类经营，既便于经营管理，又便于消费者选购。

4. 化学成分

所有的商品原材料可以单一，但**化学成分**却永远不会单一。总体而言，可把全部商品划分为**有机性商品**和**无机性商品**。由于商品中所含化学成分的种类和数量对商品品质、用途、营养价值和性质等有着决定性的或密切的影响，故按化学成分的分类方法便于研究和了解商品的品质、特性、用途、效用和储运条件，是研究商品使用价值的重要分类标志。

5. 加工方法

商品的**加工方法或制造工艺**不同，影响和决定着商品的质量，赋予商品不同的品质和特征，从而形成截然不同的商品品种。

这种方法适用于可能选用多种加工方法制造、质量和特征受工艺影响较大的商品。对于那些虽然加工方法不同，但成品质量特征不会产生实质性区别的商品，不宜采用此种分类编制进行分类。

6. 商品流通范围

商品的质量和性能以及不同商品的供给与需求的不同，决定了商品的流通范围有大小之别，而流通范围在某种程度上又反映出商品的市场销路及质量情况。根据市场范围，商品可分为**地方商品、内销商品、外销商品**；根据产地，商品可分为**本地产商品、外地商品、进口商品**。

看板

> 茶叶按销路分为外销茶、内销茶、边销茶和侨销茶。
> 外销茶以红茶为主，主要销售到欧美等地；内销茶以绿茶等名优茶为主，主要面向国内消费者销售；边销茶以黑茶为主，主要销往西藏、新疆、四川等边远地区；侨销茶以白茶为主，主要销往东南亚等侨民居住地。

三、商品分类方法

商品可以按许多标志进行划分，具体分类方法通常有**线分类法**和**面分类法**两种。在建立商品分类体系时，这两种方法常常被结合起来使用。

在商品分类中可将商品集合总体划分为包括大类、中类、小类、品种、细目在内的完整的具有内在联系的类目系统，这个类目系统即为商品分类体系，参见表 1.6。

表 1.6 商品分类体系示例

商品类目名称	应用实例	
商品门类	消费品	
商品大类	食品	日用工业品
商品中类	饮料	家用化学品
商品小类	茶叶	洗涤用品
商品品类或类目	绿茶	肥皂
商品种类	炒青绿茶	洗衣皂
商品亚种	龙井茶	增白皂
商品品种	新昌龙井茶	美式玖增白皂
商品细目	特级新昌龙井茶	
单品	特级新昌龙井茶 300 克绿色方盒	美式玖增白皂 238 克附赠品皂粉

1. 线分类法

线分类法也称层级分类，是把拟分类的商品集合总体按选定的属性或特征逐次地分成相应的若干层次类目的过程。上下层级存在隶属关系，各层级的分类标志可以不同，但同层级的分类标志只能有一个，严格遵守分类标志选用的**唯一性**原则。线分类体系应用实例参见表 1.7。

表 1.7　线分类体系示例

加工方法	干燥方法不同	按茶叶外形不同
绿茶	炒青绿茶	长炒青
红茶	晒青绿茶	圆炒青
黑茶	烘青绿茶	扁炒青
黄茶		
白茶		

线分类法是一种传统的分类方法，在国内商品生产、流通领域和国际贸易中商品分类体系被广泛使用。建立的商品分类体系的优点是层次性好、信息容量大、类目之间逻辑关系反映较好、便于手工和计算机处理。缺点是结构弹性不好，不利于商品类目层次的删减，所以在使用时要预留足够的后备容量。

2. 面分类法

面分类法也称平行分类法，是把拟分类的商品集合总体根据其本身固有的属性或特征分成相互之间没有隶属关系的面（分类子集），每个面都包含一组类目；然后将隶属于不同面的类目按一定的规律组配成复合类目，从而区分出特征明显的局部商品集合体。面分类体系应用实例参见表 1.8。

用面分类法进行商品分类，建立的商品分类体系具有结构弹性好、适于计算机处理等优点；缺点是组配结构复杂，不能充分利用容量，不便于手工处理，所以，一般把面分类法作为线分类法的补充。

表 1.8　面分类体系示例

加工方法	包装颜色	内容物重量
绿茶	红色	300 克
红茶	淡紫色	500 克
青茶	绿色	

【思考讨论1.3】

面分类法在实际商品陈列、商品分类、商品信息管理等方面得到广泛应用，但组配比较复杂，需要了解商品的多方面信息和属性。参考表1.8进行组配，建立分类体系。

四、商品分类体系

商品种类日趋繁多，商品分类的作用在商品管理中越来越大。出于不同管理目的，不同行业领域的商品分类体系也各具不同。

（一）商品基本分类体系

随着商品经济的发展，商品的种类令人眼花缭乱，不再仅仅局限于常见商品物质形态，已经发展到包含有形、无形的能够满足人们社会消费需求的所有形态（参见图1.1）。

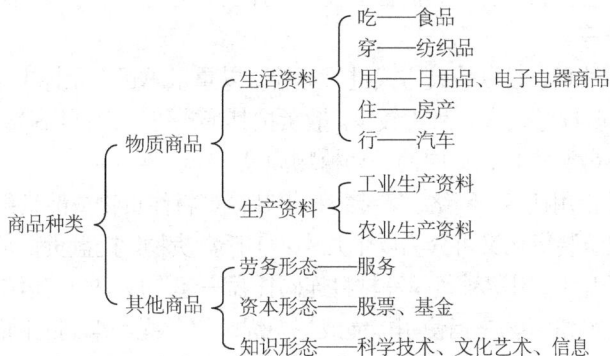

图1.1　商品基本分类体系

（二）物流货物分类体系

根据在**运输、装卸、包装、保管**等环节的要求不同，货物可以依据**运输方式、装卸搬运方式、储存场所**及其**自然特性**等进行分类，从而在工作中尽可能地使货物的运输、储存条件适应货物，以保证货物运输储存的质量和安全，提高货物运输效率。

1. 按货物的装运要求分类

物流货物按货物的装运要求分类可以分为**普通货物**和**特殊货物**。

普通货物是指由于本身不具有特殊性质，在运输、装卸、保管中对车辆结构和运输组织无特殊要求的货物。普通货物分为三等：一等普通货物主要是砂、石、渣、土等；二等普通货物主要是日用百货；三等普通货物主要是蔬菜、农产品、水产品等。

普通货物又分如下几类：①清洁货物：指清洁、干燥的货物。如塑料、橡胶、袋装大米、大豆、包装棉麻丝毛、食糖、茶叶、烟叶、日用百货等都属于清洁货物。②液体货物：指盛装于桶、瓶、坛内的流质或半流质货物。如油类、酒类、普通饮料等。③粗劣货物：具有油污、水湿、扬尘或放出异味等特性的货物。如包装外表有油腻的桶装油类、盐渍货物、水泥、化肥、颜料、矿粉、生皮等。由于易造成其他货物污染，又称为污染性货物。

特殊货物是指货物在性质、体积、重量和价值等方面具有特别之处，在运输、装卸、保管中需要使用特殊设备和采取特殊措施的各类货物。特殊货物主要包括以下几种类型的货物：①危险货物；②活的动植物；③易腐、冷藏货物；④长大、笨重货物；⑤贵重货物。

2. 按货物的包装形态分类

物流货物按货物的包装形态分类可以分为**件装货物**、**成组装货物**和**散装货物**。

件装货物称为件杂货或杂货，是以件数和重量承运，其标志、包装形式不一，性质各异，一般批量较小且票数较多。件货按其包装特点可分为包装货物和裸装货物：包装货物是指装入各种材料制成的容器的货物或捆扎的货物，如袋装货物、桶装货物、捆装货物等；裸装货物是指在形态上自成件数，而在运输中不用另加包装（或简易捆束）的货物，如汽车、铝锭、电线杆等。

散装货物简称散货，是以散装方式进行运输，以重量承运，无标志、无包装、不易计算件数的货物，一般批量较大且种类较少。散货按其形态可分为：干制散装货物，如矿石、化肥、煤等；液体散装货物，如原油、动植物油等。

成组装货物是指用托盘、网络、集装袋和集装箱等将件货物或散货组成一个大单元进行运输的货物。成组装货物又可分为以下几类：①托盘货物。托盘货物是指将若干包件货物集合放在一个托盘上，用塑料薄膜等材料连同托盘一起形成一个装运单元进行运输的货物。②网络货物。网络货物是指使用棕绳或尼龙绳、钢丝绳等编制的网络所承装的货物。它以一网络为运输单元。③集装袋货物。集装袋货物是指装入可折叠的涂胶布、树脂加工布等软材料所制成的大型袋子的货物。集装袋货物品类广泛，尤其适于粉粒体货物，如矿砂、水泥、纯碱等。④集装箱货物。集装箱货物是指装入集装箱内进行运输的货物。按货物性质和形态，可选用通用集装箱或特种集装箱装运。按装运方式，可采用整箱货和拼箱货装运。

3. 按货物的自然特性分类

物流货物按货物的自然特性共分为以下 12 类。

（1）吸湿性与散湿性货物。**吸湿性货物**主要由于货物本身的成分和结构使货物容易吸收外部环境的水分。如食糖、食盐、糖果、粮谷、茶叶、水泥、化肥等货物。绝大多吸湿性货物在环境湿度降低时会散发水分，成为**散湿性货物**。

（2）散味性与吸味性货物。**散味性货物**当中某些成分在储存条件下会不断气化而向外逸散。如汽油、煤油、桐油、樟脑、化妆品、腌肉、腌鱼、肥皂、农药、生皮、油漆等货物。**吸味性货物**指吸附性较强的货物吸附其他的气体和气味，从而改变本来气味的变化。如茶叶、烟叶、食糖、木耳、饼干等货物。

（3）怕冷性与热变性货物。温度的改变造成此类货物品质的改变。分为以下几种：**冻结性货物**，是指货物在低温条件下具有冻结的特性。一般表面具有较多吸附水或内部组织中含有较多水分的货物容易发生，如矿石、煤炭、食盐、食糖在含水量较大时常冻结。**低温凝固货物**，液态货物遇低温沉淀，如香水、墨水在 0℃ 以下会凝固。**热变性货物**，具有随温度升高而发生质量变化的特性。如肥皂、石蜡、橡胶、肉类、鱼类、乳制品等货物。

（4）自燃性货物。**自燃性货物**能够在正常存放中自然燃烧，具有危险性。如煤炭自燃、含油脂的纤维自燃等。

（5）自热性货物。**自热性货物**具有自行发热的特性。如煤炭氧化生热、粮谷生物化学反应生热等。货物在运输中发生自热会引起严重的质量事故，甚至发生燃烧、爆炸等危险。

（6）锈蚀性货物。**锈蚀性货物**主要指金属制品。

（7）扬尘性货物。**扬尘性货物**在运输、堆放等储存过程中容易产生扬尘，具有一定的危险性，容易造成**扬尘性爆炸**。如矿粉、石灰、染料、粮谷等货物。

（8）沾污、染尘性货物。**沾污、染尘货物**在储运的过程中容易吸附扬尘、沾染灰尘。如纤维材料及胶状物质易黏附粉尘杂质等。

（9）易碎与变形性货物。在储运过程中由于外力作用发生的形态改变的货物称为**易碎与变形性货物**。如玻璃及其制品、陶瓷器、玉器、精密仪器等货物，由于包装不合理造成破碎、掉瓷等；毛皮类制品、铝制品、塑料、橡胶等货物在储运中由于方式方法不当造成变形。如食用油、酒类、蜂蜜等货物由于其商品本身的性质和所采用特定包装的性质，容易造成包装开裂而发生渗漏。

（10）带虫害病毒货物。**带虫害病毒货物**主要指生长过程中虫害已经存在其中的鲜活动植物货物及动植物制品类货物，如木材、粮谷等货物。

（11）呼吸性货物。**呼吸性货物**主要指鲜活植物类货物，其脱离母株后呼吸作用仍在继续，消耗货物本身营养物质，主要指水果、蔬菜等货物。

（12）危险品性货物，主要有**爆炸品气体、压缩液化或加压溶解的易燃液体、易燃固体物质、氧化物质与有机过氧化物、有毒的物质和感染性物质、放射性物质、腐蚀性物质、杂类危险物质**。

【思考讨论 1.4】

某货代公司接受货主委托，安排一批茶叶海运出口。船公司提供了前一次航运中所载货物为精萘的集装箱，货代公司在提取了集装箱后直接装箱，将整箱货交给船公司。

问题：结合茶叶和精萘的自然特性，分析货代公司与承运公司存在的问题。

_____

_____

_____

（三）电子商务商品分类体系

随着电子商务和物流技术的发展，网络购物平台已经成了当代年轻人购物的一个重要渠道，如当当网、京东商城、淘宝、天猫、亚马逊等。为了方便消费者的选购，各大新零售商家的电子商务平台均设有综合、系统的类目导航，以保证消费者能以最快的速度淘到自己心仪的宝贝。商品分类在电子商务中得到了充分的运用，并扮演了非常重要的角色。进入天猫网，纵向设置了商品服务分类，横向分别设置了品牌街、喵鲜生、天猫会员、电器城、天猫超市、医药馆、淘宝旅行。纵向的商品服务分类是比较常见、**符合消费者认知习惯的传统分类**，任意点开一类商品，都会看到**面分类法与线分类法的综合运用**。在横向类目的设置涉及品牌分类、品种分类、消费者购物行为分类等大数据分析带来的类目管理，是电子商务在对自己商品了解的基础上，对消费者群体进行了充分细分和定位分析，进而完成了对自己商品品牌及风格的定位，更有助于消费者进行商品选购。

（四）实体店商品分类体系

目前在零售经营中，商品分类并没有统一的标准。超市可根据市场和自身的实际情况对商品进行分类。但商品分类应该以方便顾客购物、方便商品组合、体现企业特点为目的。一般可将经营商品分为**大类、中类、小类、单品四个层次**。

大类是粗线条分类，主要依据生产来源或生产方式、处理保存方式等商品特征划分，如茶叶连锁店的大类有茶具、茶叶、茶食品。

中类着重于功能、用途、制造方式、方法、产地等特征来划分，如茶具大类中包含玻璃茶具、紫砂茶具、瓷器茶具等中类。

小类是进行单品管理之前的最小单位、最细的分类，如中类瓷器茶具中包含汝窑、钧窑等小类。

单品是商品分类中不能进一步细分的、完整独立的商品品项，如小类钧窑中的天福紫钧对杯组。

第三节　商品编码

商品编码是赋予某种商品以某种代表符号或代码的过程。代表符号或代码就是商品代码，这些代表符号或代码有一定规则，一般由字母、数字和特殊标记组成。

商品编码与商品分类密切相关，**分类在前，编码在后**。商品科学分类是商品合理编码的前提，商品编码是进行商品科学分类的一种重要手段。实践中也称商品编码为商品分类编码。

商品编码可以使繁多的商品条理化、系统化、有序化，容易识别，便于记忆，便于统计和管理等业务工作；有利于商品分类体系的通用化、标准化，便于信息网络技术对商品的科学管理，有效提高工作效率和可靠性，促进国际贸易的发展。

一、商品编码原则

为实现商品编码的标准化，必须建立统一的商品分类编码系统，在进行商品分类编码时应遵循以下基本原则。

（1）**唯一性原则**。在同一个商品编码集中，每一个商品代码只能代表一个单品，即每一个编码商品只能有唯一的代码。

（2）**稳定性原则**。商品代码确定后应在一定时期内保持稳定，不能经常或轻易变更，以保证商品分类编码系统的稳定性。

（3）**层次性原则**。商品编码要层次清楚，能够清晰反映商品分类关系、分类体系及目录内部固有的逻辑关系。

（4）**可扩充性原则**。编码时要留足备用代码，当需要增加商品新类目或删减旧类目时，不需要破坏编码结构再重新编码。

（5）**合理性原则**。商品编码结构应与商品科学分类体系和商业经营实际需要相适应。

（6）**简明性原则**。商品编码应简明、易记、易校验，尽可能减少代码长度，这样既便于手工操作，减少差错率，又便于计算机处理。

（7）**统一性和协调性原则**。商品编码要同国家商品分类编码标准相一致，与国际通用商品分类编码制度相协调，便于实现信息交流和信息共享。

> 为了加强商品的信息管理，提高工作效率和可靠性，企业为商品编制商品分类代码。商品条码、零售商品代码与条码、非零售商品代码与条码、物流单元代码与条码、位置代码与条码、店内条码等属于商品标识代码，编码时必须遵守唯一性、稳定性、无含义性原则。

阅读案例

商品条码乱了　海淘订单没了

据 2014 年 9 月 17 日《南方都市报》报道（南都记者　王海艳；实习生　杨恩捷）阿里巴巴、京东、1 号店、苏宁、亚马逊、聚美优品等相继推出或即将推出海淘业务。不过，海淘市场迅速升温的同时，订货服务无法得到百分百保证、送货周期较长等问题也让消费者头疼不已。有调查发现，前端消费者"订单取消"的主要诱因是后端的零供两方的商品信息数据不一致，形成"商品信息流断裂"。

[假象]无货出仓

网友"两只笨猪的窝"按网上的海淘攻略帖依葫芦画瓢在 kidsroom 下单，买了个安全座椅，信用卡款也扣了。满心期待地等了 10 天后，收到邮件说"没有货"了，订单取消！

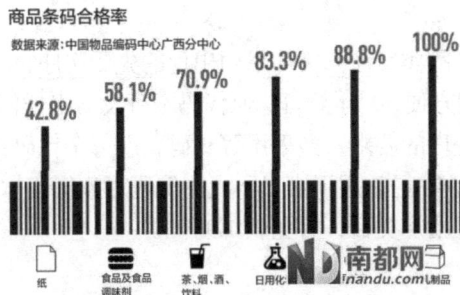

[根源]共用条码

上述的情况是因为两款商品采用同一条码进行线上销售，A款线下后端无货，因B款有货，线上前端也会显示A款有货，当消费者下单购买后，配货时发现A款无货，导致一段时间后消费者才能收到"订单取消"。

[拓展]条码使用不当现象

不同单品采用相同条码：大部分新零售电商平台的产品信息项有"款色码"，但是供应商的条码是按单一的sku来管理，无论红色、白色，都属于一个sku，因此也会出现前端有货、后端无货，或是"货不对码"的情况。

不同品种商品的条码错用：网友"风一样的飘飘"在一家品牌糕饼连锁店购买了三块月饼，是独立包装的莲蓉蛋黄味月饼。包装上贴有商品条码，他用手机条码识别软件一扫，商品显示竟然是"女佣装"。

南都网本报道链接：http://epaper.oeeee.com/epaper/D/html/2014-09/17/content_3314168.htm?div=1

商品条码的不唯一最终造成零供两方的商品数据不一致，给行业带来的损失显著：英国预计在未来5年将有近10亿美元的销售损失是与数据一致性程度低造成的；而澳大利亚将有超过9亿美元的销售和利润损失与数据不一致有关。中国的情况更为复杂。国内储运包装商品使用国际标准化的编码，也就是"箱码"的普及率仅占30%左右，绝大部分企业采用自编的内部编码，使得供应链各参与方信息系统相互割裂，成为了一个个信息孤岛。

二、商品代码种类与编码方法

根据商品编码所用的符号类型划分，商品代码可分为**数字型代码**、**字母型代码**、**数字-字母混合型代码**和**条形码**四种。这里简述商品代码的编制方法和商品代码中的条形码。

（一）商品代码的编制方法

商品代码的编制是一个复杂的过程，要考虑的因素有企业的发展空间、企业现有发展、人的思维习惯、经济效益因素等，但其基本的编制方法主要是以下四种。

1. 顺序编码法

顺序编码法是按照商品类目在分类体系中出现的先后次序，依次给予顺序数字代码的编码方法。其优点是使用方便，易于管理，但代码本身没给出任何有关编码对象的其他信息。通常为了满足信息处理的要求，**多采用等长码**，即每个代码标志的数列长度（位数）完全一致。顺序编码法简单，通常用于容量不大的编码对象集合体。编码时，可以**留有"空号"**（**储备码**），以便随时增加类目，参见表1.9。

表 1.9　顺序编码法示例

商品编号	商品名称	商品售价（元）	商品编号	商品名称	商品售价（元）
0001	华邦有机山楂汁 750 毫升	11.20	0099	百万庄园鸡肉汉堡 125 克	3.30
0002	华邦有机猕猴桃汁 750 毫升	11.20	0100	百万庄园牛肉汉堡 120 克	3.30
0003	华邦苹果醋 750 毫升	5.80	0101	百万庄园火腿汉堡 120 克	3.30
…	…	…	0102	百万庄园三明治 120 克	3.30
0009	华邦猕猴桃汁 1.5 升	5.10	…	…	…
0010	华邦山楂果汁 1.5 升	5.10	0999	有意思羊肉串锅巴 120 克	1.95
0011	华邦猕猴桃汁 2.5 升	9.90	1000	有意思麻辣锅巴 120 克	1.95
0012	华邦野山楂汁 2.5 升	9.90	1001	古松火锅粉丝 300 克	3.50
…	…		…	…	

2. 层次编码法

层次编码法是按商品类目在分类体系中的层级顺序，依次赋予对应的数字代码的编码方法，即代码的层次与分类层级相一致。这种编码方法常应用于线分类（层级分类）体系。由于分类对象是按层级归类的，所以在给类目赋予代码时，编码也是按层级依次进行，分成若干个层次，使每个分类的类目按分类层级，一一赋予的代码。从左至右的代码，第一位（或第一位、第二位……）代表第一层级（大类）类目，第二位代表第二层级（中类）类目，以此类推。这样，代码的结构就反映了分类层级的逻辑关系，参见表 1.10。

表 1.10　层次编码法示例

商品条形码	商品名称	商品简称	大类 08 针织品	中类 09 袜类	小类 男棉 04 女棉 01	商品类目 080904 080901
6932199930810	与狼共舞棉袜	与狼共舞男棉袜	08	09	男棉袜 04	080904
6932199930827	与狼共舞男短袜	与狼共舞男短袜	08	09	男短袜 04	080904
6932199930936	与狼共舞女棉袜	与狼共舞棉袜	08	09	女棉袜 01	080901

层次编码法的优点是：代码较简单，逻辑性较强，系统性强，信息容量大，能明确地反映出分类编码对象的属性或特征及其隶属关系，容易查找所需类目，便于机器汇总数据，便于管理和统计。缺点是：结构弹性较差，为延长其使用寿命，往往要用延长代码长度的办法，预先留出相当数量的备用号，从而出现代码的冗余。

3. 平行编码法

平行编码法，也称特征组合编码法，是将编码对象按其属性或特征分为若干个面，每一个面内的编码对象按其规律分别确定一定位数的数字代码，面与面之间的代码没有层次关系和隶属关系，最后根据需要选用各个面中的代码，并按预先确定的面的排列顺序组合成复合代码的一种编码方法，参见表 1.11。

表 1.11　平行编码法示例

品　牌		茶叶加工工艺分类		茶叶形态		茶叶价位（元/500 克）	
天福	01	红茶	1	珠茶	01	100～200	1
天仁	02	黑茶	2	针形茶	02	201～500	2
张一元	03	绿茶	3	卷曲形茶	03	501～1000	3
吴裕泰	04	青茶	4	扁形茶	04	1001～3000	4
		白茶	5			3001 以上	5
		黄茶	6				

平行编码法多**用于面分类体系**，其优点是编码结构有较好的弹性，可以比较简单地增加分类编码面的数目，必要时还可更换个别的面。但这种编码的缺点是代码过长，冗余度大，代码容量利用率低，因为并非所有可组配的复合代码都有实际意义。

4. 混合编码法

混合编码法是层次编码法和平行编码法的合成，代码的层次与类目的等级不完全相适应。在编码实践中，当把分类对象的各种属性或特征分列出来后，其某些属性或特征用层次编码法表示，其余的属性或特征则用平行编码法表示。这种编码方法吸取了两者的优点，效果往往较理想。

（二）条形码

条形码是由一组规则排列的条、空组合及其对应的供人识别字符组成的标识，用于表示一定的信息。条形码符号结构如图 1.2 所示。

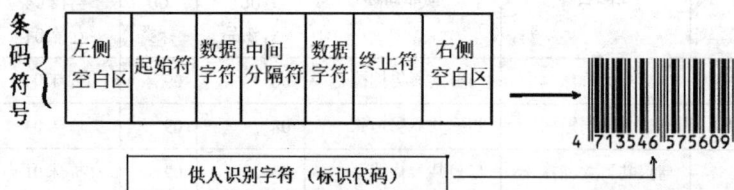

图 1.2　条形码符号结构释义

商品条形码是由国际物品编码协会规定的，用于表示零售商品、非零售商品、物流单元、位置的标识代码的条形码。

1. 零售商品条形码

在我国，零售商品标识代码采用 GTIN-13、GTIN-8、GTIN-12 三种代码结构，其中 GTIN-13 是最常用的商品标识代码结构，用 EAN-13 条形码表示。在**美国和加拿大**等地，使用 GTIN-12 商品代码结构，用 UPC-A 条形码表示。当出现**包装印刷面积不足**等特殊情况时，采用 GTIN-8 商品代码结构，用 EAN-8、UPC-E 条形码表示。

看板

有些零散商品，如鲜肉、水果、蔬菜、熟食品等，需要现场称重、计价、交易销售。这些商品的编码任务一般由零售商完成。零售商进货、储藏、分拣、包装，用专用设备对商品称重并自动编码和制成条形码，然后将条形码粘贴或悬挂在商品包装上。零售商编代码，只能用于商店内部的自动化管理系统，因此称为店内码。我国采用的店内码是 EAN 推荐的 EAN-13（标准版）店内码。

2. 非零售商品条形码

非零售商品是指不通过销售终端（POS）扫描结算的用于配送、仓储或批发等操作的商品，例如，一个装有 50 条香烟的纸箱或者一个装有 20 箱香烟的托盘都可以作为一个非零售商品进行批发、配送。

在我国，主要采用 GTIN-14、GTIN-13 代码结构。GTIN-14 商品标识代码结构用 ITF-14 条形码表示，GTIN-13 用 EAN-13 表示。

3. 物流商品条形码

在商品从生产厂家到运输、交换的整个物流过程中都可以通过物流条形码来实现数据共享，使信息的传递更加方便、快捷、准确，提高整个物流系统的经济效益。

物流条形码是货运单元的唯一标识[①]。

物流条形码的码制是指条形码符号的类型，每种类型的条形码符号都是由符合特定编码规则的条和空组合而成，都有固定的编码容量和条形码字符集。国际上常见的物流条形码主要有 EAN-13 条形码、交叉二五条形码、128 条形码等。

第四节 商品目录

商品目录也称商品分类目录，是国家或部门或企业按照一定的目的，对所管理经营的商品进行分类、编码，用数码、文字、字母和表格等全面记录和反映商品分类体系的文件形式。一般包括**商品详情、商品代码（或编号）、商品分类体系**三个部分。商品目录不是一成不变的，它应随着生产的发展、消费者需要的变化等及时进行修订。

没有科学的商品分类，就没有层次分明、科学、系统、标准的商品目录。商品分类和商品目录相辅相成。商品目录是商品分类的具体体现，商品目录是实现商品管理科学化、信息化的前提，是商品生产、经营、管理、流通的重要手段。

一、商品目录的种类

根据商品目录适用范围的不同，商品目录一般可分为**国际商品目录、国家商品目录、**

① 货运单元是由若干消费单元组成的稳定的和标准的产品集合，是收发货、运输、装卸、仓储等物资业务所必需的一种物流包装单元，是多个或多种商品的集合，应用于现代化的物流管理中。

行业（部门）商品目录及企业商品目录四类。

1. 国际商品目录

国际商品目录是指由国际性机构编制的商品目录，是各国在进行对外贸易时应遵守的规则。如《商品名称及编码协调制度》，主要应用于海关对外贸易统计和进出口关税征收，其分类原则是按原料或基本材料加工处理的程度、功能和用途等属性来划分商品类别。《国际贸易标准分类》，是一种主要用于国际贸易统计的商品分类目录，按原料、半制品、制成品分类并反映商品的产业部门来源和加工程度。《活动和产品分类综合体系》，吸取了其他商品分类编码标准的分类原则的优点，确保了各种重要的国际商品分类目录之间的协调一致与相互兼容。《活动和产品分类综合体系》基本涵盖了商品、服务和资产等全部产品的分类编码，适用于各种不同类型的数据处理和统计。

2. 国家商品目录

国家商品目录是指由国家指定专门机构编制的商品目录，是国民经济各部门进行统计、计划、财务、税收、海关、商检等工作时必须一致遵守的准则。如我国的《全国主要产品分类与代码》，1997 年选择了 CPC[①]作为新标准的研制依据，确定了该标准的主体结构等效采用 CPC 的总体原则，新修订了 GB/T 7635—2002《全国主要产品分类与代码》，由五部分组成，依次为大部类、大类、中类、小类和细类，2002 年 8 月 9 日正式发布，2003 年 4 月 1 日起实施。

3. 行业（部门）商品目录

行业（部门）商品目录是由本行业主管部门编制的该部门从中央到基层遵守的准则。如我国原商业部编制的标准 SB/T 10135—1992《社会商业商品分类与代码》。

4. 企业或单位商品目录

企业或单位商品目录是由本企业或本单位自己编制的适用于本企业或本单位的商品目录，如仓储商品目录、营业柜组商品目录等。

部门或企业、单位编制的商品目录都要在国家商品目录的基础上进行。其分类不能违背国家商品目录提出的分类原则，但又应当根据本部门、本单位的业务特点、经营管理工作的需要，对商品类组进行比较详细的划分，或者对本部门、本单位经营管理较少的商品进行并类、合组。因此，部门或企业、单位编制的商品目录，一般较国家编制的商品目录包括的类别少，但品种划分更细，商品类组和划分更详尽、具体。

二、企业商品目录的形式与编制

随着企业信息化进程的逐步推进，商品目录的形式与编制在商品分类学的基础上，结合消费者购物行为的知识，在零售、物流等企业以不同的形式展现。

企业商品目录一般包含以下三种形式。

（1）把企业经营的全部商品按规格、花色、品种等全部列举出来。这种形式由于过于

[①] CPC 是指联合国统计委员会制定的《主要产品分类》（《Centra Product Classification》，简称 CPC）。

细化，在实际操作中有一定的困难。

（2）只列出商品大类，不列出具体品名。这种形式由于只列出了商品的大类品种，过于粗略，不能起到保证供应、满足消费者需要的作用。

（3）列出全部商品的大类，也列出部分具体品名。这种形式采用较多，既能反映出企业经营所需要的必备商品，又能使商品有一定的机动性。

零售企业要编制**商品经营目录**[①]、**全部商品目录**、**必备商品目录**。必备商品目录是零售企业制订的经常必备的最低限度商品种类目录。必备商品目录确定后，再根据消费者需要加以补充和完善，形成零售企业全部商品目录。一般来说，日用工业品商品目录的品种要比副食品商品多些，大型商店比中、小型商店多些。日用工业品商品目录由于品种复杂，变化较快，只需列出集团品名，并在集团品名后适当说明一些主要规格、牌号；副食品商品目录由于品种比较简单，变化也不太大，可以确定一些具体的品名，但应该注明常年必备和季节必备，以便商店适时地组织货源，满足消费者需要。

物流企业要编制商品经营目录、全部商品目录和必备商品目录。全部商品目录的编制要对商品的规格、品种、特性等进行列举，方便储运工作。对于商贸物流，要结合零售企业的必备商品目录，编制配送中心的必备商品目录。

> 在快节奏的社会里，商品目录得到普及。
>
> 商品目录成为实体店的营销手段之一，这种营销目录由图文并茂的商品详情介绍、分类体系、编码三部分构成，其内部版式布局、商品排列、视觉表现效果、目录文案、订单及其他反馈工具等都经过精心设计。精美的设计更有利于吸引消费者的注意力，促使消费者产生购买欲望。
>
> 商品目录是电商的网站设计的一个重要考虑因素。商品目录中分类体系的建立结合了消费者购物行为分析，可以让消费者对电商的可视化界面一目了然，并且在头脑中形成最简单的商品划分规则，快速找到目标商品。

教学做一体（自学实训）　茶叶的陈列展示与销售

场景：迎来送往，不同的面孔，不同的认知，不同的需求，部分消费者对茶叶的需求是茶叶的保健功能，你能结合福鼎白茶的保健功能，对消费者进行销售展示么？部分消费者对茶叶的需求是时尚、潮流，你能利用销售陈列目录，让消费者快速对茶叶有个初步的认识么？

实训任务：扫描"资讯支撑"内二维码自学相关内容，完成下列实训任务，在空白处填写要点。

[①] 商品经营目录是商业企业组织进销商品和执行企业商品流转计划的主要依据，目录的编制要遵循国家、部门的商品目录，还必须针对企业本身的性质、特点、类型、经营商品的范围、所在地区的特点、服务对象等，把应该经营的商品品种用一定的书面形式经过一定的批准程序固定下来。

🧍 实训要点记录	📖 资讯支撑
简述实体店、网店等不同销售方式下茶叶的展示方式。	茶叶的分类
商品销售陈列展示分类目录的编制（可以配套资料内"茶叶商品清单"表格为蓝本）。 （1）结合本地秋季茶叶消费者的需求分析明确分类标志。 （2）采用层次编码法为商品分类体系编码。 （3）以表格的形式形成销售陈列目录文件。	消费者需求分析 茶叶商品清单（实训参考，配套资料内有电子表格） 茶叶的商品层次构成分析
替网店制作福鼎白茶详情介绍。	
总结福鼎白茶销售展示要点。	福鼎白茶资料分享

本 章 小 结

商品是用来交换的劳动产品，具有使用价值和价值两种属性。商品的构成包含了核心部分、形式部分、延伸部分。

商品的使用价值是指商品的功能/效用，即商品为了满足消费者的一定需要所能提供的可靠、必需的功能或效用。

商品分类是根据一定的管理目的，为满足商品生产、流通、消费活动的全部或部分需要，将管理范围内的商品集合总体，以所选择的适当的商品基本特征作为分类标志，将任何一个商品集合总体进行合理划分的过程。

商品编码是赋予某种商品以某种代表符号或代码的过程。代表符号或代码就是商品代码，这些代表符号或代码有一定规则，一般由字母、数字和特殊标记组成。常用的有条形码和数字型代码。

商品目录也称商品分类目录，是国家或部门或企业按照一定的目的，对所管理经营的商品进行分类、编码，用数码、文字、字母和表格等全面记录和反映商品分类体系的文件形式。一般包括商品详情、商品代码（或编号）、商品分类体系三个部分。

巩 固 练 习

一、填空题

1. 商品是具有（　　　　　）的劳动产品。三聚氰胺超标的奶粉因不具有（　　　　　），不能算作商品。

2. 商品是（　　　　　）的劳动产品，通过（　　　　　）到达消费者手中的劳动产品。

3. 商品的层次构成中核心部分是指商品的（　　　　　），它是由于商品本身（　　　　　）、（　　　　　）使其具有的一定的（　　　　　）、（　　　　　）、（　　　　　）表现出来的。

4. 商品名称、专利标记及其原产地标志或证明、质量及安全卫生标志、环境标志、商品使用说明标签或标识、检验合格证、使用说明书、维修卡、购货发票等这些商品外在具体形态是商品层次构成的（　　　　　）。

5. 小智购买了一部苹果手机，办理了 6 个月的无息分期付款。这种附加利益属于商品层次构成的（　　　　　）。

二、判断题

1. 商品的生产者和销售者自始至终不用调整商品的品种，因为商品永远都具有使用价值，永远都有市场。　　　　　　　　　　　　　　　　　　　　　　（　　　　）

2. 商品使用价值的大小是一成不变的。　　　　　　　　　　　　　　（　　　　）

3. 原材料是决定商品的组成成分的重要因素，原材料的种类和质量很大程度上反映了商品的质量和商品养护的特点。　　　　　　　　　　　　　　　　　　（　　　　）

4. 原材料经过一步一步加工，以不同的形态呈现在我们面前，我们习惯把它们称为原料、半成品和成品，这是以商品的原材料为标志进行分类。　　　　　　（　　　　）

5. 商品的分类方法主要有面分类法和线分类法两种。　　　　　　　（　　　　）

三、概念题

1. 商品　　2. 商品分类　　3. 商品目录　　4. 商品编码　　5. 条形码

四、选择题

1. 将下列商品集合按面分类法分类的挑选出来。（　　　）

　　A. 衬衫按型号、颜色分类陈列

　　B. 将茶叶按加工方法进行分区陈列

　　C. 百货超市按用途将经营商品分为九大类

　　D. 化妆品店按功能进行分类陈列

2. 普通货物分为三等，下列属于一等普通货物的有（　　　）。

　　A. 日用百货　　　B. 农产品　　　　C. 水产品　　　　D. 砂、石

3. 下列属于特殊货物的是（　　　）。

　　A. 木材　　　　　B. 服装　　　　　C. 皮鞋　　　　　D. 玻璃杯

4. 下列属于呼吸性货物的有（　　　）。

　　A. 墨水　　　　　B. 白酒　　　　　C. 粮谷　　　　　D. 腌渍蔬菜

5. EAN/UCC-13代码符号结构包括（　　　）等部分。

　　A. 起始符　　　　B. 空白区　　　　C. 分隔符

　　D. 终止符　　　　E. 数据符

6. 商品目录由（　　　）部分构成。

　　A. 商品详情　　　B. 商品代码　　　C. 商品分类体系　　D. 条形码

7. 商品分类方法包含了（　　　）等。

　　A. 面分类法　　　B. 线分类法　　　C. 数字编码法　　　D. 条形码

8. 商品条码中的条码符号由（　　　）等部分构成。

　　A. 起始符　　　　B. 终止符　　　　C. 数据符　　　　D. 校验符

9. 常见易被串味商品有（　　　）。

　　A. 木耳　　　　　B. 茶叶　　　　　C. 腌肉

　　D. 肥皂　　　　　E. 食糖

10. （　　　）是易碎与变形性商品。

　　A. 橡胶制品　　　B. 精密仪器　　　C. 玻璃包装香水

　　D. 服装　　　　　E. 腌肉

11. 下列属于零售单元条码的是（　　　）。

　　A. EAN-13条形码　　　　　　　　B. 交叉二五条形码

　　C. 128条形码　　　　　　　　　　D. ITF-14条形码

12. 按商品类目在分类体系中的层级顺序，依次赋予对应的数字代码的编码方法称为（　　　），其代码的层次与分类层级相一致，常应用于线分类体系。

　　A. 顺序编码法　　B. 平行编码法　　C. 混合编码法　　D. 层次编码法

13. 属于茶叶自然属性描述的有（　　　）。

　　A. 吸味性　　　　B. 吸湿性　　　　C. 易碎　　　　　D. 扬尘

14. 下列商品目录属于国际商品目录的有（　　　）。

　　A.《商品名称及编码协调制度》

　　B. GB/T 7635－2002《全国主要产品分类与代码》

C. SB/T 10135 – 1992《社会商业商品分类与代码》

D. 零售企业商品目录

15. 下列属于纺织品自然属性描述的有（   ）。

A. 扬尘性   B. 沾污性   C. 易燃性   D. 吸湿性与吸味性

五、简答题

1. 简述商品编码的原则。

2. 简述商品分类方法及其优缺点。

六、技能题

调研酒类商品门店陈列的分类标志。

第二章

商品质量

学习目标与知识体系

知识目标：了解我国商品标准的分类与分级、商品检验的方法与依据；理解商品质量的内涵；掌握商品质量的基本要求、流通过程中商品质量的影响因素。

技能目标：初步具备规避影响商品质量的不当作业操作的能力；初步具备依据商品标准利用感官检验法检验并展示商品的感官质量。

知识体系：

商品质量的认识与理解	商品质量的内涵
	商品质量的基本要求
	影响商品质量的因素
商品标准与商品检验	我国商品标准的分类与分级
	商品检验的内容、依据、方法
	商品检验的方法

商品故事

西湖龙井的防伪战

据 2014 年 6 月 4 日《i 时代报》报道（记者 陈鑫） 欲把西湖比西子，从来佳茗似佳人。西湖龙井茶，是中国历史十大传统名茶之首，以色泽鲜绿、外形秀美、香气幽芳、滋味甘醇，有"四绝"美名著称。诗人总爱用"黄金芽""无双品"来表达对西湖龙井茶的情有独钟。然而这一历史名茶，在杭州市政府不断推出防伪标识的同时，却不断遭受"冒充"。

2001 年，杭州市政府就推出了"龙井茶防伪标识及其保真系统"。此后，杭州市、西湖区政府和龙井茶产业协会还相继实施了开设专卖店、二维条码认证等多种"防伪"办法。

2014 年，杭州市首次出台了《西湖龙井茶规范包装管理办法（试行）》，将"地理标志产品保护防伪标"和"地理标志证明商标防伪标"这两种标识合二为一，集中在一个图标上，被称为"双黄蛋"，目前有 87 家企业的产品可以使用。

当记者根据所购买茶叶包装上商户贴在包装罐底部的防伪标识进行质量追溯时，结果是"恭喜您购买到了由杭州××茶叶有限公司生产的西湖龙井茶"。当记者前往此茶叶有限公司进一步探究茶叶质量真相时，听到的回答是："这罐子一看就不是我们的产品，品牌名、QS 标签等身份信息都没有，而且茶叶也和正宗西湖龙井差别很大。我们没有给这家商户供过货，也没有跟它有业务往来。"为验证自己的说法，负责人当场致电上述茶城的经营部质问，对方竟称防伪标识是捡来的。

2014 年，上海消保委发布的年度茶叶比较试验通报中，市面在售茶叶不符合率高达69.4%。散装销售茶叶的容器上大多不标注生产日期、感官品质等级等信息，全凭商家口述。以茶城的"西湖龙井"为例，90%以上不具备西湖产区的品质特征。

思考：故事中哪些信息是真正的西湖龙井的品质判定依据？如果你是消费者，你认为应如何判断西湖龙井的真伪？

商品质量与人们的生活密切相关，每个人都想过上高品质的生活，那么消费者有必要掌握一些"何为高质量商品"的知识，作为企业，更应响应国家的"质量强国"号召，为消费者提供买得起的高质量商品。

第一节　商品质量的认识与理解

消费者、企业、国家三者从不同的侧面阐释商品质量。企业是商品质量的主体，形成商品的客观质量（商品固有特性）。消费者是商品的购买者和使用者，形成商品的主观质量（凭借自己所需购买商品、凭借自己的认知评价商品）；国家为了保护消费者利益，通过一些法律法规约束企业所制造商品的客观质量，通过一些渠道手段提高消费者对商品的认知能力，促进客观质量与主观质量趋于一致。

何为商品质量？本章主要阐述关于"商品质量"的一些认识和观点。

一、商品质量的内涵

商品质量是指商品所具有的固有特性满足要求（或需求）的程度。"要求"包含了明示的规定和隐含的要求。

"规定"是指在国家法律法规、质量标准、规范、合同、图样、技术要求等文件中明确提出的要求。

商品的使用价值取决于消费者的需要程度和商品的属性，与用途有关的属性构成商品的自然质量。例如，保温瓶与其用途有关的技术参数很多，主要项目有容水量、重量、耐温急变性、耐水性、卫生性、保温性等，这些项目参数都具体规定了商品应达到的标准数值。保温瓶的这些限定参数构成了瓶胆质量的具体内容。

"隐含的要求"是指那些人们公认的、不言而喻的、不必明确的要求，如习惯要求或惯例等。例如，针对中国消费者汽车的方向盘要在汽车的左侧。

商品质量以顾客满意为目标，顾客对商品质量的要求包含所购买商品附加的全部服务和利益。这种要求既具有一定的针对性，同时也具有一定相对性、时间性。

"商品质量特性"是指根据一定的准则，将对商品的需求转化为特性，使商品一旦形成就具有客观存在的质量特性。

（1）内在特性。内在特性包括商品的可靠性、适用性、安全性、寿命长短等。

（2）外观特性。外观特性包括商品的外观造型、色泽、图案等。

（3）经济特性。商品的经济性不仅看制造成本，还要看商品的寿命期的总成本，其中包括在流通和使用过程中由消费者和社会所承担的费用。

【思考讨论 2.1】

西湖龙井的商品质量描述

西湖龙井以色泽鲜绿、外形秀美、香气幽芳、滋味甘醇，有"四绝"美名著称。

西湖龙井内含物丰富，含有茶多酚、茶多糖、茶皂素、蛋白质和氨基酸、生物碱、茶色素、维生素和矿物质等药效成分。

西湖龙井包装商品必须具有 QS[①]质量安全认证、防伪标、包装纸选用符合 GB 11680－89《食品包装用原纸卫生标准》等。

消费者购买西湖龙井希望购买到货真价实的商品，商家提供良好的售前、中、后服务。

讨论分析西湖龙井的特性、要求都是什么。

_____

_____

_____

_____

二、商品质量的基本要求

商品的用途要满足消费需求，必须对商品质量提出基本要求。商品种类繁多，各有不同用途及决定用途的特点，因此不同用途的商品人们对其质量的要求也不同。商品可分为有形商品和服务性商品。有形商品主要包括吃、穿、用等。服务性商品主要指服务性行业提供的服务，如交通运输、邮电通信、商业金融保险、饮食、宾馆、医疗卫生、文化娱乐、旅游、信息咨询等组织提供的服务。由于服务含义的延伸，有时也包括工业产品的售前、售中、售后服务，以及企业内部上道工序对下道工序的服务。

（一）有形商品的质量要求

对有形商品质量的基本要求主要有**使用性、安全卫生性、审美性、经济性、寿命和可靠性、信息性和可追溯性**，其中**安全卫生性**是消费者现在普遍关注的质量要求。

1. 使用性

使用性是指商品为满足一定的用途所必须具备的各种性能，它是构成商品使用价值的基本条件。例如，冰箱的制冷保温性能、钟表的准确计时性能、服装的遮体保暖功能、食

---

① 食品 QS 认证的变革：自 2004 年 1 月 1 日起，QS 下方标质量安全；2010 年 6 月 1 日起，QS 下方标生产许可，2012 年 1 月 1 日，"质量安全"不再存在；2015 年 10 月 1 日起，采用由 SC 和 14 位阿拉伯数字组成的新编号，2018 年 10 月 1 日起，QS 标志不得再使用。

品的营养功能等。对于原料性商品或半成品，使用性能还意味着易加工性能。

使用性除商品用途所要求的基本性能以外，还包括商品在该用途方面应尽量符合人体工程学原理，满足使用方便等要求。例如，商品的结构要与人体尺寸和形状及各个部位相适应；商品要与人的视觉和听觉能力、触觉能力、味觉和嗅觉能力、速度能力、知觉能力以及信息再处理能力相适应；复杂商品的使用操作要符合简单、宜掌握、不易出错等要求。

商品的多功能化扩大了商品的适用范围，使之使用起来更加方便，比单一功能的商品更受欢迎，已成为现代商品的发展趋势。

2. 安全卫生性

安全卫生性是指商品在生产、流通和使用过程中保证人身安全、健康和环境不受伤害的能力。

食品的卫生无害性就是指食品中不应含有或不能含有超过允许限量的有害物质和微生物等，也是食品类商品的最基本的质量要求。因为食品卫生关系到人们身体健康和生命安全，甚至还会影响到子孙后代，因此，食品必须符合有关的卫生规定和标准，若超过规定的卫生要求，其他质量要求随之失去意义。食品有害物质的来源通常有：食品本身产生的毒素，物质对食品的污染，加工中混入的毒素，保管不善产生的毒素，环境或化学药物造成的污染等。

纺织品的卫生安全性就是指纺织品保证人体健康和人身安全而应具备的性质，主要包括纺织品的卫生无害性、抗静电性等。卫生无害性，不仅要求纺织品纤维对人体无害，还要求纺织品在加工和染色过程中使用的染料、防缩剂、防皱剂、柔软剂、增白剂等化学物质对人体无害。这些化学物质如残留在纺织品表面，就可能造成对皮肤的刺激。吸湿性差的涤纶、腈纶、氯纶、丙纶等合成纤维容易形成静电，降低静电的方法，一是在纺织品中混入导电纤维，二是将静电剂加入合成纤维内部或固着在纤维表面。

日用工业品的卫生安全性就是指日用工业品在使用时，有关保护人身安全和人体健康所需要的各种性质。例如，盛放食物的器皿、化妆品、玩具等商品应具有无毒性和无刺激性；电器商品应具有防人身触电、防引起火灾、防损害人身安全措施。

商品的安全卫生性除包括对商品使用者的安全卫生保障之外，按照现代观念考虑，还应包括不给第三者的人身安全、健康，即社会和人类的生存环境造成危害，如空气污染，水源污染以及噪声、辐射、废弃物等现代化社会问题。在现代社会中，有关安全卫生的社会要求正愈来愈受到人们的重视，环境保护问题已成为当今社会的一大主题。

3. 审美性

审美性是商品能够满足人们审美需要的属性。随着社会进步和商品生产的极大发展，人们已不再仅仅满足于物质需求，而对商品有了极高的精神要求。现代社会中，人们不仅要求商品实用，而且还要求商品能给人以美的享受，体现人们的自身价值，这就要求商品要有物质方面的实用价值与精神方面的审美价值的高度统一，要求商品既实用又美观。商品的审美属性主要表现在商品的形态、色泽、质地、结构、气味、味道和品种多样化等方面。商品的审美性已成为提高商品竞争能力的重要手段之一。

商品的审美性除了商品本身的审美质量以外，还包括其包装装潢的审美性。好的、优质的商品也要有精美的包装，以满足人们对美的需求，同时也可以提高商品的价值，增加商品的竞争力。

4. 经济性

对于消费者来说，总是希望商品的质量特性最好，而其价格又要最低，同时其使用、维护成本也要最低。商品的经济性就是指商品的生产者、经营者、消费者都能用尽可能少的费用获得较高的商品质量，从而使企业获得最大的经济效益，消费者也会感到物美价廉。经济性反映了商品合理的寿命周期费用及商品质量的最佳水平。经济性包括在物美价廉基础上的最适质量，商品价格与使用费用的最佳匹配。离开经济性孤立地谈质量，没有任何实际意义。

5. 寿命和可靠性

寿命通常指**使用寿命**，有时也包括**储存寿命**。使用寿命是指工业品商品在规定的使用条件下，保持正常使用性能的工作总时间。储存寿命则指商品在规定条件下使用性能不失效的储存总时间。

可靠性是指商品在规定条件下和规定时间内，完成规定功能的能力。它是与商品在使用过程中的稳定性和无故障性联系在一起的质量特性，是评价机电类商品质量的重要指标之一。可靠性通常包括耐用性和设计可靠性，有时维修性也包括在内。

6. 信息性和可追溯性

信息性是指应为消费者提供的关于商品的有用信息，主要包括：商品名称、用途、规格、型号、重量、原材料或成分；生产厂名、厂址、生产日期、保质期或有效期；商标、质量检验标志、生产许可证；储存条件；安装使用、维护方法和注意事项；安全警告；售后服务内容等。这些信息的提供有利于消费者了解、比较选购、正确使用、合理维护和安全储存商品，并能使消费者在其权益受到侵害时进行自我保护。

（二）服务性商品的质量要求

对服务性商品的质量要求主要有**功能性**、**时间性**、**文明性**、**安全性**、**舒适性**和**经济性**。

（1）功能性，是指服务实现的效能和作用。例如，交通运输的功能是将旅客或货物送达目的地。邮政通信的功能是传递有关信息，使顾客获得这些服务效能是对服务的基本要求。

（2）时间性，是指服务能否及时、准确、省时地满足服务需求的能力。对服务来说，时间性非常重要。

（3）文明性，不仅仅是指对顾客要笑脸相迎，还包括对顾客的谦逊、尊重、信任、理解、体谅和与顾客有效的沟通，是满足顾客精神需求的程度。这是服务质量中最难把握但却非常重要的质量特性。

（4）安全性，是指服务提供方在对顾客进行服务的过程中，保证顾客人身不受伤害、财物不受损害的能力，即没有任何风险、危险和疑虑，如航空服务是否安全。安全性的提高或改善与服务设施、环境有关，也与服务过程中组织、服务员的技能、态度有关。

（5）舒适性，是指服务对象在接受服务的过程中感受到的舒适程度。舒适性与服务设施是否适用、方便、舒服，服务环境是否清洁、美观、有秩序等有关。

（6）经济性，是指为得到相应服务，顾客所需费用的合理程度。这与有形商品质量的经济性是类似的。

【思考讨论2.2】

如果西湖龙井茶是一个企业运输或仓储或销售的商品，分析西湖龙井商品质量的基本要求包含了哪些内容。

_____

_____

_____

_____

三、影响商品质量的因素

影响商品质量的因素很多，既有**生产环节**的影响，也有**流通环节**的影响。从生产环节看，有的商品来源于制造业，有的商品则来源于种植业和养殖业。要保证和提高商品质量，重要的问题是找出影响商品质量的各种因素，特别是关键因素，只有这样，才能确保商品质量。

（一）生产与生长过程、消费使用过程影响工业产品质量的因素

1. 工业品生产过程对商品质量的影响

影响工业产品质量的因素主要有产品设计、原材料、制造工艺、设备和操作方法、标准水平和检验以及包装质量等。忽视任何一个因素，都会使商品质量受到影响。

网络实践

据2015年3月6日央视新闻报道，美国第五代战机F-35B武器舱存在设计缺陷。

难道这种投入巨大、多国给予厚望的战机还会存在设计缺陷？缺陷是怎么产生的？请通过链接或二维码观看央视新闻视频，讨论商品开发设计、市场调研对商品质量的影响。

2. 农、畜、水产品生长过程对商品质量的影响

农业、畜牧业、水产业生产的产品种类很多，不同的产品来源不同，影响因素也有所不同，归纳起来主要有生产环境、动植物品种、植物栽培技术和动物饲养管理等。

3. 商品消费使用过程对商品质量的影响

商品在消费（使用）过程中，商品的使用范围和条件、商品的使用方法以及维护保养，甚至商品使用后的废弃处理等都影响着商品质量。

（二）流通过程对商品质量的影响

流通过程是指商品离开生产过程进入消费过程前的整个过程。这个过程包括商品的**运输装卸**、**仓库储存保管**和**销售**等环节，在这些环节中同样存在着影响商品质量的各种因素，这些因素的作用使得商品的质量不断降低。

1. 运输对商品质量的影响

商品进入流通领域，运输是商品流转的必要条件，运输对商品质量的影响与运程的远近、时间的长短、运输的气候条件、运输路线、运输方式、运输工具、装卸工具等因素有关。

商品运输可以采用**铁路、公路、水运、航空**等运输方式。各种运输方式和运输工具的选择，必须充分考虑商品的性质，运输方式和运输工具符合商品性质的要求，商品在运输过程中才能避免或减少外界因素的影响，确保商品质量。

温度、湿度、运输工具的清洁状况等是商品运输的基本条件。如果运输时温度、湿度不符合商品要求，运输工具清洁状况差，运输时与有影响物质接触，必然引起商品质量变化，只有上述运输条件控制好，才能确保商品质量。

商品搬运中还得注意**不能随意抛扔，不得倒置，防晒、防潮、防挤压、防剧烈震动**等。这些问题注意到了，商品质量就会少出现问题。

商品在装卸过程中还会发生**碰撞、跌落、破碎、散失**等现象，这不但会增加商品损耗，也会降低商品质量。

2. 仓库储存保管对商品质量的影响

商品储存是指商品脱离生产领域，尚未进入消费领域之前的存放。商品储存是商品流通的一个重要环节，因为商品由生产到消费存在着一个时间差，在这个时期内商品必须经过储存。商品在储存期间，由于商品本身的性质和储存的外部环境的影响，商品会发生一定的变化。商品在储存期间的质量变化与商品的本身特性、储存场所及内外环境条件、养护技术与措施、储存期的长短等因素有关。其中，商品本身的特性是商品质量变化的内因，而仓储环境条件（如温湿度、空气成分、微生物及害虫等）是储存期间商品质量变化的外因。

商品储存的地点即商品储存的场所应符合商品性质要求，以减少外界因素的影响，避免或减少商品损失或损耗。

温度、湿度是商品储存的条件。温度、湿度符合商品性质的要求，商品质量的变化就可避免或减缓。

堆码、苫垫等是商品储存放置方法。商品堆码的形式应符合商品种类、性质和质量变化的要求，商品质量才可得到保证。商品苫垫得当可以防止和减少阳光、风雨对商品质量的影响。

商品储存期间的长短是储存期限。商品储存一定要按保存期和保质期保存，贯彻先进先出原则，使商品质量得到保证。

3. 销售服务对商品质量的影响

销售是商品由流通领域进入消费领域的环节，销售服务的质量也是影响消费者所购商品质量的因素。销售服务过程中的**进货验收**、**入库短期存放**、**商品陈列**、**提货搬运**、**装配调试**、**包装服务**、**送货服务**、**技术咨询**、**维修和退换货服务**等项工作质量的高低都将最终影响消费者所购商品的质量。许多商品的质量问题不是商品本身固有的，而往往是由于使用者缺乏商品知识或未遵照商品使用说明书的要求，进行了错误操作或不当操作所引起的。所以，商品良好的售前、售中、售后服务质量已被消费者视为商品质量的重要组成部分。

第二节　商品标准与商品检验

商品故事中西湖龙井质量高低、真假的判断依据都有什么？在西湖龙井买卖的经济活动中，有一个规范性文件约束和保障西湖龙井质量安全。制造企业要遵守这个规范性文件完成商品的制造，消费者可凭借这个规范性文件获得更多的商品信息，正确地选购、使用、存放商品。它就是商品标准，不同国家和区域有着不同的商品标准，我国某些领域商品标准还处在较低水平，有待进一步提高和完善。

一、我国商品标准的分类与分级

商品标准是指为保证商品能满足人们的需求或需要，对商品的结构、成分、规格、质量、等级、检验、包装、储存、运输、使用以及生产技术等方面所做出的技术规定。

商品标准是一定时期内、一定范围内商品生产、质量验收、监督检验、贸易洽谈、储存运输等的依据和准则，也是对商品质量争议做出仲裁的依据。商品标准作为产品技术典范，对保证和提高产品质量，扩大产品经营，提高经济效益，满足消费需求，具有日益重要的意义。

商品标准的基本内容可归纳为主体内容、适用范围和引用标准，分类，技术要求，试验方法和检验规则，包装、标志、运输和储存条件等。

有了商品标准，生产者就有章可循，可以按规定的要求组织生产；质量监督者就有法可依，可以按规定的要求从事监督鉴定；消费者则可得到质量稳定可靠、符合规定要求的商品，满足购物需要。

（一）我国商品标准的分类

商品的日新月异，伴随着商品标准的林立纷呈。可以从不同角度对我国的商品标准进行分类。

1. 按商品标准的表达形式分类

我国商品标准按商品标准的表达形式分类可分为**文件标准**和**实物标准**。

文件标准是用特定格式的文件，通过文字、表格、图样等形式，表达商品的规格、质量、检验、包装等有关方面技术内容的统一规定。它是绝大多数商品标准的表现形式。

实物标准是指对某些难以用文字准确表达的质量要求，由标准化主管机构或指定部门用实物做成与文件标准规定的质量要求完全或部分相同的标准样品，按一定程序颁发，是文件标准的补充，成为生产、检验、贸易洽谈、收购定价等有关方面共同遵守的技术依据。如粮食、茶叶、羊毛等商品都需要有标准样品。

2. 按商品标准的约束性分类

我国商品标准按商品标准的约束性分类可划分为**强制标准**和**推荐标准**。

强制标准是强制执行的标准，受法律、法规的强制性约束。如食品卫生标准，商品及商品生产、储运和使用过程中的安全标准等，如 GB 7718—2011 为国家强制标准预包装食品标签通则。强制标准必须执行，不符合强制性标准的商品禁止生产、销售，造成严重后果者追究直接责任人法律责任。

推荐标准是除强制性标准以外企业自愿采用和认证的标准。国家会制定优惠政策，鼓励企业采用推荐性标准。如 GB/T 16553—2010 为国家推荐性标准珠宝玉石鉴定。

3. 按商品标准的使用对象分类

我国商品标准按商品标准的使用对象分类可划分为**工作标准**、**技术标准**、**管理标准**。

技术标准是对需要协调统一的技术指标所规定的标准。主要包括基础标准、产品标准、安全标准、卫生标准、环境保护标准等。

管理标准是对需要协调统一的管理指标所规定的标准。主要包括基础管理、生产管理、技术管理、质量管理、安全管理、经济管理、行政管理、卫生管理、环境保护管理等方面的标准。

工作标准是对标准化体系中需要协调统一的各类人员的工作事项所制定的标准。一般包括基础工作、工作质量、工作程序和工作方法等方面的标准。

在以上三类标准中，技术标准占有很大的比重。

（二）我国商品标准的分级

国家标准、**行业标准**和**地方标准**的代号、编号办法，由国务院标准化行政主管部门统一规定。**企业标准**的代号、编号办法，由国务院标准化行政主管部门会同国务院有关行政主管部门规定。标准的出版、发行办法，由制定标准的部门规定。

1. 国家标准

国家标准是指由国家标准化主管机构批准发布、在全国范围内统一实施的标准。凡涉及国计民生的重要工农业产品,有关人民安全健康和环境保护的产品以及基本原料、材料、燃料,通用的零件、部件、配件、工具、量具,通用的试验和试验方法标准,一般都采用国家标准。

国家标准分为**强制性国家标准**和**推荐性国家标准**。强制性国家标准的代号为"GB",推荐性国家标准的代号为"GB/T"。

为适应国际市场的需要,近年来我国国家标准积极采用国际标准和国外先进标准,如ISO9000系列标准和ISO14000系列标准。积极采用国际标准,不仅可以提高我国产品的国际竞争力,振兴民族经济,而且可以提高我国在国际经济中的地位,制定有利于各国经济共同发展的国际经济规则,促进世界经济的繁荣。

2. 行业标准

行业标准是指由专业化主管机构或组织批准发布、在某一行业范围内统一实施的标准。一般来说,对没有国家标准又要在某行业范围内统一要求的,可以制定行业标准。凡有关行业范围内的主要产品,通用零部件、配件、设备、工具,通用的技术语言、规则和方法,都可订立行业标准。

行业标准由国务院有关行政主管部门编制计划,组织拟定,统一审批、编号和发布,报国务院标准化行政主管部门备案。行业标准在相应的国家标准实施后自行废止。行业标准编号由行业标准代号、标准顺序号和年号构成,若在行业标准代号后加"/T",则组成推荐性行业标准代号。

3. 地方标准

地方标准是指没有国家标准和行业标准,又需要在省、自治区、直辖市范围内统一的工农业产品的技术、安全、卫生等标准。地方标准由省、自治区、直辖市人民政府标准化行政主管部门编制计划,组织拟定,统一审批、编号和发布,并报国务院标准化行政主管部门和国务院有关行业主管部门备案。地方标准的制定、实施,对于因地制宜地发展本地经济,提高经济效益,满足本地需求及贸易需求,保障消费者安全、卫生方面的利益,有着重要的意义。地方标准代号为"DB"。地方标准编号由地方标准代号、地方标准顺序号和年号构成。

4. 企业标准

企业标准是指由企业制定发布、在该企业范围内统一使用的标准。当企业生产的产品没有国家标准、行业标准和地方标准时,就应制定企业标准,作为企业生产、经营活动的依据。企业标准的起草、制定、批准和发布的全过程均由企业自行安排,并按省、自治区、直辖市人民政府的规定备案。企业标准代号为"Q"。某企业标准编号由企业标准代号、该企业代号、标准顺序号和年号构成。企业标准的制定有利于企业充分利用最新科技成果开发新产品,开拓新市场,满足新的市场需求。

5. 团体标准

团体标准是指由团体按照团体确立的标准制定程序自主制定发布,由社会自愿采用的标准。团体是指具有法人资格,且具备相应专业技术能力、标准化工作能力和组织管理能力的学会、协会、商会、联合会和产业技术联盟等社会团体。团体标准编号由团体标准代号、团体代号、团体标准顺序号和年号组成。团体标准代号为"T/"，团体代号由各团体自主拟定。

二、商品检验的内容、依据

商品检验是指商品的供货方、购货方或第三方在一定条件下，借助某种手段和方法，按照合同标准或国际、国家有关法律、法规、惯例，对商品的质量、规格、重量以及包装等方面进行检查，并作出合格与否或通过检验与否的判定。社会上专门的检验机构还可以提供商品检验证书。具有法律效力的检验证书，可以作为解决社会各种商品质量争议、合同纠纷的有效证据。

物流商品检验的一般工作程序由**定标、抽样、检验、判定、处理**等步骤组成。

定标就是指检验前根据合同或标准的规定明确技术要求，掌握检验手段和方法，拟定检验计划。

抽样是根据合同或标准所确定的方案，从被检批商品中抽取一定数量的有代表性的、用于检验的单位商品的过程，又称取样或拣样。

检验是指在规定要求的环境条件下，凭借一定的检验设备和条件，采用测量、测试、试验等方法，检验样品的质量特性。

判定是指通过将检测的结果与合同及标准要求的技术指标进行对照，依据合格判定原则，对被检商品合格与否作出判定。

处理是指对检验结果出具检验报告，反馈质量信息，对不合格商品作出处理。

（一）商品检验的内容

商品检验的范围很广，大体上包括外观质量检验与内在质量检验两个方面。外观质量检验主要是对产品的外形、结构、花样、色泽、气味、触感、疵点、表面加工质量、表面缺陷、商品包装标签和标签内容等的检验。内在质量检验一般指有效成分的种类含量、有害物质的限量、产品的化学成分、物理性能、机械性能、工艺质量、使用效果等的检验。

1. 商品质量检验

商品质量检验包括**成分、规格、等级、性能和外观质量**等的检验。

商品质量检验是商品检验的主要内容，是衡量商品使用价值的尺度，不同的商品有不同的质量要求，对商品质量的特征应尽量使用定量指标加以描述，避免贸易双方的认识不一致而产生纠纷。

2. 商品重量和数量的检验

商品的重量检验是根据合同规定，采用规定的**计量方式**，计量出商品准确重量的检验；商品的数量检验是按照发票、装箱单或尺码明细单等规定，对整批商品进行逐一清点，得到实际装货的准确数量的检验。

商品重量检验的表现形式常见的有**毛重、净重、以毛计净**。毛重是指商品本身的重量加上包装的重量；净重是指除去包装后商品本身的实际重量；对于有些单位价值不高，包装与商品价值相当的商品采用以毛重计价的方法称为以毛计净。

商品的数量检验可以用**件数、箱数、台数、打数、个数、面积、长度、容积、体积**等表示，具体采用何种形式，应根据商品的品种和性质以及交易双方的习惯和要求而定。各国的度量衡不同，所使用的计量单位也各有差异。通常使用的有公制、英制、美制三种，如长度单位有米、千米、码、英尺等。

3. 商品的包装检验

商品包装检验是根据商品标准或合同的有关规定，对商品的**包装标志、包装材料、种类、包装方法**等进行检验，判断包装是否符合规定要求的活动。

对于包装的检验不仅要考虑对商品的保护作用，更要考虑其和商品在储运的过程中保持稳定，不会对人体、运输安全和环境生态平衡造成影响。所以在对包装的检验中除检查标识外，还应重点检验其**封口、缝线、捆扎、钉钉、黏合、内衬**等有无破损、渗漏、变形、**污染**等外观改变情况；进行模拟实验，检验堆积、挤压、碰撞、跌落等对包装和商品的残损情况。

4. 商品安全卫生检验

商品安全检验主要是指电子电器类商品的**漏电检验、绝缘性能检验**和 X 光辐射等。商品卫生检验是指对商品中的**有毒、有害物质及微生物**进行的检验。

5. 其他检验

商品进出口检验业务中，除了上述检验内容外，还包括海损鉴定、集装箱检验、进出口商品的残损检验、进出口商品的装运技术条件检验、货载衡量、产地证明、价值证明以及其他业务的检验。

（二）商品检验的依据

商品检验的主要依据是**商品技术法规**，我国现有的技术法规分散在以下法规体系之中：标准化法规体系；计量法规体系；质量认证法规体系；进出口商品检验法规体系；食品、化妆品卫生法规体系等。

> **特别提示**
>
> 随着社会的发展与进步，法律法规或修改修正，或废止，或推出新的法律法规。以下是几种常用的检验检疫相关的法律法规。
>
> 《中华人民共和国国境卫生检疫法》，1986 年 12 月 2 日发布，2007 年 12 月 29 日修订，2016 年有三处修改。
>
> 《中华人民共和国国境卫生检疫法实施细则》，1989 年 3 月 6 日发布施行。
>
> 《中华人民共和国进出口商品检验法》，自 2002 年 10 月 1 日起实施，2016 年有三处修改。
>
> 《中华人民共和国进出口商品检验法实施条例》，自 2005 年 12 月 1 日起实施。

《中华人民共和国进出境动植物检疫法》，自 1992 年 4 月 1 日起执行。

《中华人民共和国进出境动植物检疫法实施条例》，自 1997 年 1 月 1 日起施行。

《中华人民共和国标准化法》，1989 年 4 月 1 日实施，2016 年 3 月 22 日公布《中华人民共和国标准化法（修订草案征求意见稿）》，拟进行大修。

《中华人民共和国产品质量法》，自 1993 年 9 月 1 日起施行，2000 年 9 月修改修正。

《中华人民共和国食品安全法》，2015 年 4 月 24 日修订，自 2015 年 10 月 1 日起施行。

《中华人民共和国刑法》，1980 年 1 月 1 日起施行，2015 年 11 月 1 日修正案（九）施行。

1. 内贸商品质量检验的依据

内贸商品质量检验的依据主要有**质量标准、统检细则、检验规则、购销合同**。其中购销合同关于质量的要求不能低于相关质量标准，不能违背国家相关法律法规。

质量标准是检验商品质量的主要依据，是生产、经营企业必须执行的技术法规。在实际运用中，国家、行业或地方强制性标准是必须执行的标准；而各级推荐性标准企业可以选择执行，也可以选择制定企业标准，这种情况，国家通过标准备案来进行控制，一旦企业确定了执行何种标准并通过技术监督局备案，该标准就是企业必须执行的标准，是商品检验的依据。

统检细则。国家和地方监督部门出于对某一产品主要项目进行全面监督抽查的需要，根据国家标准、行业标准或地方标准制定统一检验项目、统一检验方法、统一技术指标和统一判据的统检细则。

检验规则。是指当没有国家标准、行业标准和地方标准时，政府质量监督部门临时制定的检验项目、检验方法、技术指标和判据的检验细则。

购销合同。购销双方约定的质量要求，必须共同遵守，一旦发生质量纠纷时，没有违背现行国家法律法规的购销合同的质量要求，就是仲裁的法律依据。

2. 进出口商品检验依据

《中华人民共和国进出口商品检验法》总则中规定，第四条：国家商检部门制定、调整必须实施商品检验的进出口商品检验目录[①]并公布实施。第五条：进口商品未经检验的，不准销售、使用；出口商品未经检验合格的，不准出口。第六条：必须实施的进出口商品检验，是指确定列入目录的进出口商品是否符合国家技术规范的强制性要求的合格评定活动。合格评定程序包括：抽样、检验和检查；评估、验证和合格保证；注册、认可和批准以及各项的组合。第七条：列入目录的进出口商品，按照国家技术规范的强制性要求进行检验；尚未制定国家技术规范的强制性要求的，应当依法及时制定，未制定之前，可以参照国家商检部门指定的国外有关标准进行检验。第九条：法律、行政法规规定由其他检验机构实施检验的进出口商品或者检验项目，依照有关法律、行政法规的规定

---

① 《出入境检验检疫机构实施检疫的进出境商品目录》2000 年 1 月 1 日公布，并于当年 2 月 1 日起施行。凡列入该目录的进出境商品，必须凭出入境检验检疫机构签发的货物通关证明验放。此目录经常会有调整。

办理。《中华人民共和国进出口商品检验法》第二章、第三章分别对进口、出口商品检验进行了规定。

> 法律、行政法规规定有强制性标准或者其他必须执行的检验标准的，按照强制性标准或检验标准检验；法律、行政法规未规定有强制性标准或者其他必须执行的检验标准的，按照对外贸易合同约定的检验标准检验，实物标准具有同等效力；法律法规规定的强制性标准或检验标准，低于外贸合同检验标准时，可以按照合同规定的检验标准检验。

三、商品检验的方法

商品检验常用的方法主要有**感官检验法、理化检验法、生物学检验法**。

（一）感官检验法

感官鉴定法是鉴定者利用眼、鼻、口、耳、手等感觉器官，通过眼看、鼻闻、口尝、耳听、手触，对商品的外形、色泽、气味、透明度、滋味、硬度、弹性、声音等感官指标以及包装的结构和装潢等的审查，判断商品品质优次和包装是否符合要求的鉴定方法。

感官检验法在商品流通领域中使用比较广泛，其优点是：不需要复杂精密仪器，简便易行，快速灵活，成本低，可以依赖实践经验进行判断；缺点是准确度低，检验项目受感官能力限制，只能得出初步判断，需要进一步检验。

1. 视觉检验法

视觉检验是用人的视觉器官，通过观察商品的外型、结构、外观疵点、颜色、式样、包装的结构和装潢，以及其他需要检验的感官指标来评定商品的质量品质。凡是直接能够用眼睛分辨的质量指标都适合视觉检验。具体检验内容和采用方法因商品而异。

视觉检验鉴定者应该具有丰富的关于被鉴定商品外观形态方面的知识，并熟悉标准样品中各等级的条件、特征和界限；视觉鉴定过程中要注意对光线强弱的要求。

2. 嗅觉检验法

嗅觉检验是用人的嗅觉器官检查商品的气味，进而评价商品质量的优次。气味的优次和正常与否是许多食品和化妆品、洗涤用品、香料、肥皂、牙膏等商品品质优次的重要品质指标。凡是品质好的商品均应具有正常的气味或优美馥郁的香气。酸、馊、哈喇、臭等怪味是商品品质劣等和变坏的表现。正常无异味是对食品气味的基本要求。

嗅觉鉴定者要具备要求的生理条件，丰富的实践经验。嗅觉鉴定场所也要符合鉴定标准要求。

3. 味觉检验法

味觉检验是利用人的味觉器官，检查有一定滋味要求的商品（主要为食品），评判其滋味和风味，并作出商品品质优次判断的检验方法。

食品滋味鉴定者对所鉴定食品滋味方面的知识和程度，是鉴定结果准确程度的基本条件。食品温度过高或过低，均能影响味觉鉴定的准确性，为保证滋味审评的准确性，鉴定用的食品样品应保持适宜的温度。

4. 触觉检验法

触觉检验是利用人的触觉器官对被检商品轻轻作用的反应，以触觉（触摸、按压或拉伸、拍敲）来评价商品质量。得到商品的光滑细致程度、软硬程度、干湿程度、弹性大小、凉热等的感觉，判断商品品质的优次与是否正常。

5. 听觉检验法

听觉检验是凭借人的听觉器官，通过商品发出的声音是否优美或正常，来判断商品品质优次或是否正常。如检查玻璃、陶瓷、金属制品有无裂纹，评价家用电器、乐器的音质等。

阅读案例

易碎品的品质检验

鸡蛋：摇动鸡蛋，发出水声，是过于陈旧或已经腐败变质的次劣蛋。

瓷器、陶器：敲击瓷器或陶器，声音清脆悦耳，表明品质正常；声音嘶哑，是有裂纹的反映。

罐头："打检"是判断罐头真空度和内容物品质是否正常的行之有效的简易方法，打检时，用拇指和食指夹持胶木或铁丸打检棒，轻敲罐盖，一般情况下发出清脆的叮叮声者品质正常，混浊的扑扑声者是次品。

问题：分析对鸡蛋、陶瓷、罐头、茶叶检验时用到了哪些检验方法。

茶叶品质的检验

外形审评（红茶、绿茶和花茶）：首先秤取样茶约 250 克，置于样茶盘（评茶盘）中，然后双手持盘以波浪式筛转，在筛转过程中样茶大体分为面张茶、中段茶和下盘茶。审评成品茶外形时，先看粗松轻飘的面张茶，其次拨开面张茶看紧结重实的中段，再分开中段茶看细小的下盘。最后再将样茶盘筛转几次，使茶叶充分混匀，取一小撮混合均匀的样茶，撒于空白样茶盘中，观察条索粗细、松紧等情况。通过上述审查，根据条索形态、色泽、整碎和净度与标准样茶比较优次，综合分析，作出外形审评结论。

汤色审评：外形审评后，称取混合均匀的样茶 3 克，置于容量为 150 毫升的审茶杯中，用沸水冲满并加盖，浸泡 5 分钟，将茶汤倾入容量为 150 毫升的审茶碗（高约 5.5 厘米，内径 9.2 厘米，外径 9.5 厘米）中，审评审茶杯中香气后，在反射光线下评比茶汤汤色的深浅、明暗、清浊、新陈等。

叶底审评：在外形、香气、汤色、滋味审评后，将审茶杯中的叶底移入叶底盘中摊开铺平，通过目视手摸鉴定叶底色泽的明暗、有无花杂，叶张的软硬及粗嫩、芽头的多少和均匀程度。

香气审评：将 3 克样茶置于容积为 150 毫升的审茶杯内，用沸水冲泡 5 分钟，倾茶汤预审茶碗后，评审茶杯中的香气。审评时，用左手持杯送至鼻下，右手掀开杯盖，半掩半开，反复嗅嗅叶底的香气，嗅后盖好杯盖，放回原处。茶叶香气，一般在热时、温时、冷时相差较大，故审评香气应热闻、温闻、冷闻相结合。首先鉴定香气是否正常，有无异种气味，继而区别香气的类型（高档茶常具有花香、果香或蜜糖香等悦人的香气），最后，鉴定香气的持久程度。乌龙茶鉴定香气，是每次冲泡后，先揭开杯盖，闻杯盖里的香气。

滋味审评：茶叶的滋味是决定茶叶品质优次的四项内质因子之一。茶叶滋味的审评是在审评香气、汤色之后评尝茶汤的滋味。评尝滋味时，用汤匙取少许茶汤入口，使茶汤停留在舌的上方并用舌头打转两三次，在茶汤与舌的味觉灵敏部位舌尖、舌边充分接触，然后将茶汤吐出。汤匙在取茶汤后，需用开水洗净再取第二杯茶汤。

干茶含水量检验：用手碾干茶，碾碎成粉末，茶叶干；反之，茶叶含水量高，不宜储存。

在实际检验时有时是感官检验的综合运用。感官检验要运用人的感觉器官，要求操作者具有灵敏的感觉，有良好的生理、心理素质，有丰富的商品知识和实践经验。在实施感官检验时还要注意检验环境的配合。一般要求检验场所空气清新，无异味；光线柔和自然，避免使用强光或有颜色的光线；场地安静，装饰搭配不影响检验效果。为了减少主观因素对感官检验结果的影响可以采用制作实物标准法、集体审评法和记分法。

（二）理化检验法

1. 化学检验法

化学检验法是利用化学原理与方法，应用试剂与仪器对商品的化学成分及其含量进行测定，进而判断商品品质是否合格的检验方法。主要检验商品品质的优次、食品的卫生质量、商品是否变质、商品的真伪判别。

2. 物理检验法

物理检验法是在一定的实验环境条件下，利用各种仪器、器具，运用物理的方法来测定商品质量指标的方法。包括度量检验法、光学检验法、热学检验法、机械检验法、电学检验法。

度量检验法即通过各种量具、测量仪、天平及专门仪器来测定商品的长度、细度、面积、体积、厚度、比重、黏度、渗水性、透气性等一般物理特性的方法。

光学检验法是通过各种光学仪器来检验商品品质的方法。可以用来检验商品的物理性质，也可以用来检验某些商品的成分和化学性质，常用的仪器有显微镜、折光仪、旋光仪、比色计等。

热学检验法是利用热学仪器测定商品的热学特性的一种检验方法。可以用来检验商品的熔点、凝固点、沸点、耐热性能等。

> ### 阅读案例

商品的品质检验

玻璃杯：将玻璃杯置于0℃~5℃的水中5分钟，取后立即投入沸水中，不炸裂者为合格。

鸡蛋：用光照透视鸡蛋，气室越大，鸡蛋储存时间越长，品质降低。

塑料制品：是使体积为12厘米×1.5厘米×1厘米的塑料样片，在一定机械力的作用下，均匀而缓慢加热或降温，直至样片破裂而变形，此时的温度即为塑料的耐热性或耐寒性。

问题：分析左侧案例商品检验采用的方法有哪些。

机械检验法是利用各种力学仪器（拉力试验机、硬度机、冲击韧性试验机、耐磨试验机、摆锤弹性计）测定商品机械性能的一种检验方法。主要检验商品的强度与硬度。

电学试验法是利用电学仪器测定商品电学特性的一种检验方法。检验的项目有电阻、介电系数、电容、电压、电流强度等。

（三）生物学检验法

生物学检验法是食品类、药类和日常工业品商品质量检验的常用方法之一，包括微生物学检验法和生理学检验法两种。

微生物学检验法是对商品中有害微生物存在与否，以及其存在的数量进行检验，并判断其是否超过允许限度的一种检验方法。微生物学检验法是判断商品卫生质量的重要手段。

生理学检验法是检验食品的可消化率、发热量及营养素对机体的作用，以及食品和其他商品中某些成分的毒性等的一种检验方法。

教学做一体（自学实训）　茶叶品质的感官检验

场景：休闲茶庄中来了一位白领消费者，计算机是其离不开的工作工具，希望将计算机辐射影响降到最低。工作之余喜欢安静、悠闲。请同学们通过茶叶的冲泡、品质介绍，向消费者展示一款茶叶，并能够满足消费者的一种需求，用手机记录这一销售情景。

实训要点记录	资讯支撑
总结消费者对茶叶的需求。(从有形商品的质量基本要求和无形商品的质量基本要求两方面分析该消费者的需求)	**茶叶的质量特征** **茶叶的检验**
结合茶叶检验,观看《福鼎白茶泡法-视频》,明确茶叶销售展示的步骤。	**福鼎白茶的检验**
结合福鼎白茶的知识,编写销售展示解说用语。	**福鼎白茶泡法-视频**

本 章 小 结

商品质量是指商品所具有的固有特性满足要求(或需求)的程度。有形商品的质量要求包含了使用性、安全卫生性、审美性、寿命和可靠性、经济性、信息性,对服务商品的质量要求包含了功能性、时间性、文明性、安全性、舒适性和经济性。影响商品质量的因素主要贯穿于生产与生长、流通、消费的全过程。

商品标准是指为保证商品能满足人们的需求或需要,对商品的结构、成分、规格、质量、等级、检验、包装、储存、运输、使用以及生产技术等方面所做出的技术规定。商品标准按标准的表现形式可分为文件标准和实物标准;按标准的约束性可分为强制性标准和推荐性标准;按标准的对象可分为技术标准、管理标准和工作标准。我国标准主要分为国家标准、行业标准、地方标准、企业标准、团体标准等五个级别。

商品检验是指商品的供货方、购货方或第三方在一定条件下,借助某种手段和方法,按照合同标准或国际、国家有关法律、法规、惯例,对商品的质量、规格、重量以及包装等方面进行检查，并作出合格与否或通过检验与否的判定。商品检验的内容有商品质量检验、商品重量和数量的检验、商品的包装检验、商品安全卫生检验。商品检验的方法有感官检验法、理化检验法、生物学检验法。

巩 固 练 习

一、填空题

1. （　　　　）是构成商品使用价值的基本条件。

2. 食品有害物质的来源，通常有：（　　　　）产生的毒素，（　　　　）的污染，（　　　　）的毒素，（　　　　）产生的毒素，（　　　　）的污染等。

3. 纺织品的卫生安全性主要包括纺织品的（　　　　）、（　　　　）等。

4. （　　　　）是一定时期内、一定范围内商品生产、质量验收、监督检验、贸易洽谈、储存运输等的依据和准则，也是对商品质量争议做出仲裁的依据。

5. DB 是（　　　　）标准代号。

二、判断题

1. 商品重量与数量检验是商品检验的主要内容，是衡量商品使用价值的尺度。（　　　）

2. 凡是品质好的商品均应具有正常的气味或优美馥郁的香气。酸、馊、哈喇、臭等怪味是商品品质劣等和变坏的表现。（　　　）

3. 商品的数量检验可以用件数、箱数、台数、打数、净重、面积、长度、容积、体积、毛重等表示。（　　　）

4. 食品的可消化率、发热量及营养素对机体的作用及食品和其他商品中某些成分的毒性等的检验只能用物理检验法。（　　　）

5. 茶叶滋味的检验可采用味觉检验法。（　　　）

三、概念题

1. 商品质量　　2. 商品标准　　3. 商品检验

四、选择题

1. 可利用听觉检验检验商品质量的有（　　　）。
   A. 玻璃有无裂纹　　　　　　　　B. 蛋糕的颜色
   C. 服装的撕裂强度　　　　　　　D. 皮鞋的耐磨性

2. 下列属于商品运输的基本条件的有（　　　）。
   A. 温湿度　　　B. 搬运　　　C. 装卸　　　D. 苫垫

3. 商品脱离生产领域，尚未进入消费领域之前的存放称为（　　　）。
   A. 商品装卸　　　B. 商品运输　　　C. 商品搬运　　　D. 商品储存

4. 用特定格式的文件，通过文字、表格、图样等形式，表达商品的规格、质量、检验、包装等有关方面技术内容的统一规定，称为（　　　）。

　　A. 实物标准　　　　B. 推荐性标准　　　C. 文件标准　　　D. 强制性标准

5. 物流商品检验的一般工作程序为（　　　）等步骤。

　　A. 定标、检验、抽样、判定、处理　　　　B. 定标、抽样、检验、处理、判定

　　C. 定标、抽样、检验、判定、处理　　　　D. 定标、检验、判定、抽样、处理

6. 商品安全检验主要是指对（　　　）商品的漏电检验、绝缘性能检验和 X 光辐射等。

　　A. 电子电器类　　B. 家具　　　　　C. 面包　　　　　　D. 塑料水杯

7. 造成食品安全卫生性的原因主要有（　　　）。

　　A. 食品自身毒素　　　　　　　　　B. 加工中混入的毒素

　　C. 保管不善产生的毒素　　　　　　D. 环境或化学药物造成的污染

8. 下列描述属于商品质量要求信息性描述的有（　　　）。

　　A. 原材料或成分　B. 商标　　　　C. 生产日期　　　D. 服装图案

9. 对顾客要笑脸相迎，体现了服务的（　　　）。

　　A. 文明性　　　　B. 时间性　　　C. 功能性　　　　D. 舒适性

10. 流通过程包含了（　　　）。

　　A. 运输　　　　　B. 仓储　　　　C. 销售

　　D. 生产　　　　　E. 消费

11. 我国商品标准的分级主要有（　　　）。

　　A. 国际标准　　　B. 国家标准　　C. 行业标准

　　D. 地方标准　　　E. 企业标准　　F. 团体标准

12. 商品检验的主要内容为（　　　）。

　　A. 数量检验　　　B. 质量检验　　C. 重量检验　　　D. 安全卫生检验

13. 下列描述属于物流服务质量要求中"时间性"的描述有（　　　）。

　　A. 将货物第一时间送到顾客手中　　B. 当日到达目的地后，隔日送达顾客手中

　　C. 送货前，电话沟通使用敬语　　　D. 配送站不压货，及时派送

14. 下列描述属于商品运输基本条件的有（　　　）。

　　A. 温度　　　　　　　　　　　　　B. 湿度

　　C. 运输工具的清洁状况　　　　　　D. 挤压

15. 商品数量检验可用（　　　）等表示。

　　A. 毛重　　　　　B. 面积　　　　C. 长度　　　　　D. 件数

五、简答题

1. 商品包装检验哪些内容？

2. 简述物流商品检验的一般程序。

六、技能题

1. 举例说明有形商品质量的基本要求。

2. 食品检验能用到哪些检验方法，检验哪些项目？

第三章

水与商品养护

学习目标与知识体系

知识目标：了解湿度的表示方法；掌握空气湿度的变化规律、露点知识；掌握水造成的商品品质变化；掌握湿度的调节与控制。

技能目标：初步具备对商品进行湿度管理的能力；能够依据水与商品品质的关系分析具体商品品质变化趋势。

知识体系：

空气中的水	空气湿度的表示方法
	空气湿度的变化规律
	露点
商品中的水	商品的吸湿性
	商品的透气性、透湿性、透水性
	商品吸水性能的表示方法
	水与商品品质
湿度管理	湿度测量
	密封
	通风
	干燥剂除湿
	晾晒与烘烤

商品故事

书画类商品的快递

书画类商品快递进行包装时要符合以下要求。

（1）书画类商品快递在包装前必须是干燥和清洁的。

（2）书画类商品快递时应采用防潮包装。

（3）书画类商品如有尖突部，并可能损伤包装阻隔层时，应采取防护措施。

（4）在进行防潮包装的同时，需要有其他防护要求时，应按其他专业包装标准的规定采取相应的措施。

（5）防潮商品在运输过程中发生移动而采取的填充、支撑和固定物，应尽量放在防潮阻隔层的外部。

（6）采用透湿度为零或接近零的金属或非金属容器将产品包装后加以密封。不加干燥剂，应采用真空包装、充气包装等；加干燥剂，一般选用硅胶和蒙脱石。

（7）采用较低透湿性的柔性材料，将产品加干燥剂包装，封口密封。单一柔性薄膜加干燥剂包装；复合薄膜加干燥剂包装；多层包装，采用不同的较低透湿性材料进行包装。

　　思考：为什么对书画类商品要采用防湿养护？防湿包装的选用注重哪些性能指标？

　　空气的水以**湿度**表示，商品中的水以**含水量**表示。商品对湿度有一定的适应范围，如果超过此范围，就会产生不良影响。商品自身含水量超标或过低也会对商品品质产生不良影响。

第一节　空气中的水

　　不同地理位置，空气中水蒸气的含量存在差别，空气中的水蒸气又会在一定条件下游走转移。因此，学习空气湿度的知识对商品的养护是十分必要的。

一、空气湿度的表示方法

　　空气湿度指空气中水蒸气含量的多少或空气中水蒸气的分压，常用**绝对湿度**、**饱和湿度**和**相对湿度**表示。

1. 绝对湿度

绝对湿度指单位体积空气中实际所含水蒸气的重量，用克/立方米（g/m^3）来表示。

2. 饱和湿度

饱和湿度指在一定气压、气温条件下，单位体积空气中所能容纳的最多水蒸气量，用克/立方米来表示。空气中所能容纳的水蒸气量在一定温度下是有限度的，若超出这个限度，多余的水蒸气就会凝结成液体。

3. 相对湿度

相对湿度指在一定的气压、气温条件下，空气中的绝对湿度与同温度下的饱和湿度的百分比，即

$$相对湿度=绝对湿度/饱和湿度×100\%$$

相对湿度表示了空气中所含水蒸气的量距离饱和的状态的程度。相对湿度越大，表示空气越潮湿；相对湿度越小，表示空气越干燥。所以，相对湿度能确切反映空气的干湿度。在仓库湿度管理中，检查空气湿度是否合适，主要是观测相对湿度的大小。

影响储运环境的气候类型参见表3.1。

表 3.1　储运环境气候类别

气候种类		A	B	C
气候温湿度特征		高温高湿	中温中湿	常温常湿
气候条件	相对湿度（%）	>90	70~90	<70
	水汽压（kPa）	>3.8	3.8~1.6	<1.6
	温度（℃）	>30	20~30	<20

二、空气湿度的变化规律

（1）温度对绝对湿度的影响。一般情况下，<u>温度越高，空气中能容纳的水蒸气量也越多，绝对湿度亦越大；相反，温度越低，空气中所含的水蒸气量越小，绝对湿度也越小。</u>

（2）温度对饱和湿度的影响。温度越高，单位体积空气中所能容纳的水蒸气量就越多，饱和湿度越大；温度越低，单位体积空气中所能容纳的水蒸气含量越少，饱和湿度越低，但不是成比例变化。<u>一定温度下，空气的饱和湿度是一个固定值。</u>

（3）温度对相对湿度的影响。绝对湿度不变时，即空气中的水蒸气含量不变的情况下，如温度升高，相对湿度就下降；温度下降，相对湿度就增大，两者成反比关系。

（4）绝对湿度与相对湿度的关系。在温度不变的情况下，绝对湿度越大，则相对湿度也就越大。

（一）大气湿度变化规律

1. 日变化规律

绝对湿度的日变化规律有两种，分别为单峰型和双峰型（参见图3.1）。<u>单峰型多出现在温度变化不大、水分充足的海洋、沿海地区，寒冷季节的大陆及温暖潮湿的地区；双峰型多出现在高温干燥的地区和季节，如内陆和沙漠地区的夏季。</u>

单峰日变化：一昼夜间出现一次最高值和最低值。最高值出现在午后气温最高、蒸发最强的时刻，即午后二三时左右；最低值出现在气温最低、蒸发最弱的时刻，即日出前。

双峰日变化：一昼夜间出现两次最高值和两次最低值。最高值出现在上午九十点钟和晚上九十点钟；最低值出现在日出前和午后二三点钟。

看板

绝对湿度的双峰现象

出现这种双峰型现象，是由于空气垂直对流造成的。日出后地面受热，水蒸气蒸发，而此时尚未形成空气对流，就出现第一次最高值。随着空气对流的逐渐增强，地面水蒸气上升，比较干燥的空气填补了潮湿空气的位置，直到下午二三点钟，空气对流达到最高点，绝对湿度也即达到了最低点。随后对流作用减弱，接近地面的水蒸气因停止上升而逐渐增多，因而在日落前后达到第二次最高值。日落后气温下降，直到日出前达到第二次最低值。

相对湿度的日变化主要由气温决定（参见图3.2）。在一般情况下，相对湿度的日变化与气温日变化相反。<u>一天中，日出前气温最低时，相对湿度最大；到午后二三点时气温最高，相对湿度达到最小。</u>但<u>海岸地区</u>则有所不同，午后气温最高时，由于受海洋吹来的带潮湿空气的风的强烈影响，相对湿度最高。当然这种现象随地理、气候条件不同而变化，也不是固定不变的。

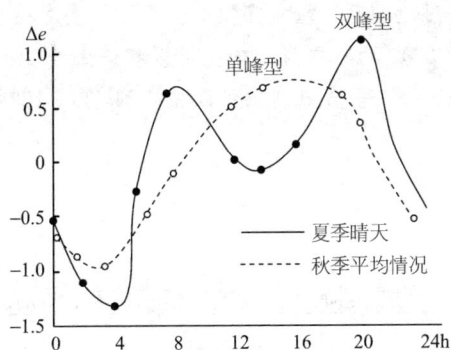

图 3.1　绝对湿度的单峰与双峰日变化

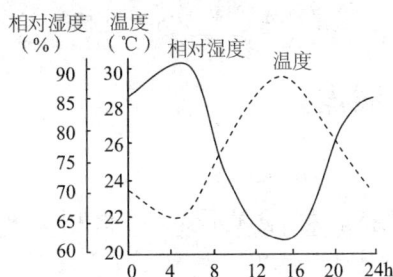

图 3.2　相对湿度的日变化

【思考讨论 3.1】

大连某服装仓库,在晴朗的夏季应如何利用自然通风降低库内湿度?凌晨好还是中午好?为什么?

2.　年变化规律

绝对湿度的年变化规律也与气温基本一致,通常每年最冷的月份(一月、二月)绝对湿度最小,最热的月份(八月、九月)绝对湿度最大。

相对湿度最高的月平均值在寒冷季节,最低的月平均值在炎热的季节。沿海地区受海洋季风气候影响,在夏季也会出现高湿高热的情况。

(二)库内湿度变化规律

库内湿度一般随库外湿度变化而变化,具有滞后变化的特点。受具体条件的影响,库内各处的湿度有所不同。

(1)库内四角空气淤积不流通,湿度通常偏高。

(2)库内向阳面因气温高,相对湿度偏低,背阴面就偏高。

(3)货垛内部比货垛表面湿度高。

(4)受冷湿空气下沉和地潮影响,库内下部比上部湿度高,尤其在夏季,这种差别更明显。当库内上部的相对湿度平均为 65%～80% 时,接近地面和垛底的相对湿度能达到 85%～100%。

(5)靠近门窗附近的地方最容易受库外温、湿度的影响,雨季靠近门窗的物资易受潮就是这个缘故。

看板

库内温湿度垂直与水平方向的差异

大致来说,库内温度和相对湿度的差异在垂直方向上大于水平方向。不论是温度还是湿度，高低上下之间的差异大于同一高度上前后、左右部位的差异，如温度在水平方向上不过相差 1℃~2℃（极个别的达 5℃），而在垂直方向上可以相差到 5℃~8℃；相对湿度在水平方向不过相差 3%~5%，而在垂直方向上可以相差到 5%~10%。

三、露点

1. 露点温度

维持水蒸气含量不变，冷却使未饱和湿空气的温度降至水蒸气的饱和状态，所对应的温度就是露点温度。

露点温度由**绝对湿度**决定。在气压一定时，露点的高低只与空气中水蒸气含量有关，水蒸气含量越多露点温度也越高。露点温度越低于环境温度，就意味着越小的结露可能，也就意味着空气越干燥。

2. 结露

含有一定量水蒸气（绝对湿度）的空气，当温度下降到一定程度时，所含水蒸气就会达到饱和状态（饱和湿度），温度继续降低，空气中超饱和的水蒸气就开始液化成水，这种现象叫做结露。

结露是否发生取决于**商品水分含量**、**环境温度**、**环境湿度**及**露点温度**。

温度波动超过结露温差是发生结露的必要条件。商品储运环境的温度发生波动，出现热空气与冷物体的接触现象，使冷物体界面的湿空气温度降到露点之下，则空气中的水蒸气就会凝结在冷物体表面，形成结露。

同一温度下，环境湿度越大，露点温度越接近环境温度，越有可能发生结露。

商品的水分含量超过安全水分易发生结露。环境湿度超过商品存储的安全湿度，商品就容易吸收水分，商品水分越高，可能发生结露的温差就越小；商品水分含量越低，露点也越低，可能发生结露的温差就越大。

【思考讨论 3.2】

空气湿度的表示方法有哪些？仓库湿度经常用哪种表示方法？

第二节 商品中的水

商品中含有一定量的水，存在形式主要有两类。一类水为**结合水**（又叫束缚水），它是以化学结合力或吸附力和渗透力与商品中的其他成分紧密结合在一起，一般干燥处理难以除去。另一类水为**非结合水**（又叫自由水或游离水），如物质毛细管中水分、表面润湿水分及存在于孔隙中的水分，它们与物质的结合强度弱，一般的干燥处理即可除去。

一、商品的吸湿性

商品的吸湿性是指商品在一定条件下，从空气中吸收或放出水分的能力。吸湿性强的商品在潮湿的空气中不断吸收水分而增加含水量，而在干燥空气中则会不断放出水分而减少含水量。商品吸湿是商品与商品外界之间水分的位置移动的结果。

1. 商品吸湿原因分析

商品吸湿与其**成分、结构、表面积大小**以及**外界的温湿度**有关。

某些商品主要成分的分子是**极性分子**。这些分子之间具有较强的相互吸引力，可以把与它接触的气体或液体分子吸引住，因此这类商品必然表现出明显的吸湿性，如食糖、乳粉等。非极性分子则不吸湿，如石油、四氯乙烯。另外，在某些商品的组成成分中，如蛋白质、氨基酸、脂肪酸、糖类等，含有亲水性基团（—OH、—CHO、—COOH、—NH$_2$），易于吸湿。

从商品的组织结构看，凡具有**疏松多孔或粉粒状结构**的商品，它们的**表面积大**，与空气中水蒸气接触的面积大，吸湿速度快，如面粉。某些具有**晶体结构**的商品，容易吸收外界水分而潮解，如蓝矾。还有一些商品微观结构疏松多孔，易吸湿，如烟叶、茶叶、棉花等。

商品处在**冷热环境交替**中会出现结露，水分直接与商品接触，会加快吸湿速度。

商品所处外界环境为低湿状态时，水分由商品向外界环境位移，表现为散湿干燥；商品所处外界环境为高湿状态时，水分由外界环境向商品位移，表现为吸湿返潮。

2. 商品的吸湿性强弱分类

按照吸湿性的强弱大体可将商品分为以下三种类型。

（1）**易溶性商品**，如肥皂、碱等，在潮湿的条件下可以大量地吸湿。商品表面吸附水分，进一步还将发生糊化或溶解，严重影响商品的质量。

（2）**吸湿性大的商品**，如天然纤维纺织商品、纸张、皮革制品、食品、水泥等，具有较大的表面积、含有亲水基团和极性分子、疏松多孔和粉末结构。在温湿度变化时，含水量的变化很大，会使商品的外形、重量、体积和强度等方面都发生相应的改变，严重影响商品的质量。

（3）**吸湿性小的商品**，如玻璃、金属制品等，其表面光滑，结构紧密，仅表面具有吸附一些水分的能力，一般吸湿性很小。

【思考讨论 3.3】

在表 3.2 内列举对应具有较强吸湿性的商品或指出吸湿原因。

表 3.2　吸湿原因与列举商品

原因分析	列 举 商 品
表面积大	
疏松多孔	
极性分子	
	食盐、冰糖、白矾
	棉、麻、毛、丝等

二、商品的透气性、透湿性和透水性

商品吸湿性好，但散湿性不一定好。具有良好透气性、透湿性、透水性的商品才具有良好的散湿性。在商品养护的时候要结合商品的透气性、透湿性和透水性做好除湿工作。

透气性是指商品能被空气透过的性质。透湿性是指商品能被水蒸气透过的性质。透水性是指商品能被液态水透过的性质。商品的透气性、透湿性和透水性的区别在于它们透过的物质及其形态和大小都不相同。

1. 商品的透气性、透湿性和透水性的影响因素

商品透气、透湿和透水性的大小主要取决于**商品的组织结构**。商品组织结构松弛，其透气、透湿、透水性都大。

商品透水、透湿、透气性大小还与商品的化学成分有密切关系。商品成分中含有亲水基因，属于多孔性商品，虽然结构紧密，透水性可能较小，但透气、透湿性还是很大的。粉末结构的商品透水、透气、透湿性能都很小。

凡透水的商品都透气、透湿，但透气、透湿的商品不一定都透水。

2. 商品的透气性、透湿性和透水性与商品质量

对衣着类商品，透气、透湿性是最重要的卫生要求。衣、帽、鞋、袜等应有适当的透气、透湿性，才能使人体蒸发出来的水分和分泌出来的各种气味透过衣物散发。

有些商品由于用途特殊，如雨衣、防雨布、胶鞋等，不仅要求有良好的透气性和透湿性，还要求有很好的不透水性；对包装用的防潮材料则要求具有不透水性和不透湿性。

面粉等粉状结构商品的透湿、透气性差，散湿与通风困难。当环境相对湿度超过60%时，面粉就会吸湿，最终返潮结块，影响商品质量。

【思考讨论3.4】
讨论分析面粉等粉状结构商品如何避免返潮结块。

_____

_____

三、商品吸水性能的表示方式

商品的吸湿性一般用**含水率**或**吸湿率**来表示。含水率是在一定温湿度下，商品中水分含量占商品湿重的百分率，即

含水率（%）=商品含水量 / 商品重量×100%

吸湿率是在一定温湿度下，商品中水分含量占商品干燥重量的百分率，即

吸湿率（%）=商品含水量 /（商品重量−商品含水量）×100%

安全水分是商品储运过程中不发生质量变化的含水率的临界值。

吸湿性商品在一定的温度与湿度的空气或环境中，将排除水分（蒸发）或吸收水分（吸

湿）可达到并维持一定值，此值称为在该条件下商品的**平衡水分**（或平衡湿度）。它不会因与空气接触时间的延长而有所变化。平衡水分是一个**相对的、动态的**平衡水分。平衡水分随商品的种类而异，对于同一种商品其平衡水分因所接触的空气组成、环境的温度、湿度的变化而改变。

环境的温度改变时，会发生吸湿的平衡移动。气温增高，会增强商品对水分子的解吸功能，加快解吸的速度，促使吸湿平衡向解吸方面移动；相对湿度增高，会加速吸湿的进行，促使吸湿平衡向吸附水分子的方向移动。

【思考讨论 3.5】

讨论分析商品的吸湿和解吸能力与温湿度的关系，并完成表 3.3。

表 3.3　环境温湿度与商品平衡水分

环境条件	商品平衡水分变化趋势
温度一定，相对湿度升高	
相对湿度一定，温度升高	

为了更好地反映不同商品的储存特性，下面分别介绍食品的水分活度和纺织品的回潮率。

（一）食品的水分活度

水是一切食品的主要组成成分之一，各种食品中的含水量是不同的，如水果的含水量为 73%～90%，蔬菜含 65%～96%的水，鱼含 70%～80%的水，肉含 50%的水。有的食品含水量较少，如乳粉含 3%～4%的水，食糖含 1.5%～3%的水，干茶的含水量一般为 4%～6%。

水分含量这个指标不能准确反映食品的储存特性，因为结合水并不参与食品的有效降解活动。目前用水分活度（A_w）对介质内能参与化学反应的水分进行估量，其可直接反映食品的储藏条件。

水分活度是指食品中呈液体状态的水的蒸汽压与纯水的蒸汽压之比，即

水分活度（A_w）=食品中呈液体状态的水的蒸汽压（P）/纯水的蒸汽压（P_0）

纯水的水分活度=1，溶液的水分活度<1，结合水增多，水分活度下降。

水分活度反映了食品中水分存在形式和被微生物利用的程度。水分活度越大，可被微生物利用的自由水含量越高，食品的储存性能越差。

水分活度是食品的内在性质，它决定于食品的内部结构和组成。水分活度越小，食品内的蛋白质、脂肪、淀粉等胶体物质含量越高，不能被微生物利用的结合水的含量越高。

（二）纺织品的回潮率

回潮率是纺织商品的常用性能指标，用来表示纺织商品的吸湿性。回潮率是指纤维材

料中所含水分质量对纤维干燥质量的百分率，即

$$回潮率（W）=[实际含湿质量（G）-干燥质量（G_0）]/干燥质量（G_0）×100\%$$

1. 标准回潮率

纤维及其制品的实际回潮率会随温湿度条件而变化。为了比较各种纺织材料的吸湿能力，需把它们放在统一的标准大气[①]条件下一定时间后，使它们的回潮率达到一个稳定值，这时的回潮率称为标准回潮率。

2. 公定回潮率

纺织商品的回潮率不同时，其质量也不同。为了消除因回潮率不同而引起的质量差异，满足纺织贸易和检验的需要，国家对各种纺织商品做出了统一回潮率规定，称为公定回潮率。GB 9994—2008 规定的常见纺织商品的公定回潮率如表 3.4 所示。

表 3.4　常见纺织商品的公定回潮率

纺织商品	公定回潮率(%)	纺织商品	公定回潮率（%）
棉纤维、棉纱线、棉缝纫线	8.5	黄麻及纱线、织物	14.0
棉织物	8.0	桑蚕丝、柞蚕丝	11.0
羊毛洗净毛（同质）	16.0	木棉	10.9
羊毛洗净毛（异质）	15.0	椰壳纤维	13.0
羊毛精梳落毛	16.0	粘胶纤维、富强纤维、铜氨纤维	13.0
羊毛再生毛	17.0	莫代尔纤维	11.0
羊毛干毛条	18.25	莱赛尔纤维	10.0
羊毛油毛条	19.0	醋酯纤维	7.0
羊毛精纺毛纱	16.0	三醋酯纤维	3.5
羊毛粗纺毛纱	15.0	涤纶	0.4
羊毛织物	14.0	锦纶	4.5
羊毛绒线、针织绒线	15.0	腈纶	2.0
羊毛针织物	15.0	维纶	5.0
羊毛长毛绒织物	16.0	丙纶、乙纶、含氯纤维（氯纶、偏氯纶）、含氟纤维	0
分梳山羊绒	17.0	氨纶	1.3
山羊绒条、山羊绒纱、山羊绒织物	15.0	聚乳酸纤维（PLA）	0.5
兔毛、骆驼绒/毛、牦牛绒/毛、羊驼绒/毛及其纱线、织物	15.0	芳纶（普通）	7.0
马海毛及其纱线、织物	14.0	芳纶（高模量）	3.5
苎麻、亚麻、大麻（汉麻）、罗布麻、剑麻及其纱线、织物	12.0	二烯类弹性纤维（橡胶）、碳氟纤维、玻璃纤维、金属纤维	0

注：蚕丝均含生丝、双宫丝、绢丝、䌷丝及炼白、印染等各种织物；混纺商品的公定回潮率，可按混纺比例和混纺纤维公定回潮率加权平均计算。

[①] GB/T 6529—2008 规定：标准大气为温度（20±2）℃，相对湿度65%±4%（4%含测试不确定度）。

四、水与商品品质

水分存在于所有商品之中，商品含水量在安全水分值之内，其品质则保持稳定。但随着存放环境的改变，商品的含水量会发生改变，或高于安全水分值，或低于安全水分值。

1. 商品间水分的位移

水分会由高水分含量的商品向低水分含量商品中转移，称为水分的位移。如果把蛋糕和饼干储存在相紧邻的位置，蛋糕中的水分就会转移到饼干中，从而造成二者食用品质的降低。

2. 商品散湿

商品在储运的过程中，因为时间的推移、环境湿度的降低、环境温度的升高，发生质量变化，会使其内部水分向环境散失。

（1）**蒸腾作用**[1]。蒸腾作用是使果蔬类商品失重、失鲜的重要原因，失水严重者会影响果蔬类商品的正常代谢，降低果蔬的耐储存性，加快果蔬成熟、衰老。当蔬菜水分散失超过自身重量的5%时，蔬菜就会出现萎蔫状态。

（2）**风化**。含有结晶水的商品，在一定温度和干燥空气中，失去结晶水而使晶体崩解、变成非结晶状态的无水物质的现象称为风化。如胆矾、明矾、熟石膏、生石膏、芒硝等。

（3）**干缩与脆裂**。当空气中的相对湿度降低时，商品会失水而干缩直至脆裂，如食盐、糕点、果蔬、雪花膏、纸张、皮革及其制品、木制品。

（4）**干耗**。食品在冻结过程中，因食品中的水分从表面蒸发，造成食品质量的减少，俗称干耗。

3. 商品吸湿

商品吸湿，会导致商品的含水量增加，发生物理变化、化学变化，在储运中要合理利用和规避。

（1）**结块**。粉粒状结构的商品会出现吸湿结块，加之散湿性差，会产生自热，严重时发霉，丧失使用价值，如咖啡、奶粉、食糖、食盐。

（2）**苏生**。即对那些呼吸和蒸发量大的叶菜类青菜及时地补充水分使其重新复活，减少重量损失。

（3）**溶解**。某些具有吸湿性和水溶性的晶体、粉末状或膏状的商品吸收潮湿空气或环境中的水分至一定程度后会发生溶解的现象，如食糖、食盐。

（4）**水解**。即某些商品在一定条件下，遇到水所发生的复分解的现象，如肥皂在酸性溶液中能全部水解，而在碱性溶液中却很稳定。

（5）**锈蚀**。金属与周围介质接触时，由于发生化学作用、电化学作用而引起的破坏叫做金属的腐蚀，一般也称锈蚀。

---

[1] 植物体内水分以水蒸气形态从果蔬的皮质层、皮孔、气孔、表皮组织蒸发出去，这种水分散失现象称为蒸腾作用。

4. 水分与温度波动

温度的波动，容易出现商品表面或内部的结露现象。对于金属制品特别是钢铁制品，在湿度大的环境中，在其表面易形成水膜，容易发生化学和电化学腐蚀；对于鲜活类食品可加速霉变、腐烂速度；对于高分子商品可加速老化进程。

看板

钢的临界湿度

钢的临界相对湿度约为 70%，但当空气中有污染或金属表面不洁时，此数值降低，即在较低的相对湿度下，金属就会很快腐蚀。如昼夜温差大，室内外温差大都会使凝露发生。如周期地发生凝露，生锈最为严重。在炎热多雨或多雾的地带或季节相对湿度很大，金属锈蚀最易发生。

5. 水分与生物体

水分是微生物和仓储害虫生存的必要条件。不同商品中含水量不同，能被生物体利用程度不同。实践中可以利用环境湿度的改变，调控商品的含水量，实现控制生物体对商品品质的破坏。

（1）微生物。微生物的细胞中，一般含有 70%～85% 的水分。水作为一种溶剂，能溶解微生物生存和繁殖需要的一些糖分、胶质及其他一切水溶性的营养物质，从而被微生物所吸收。

食品中的水分转移，造成食品水分活度值的升高，为微生物繁殖创造条件，造成食品商品的生霉、腐烂。大量研究表明，大多数细菌在水分活度小于 0.85、pH 值小于 4.6 的条件下无法生存。许多生鲜食品的水分活度都在 0.9 以上，都在细菌繁殖的水分活度范围之内，所以生鲜食品是一种易霉腐食品。微生物适合生存、繁殖的水分活度值见表 3.5。

表 3.5　微生物的生命活动与食品水分活度

水分活度	微生物
0.94～0.99	多数细菌
0.80～0.94	多数霉菌
0.75	耐盐细菌
0.60～0.65	耐干燥霉菌、耐高渗透压酵母
小于 0.60	绝大多数微生物无法生长

（2）害虫。水分也是仓库害虫生长和繁殖的重要条件。一般害虫体内的水分含量占体重的 44%～67%，水分还是害虫进行生理活动的重要介质，并参与虫体细胞原生质的组成以及新陈代谢中进行的全部化学反应。由于害虫种类、营养状况等不同，生长的不同时期，害虫体内的含水量和对水分的需求量也不一样。仓库害虫体内的水分主要从各种商品中获得。如果空气中湿度大，商品就会吸湿，含水量增加，容易被虫蛀；反之，如果空气湿度小，商品就会放湿，含水量减少，不易虫蛀。

【思考讨论 3.6】

结合以上知识讨论湿度对果蔬商品、金属制品商品的影响和防护要点。

第三节 湿度管理

商品储运环境的湿度管理应以防为主,做好调控工作。测量仪器的选取、位置的摆放、湿度调控方法的选择都是湿度管理的工作内容。

湿度的调节与控制有两个目的:一是**防止含水商品失去水分**。为保证商品的性能稳定,采用具有一定透湿率的防湿材料进行包装,以防止商品的水分向外散失。二是**防止商品水分增加**。为保护商品,一般在存储容器内装入一定量的干燥剂,吸收容器内的水分和吸收从外部环境渗透进来的水分,以减缓容器内湿度上升的速度。

湿度的调节与控制常用的方法有**密封、通风、干燥剂除湿、晾晒与烘烤**。

一、湿度测量

随着智能仓储的推进,对于仓储湿度的测量与监控也趋于智能化、自动化。湿度测量仪器按其工作原理主要有蒸发式、收缩式、露点式、电子式等,其中比较常见的有蒸发式的干湿球湿度计、收缩式的毛发湿度计,露点式的露点仪。现在,湿度测量仪器采用系统集成技术向智能化、网络化方向发展。许多新型湿度传感器[1],不仅采用了智能测试技术,还发挥数字化、网络化的特点,定义了通信协议,可以对商品储运环境的湿度进行实时监控。

物流企业在选择湿度测量仪器时应考虑所需**测量的范围、精度、时漂和温漂、使用环境**等因素。

由于相对湿度是温度的函数,存在温漂,因此控湿首先要控好温度,物流企业大量应用的往往是温湿度一体化传感器,而不单纯是湿度传感器。

为避免商品因含水率超标而引发霉腐,可选用**防霉测试仪**测量商品的含水率(湿度),当测得湿度值接近或超过安全水分值时,应及时采取相应的降湿防霉措施。

二、密封

密封就是严密的封闭。商品密封就是利用密封材料把**整库、整垛**或**整件商品**尽可能地封闭起来,减少外界不良气候条件的影响,以达到商品安全储存的目的。密封措施是仓库环境管理工作的基础。没有密封措施,也就无法运用通风、吸潮、降温、升温和气调的方法。

【思考讨论 3.7】

当库内相对湿度为 60%、温度为 30℃ 以下时,面粉的安全水分值为 12%~13%,此时可进行密封操作。讨论表 3.6 中"面粉"能否进行密封操作。

---

[1] 传感器,即传递感觉的器件。它从一个系统接受功率,通常以另一种形式将功率送到第二个系统。

（一）密封储存应注意的问题

密封储存一般应注意以下几个问题。

（1）考察库内外的温、湿度变化情况，要在商品的安全湿度与温度下才能进行密封操作。

（2）检验商品的质量、温度和含水量是否正常。

（3）选择适合商品的包装材料。

（4）加强商品密封后的检查管理工作。

表3.6　待密封包装商品的性能指标

商品	含水率	库内相对湿度	库内温度
面粉	16%	60%	30℃

（二）密封储存的几种形式

常见的密封储存形式有以下几种。

1. 整库密封

对储存量大、出入库动态不大的商品宜于采取整库密封。若密封库内有易霉、怕虫蛀商品，可在库内定期用药剂进行杀菌消毒，以防霉菌、虫害滋生。

2. 按垛密封

对于怕潮易霉或易干裂的商品，可以用防潮效果好的材料，如塑料薄膜、油毡、防潮纸等，进行整垛密封，以减少气候变化对商品的影响。

3. 货架密封

对出入库频繁、零星而又怕潮易霉、易干裂、易生虫、易锈蚀的商品，可以采用货架密封法。若储存特别易潮、易霉、易锈蚀的商品，可以在货架内放一容器，内装吸湿剂，以保持货架内低湿干燥。若储存易虫蛀商品，还应选择合适的驱虫剂放入货架内。

4. 防湿包装

对数量少、体积小的易霉、易锈蚀商品可以采用防湿包装。这种密封包装简单易行，效果好。但有一定的使用期限，一般不超过两年，有效期内，防湿包装内空气相对湿度是在25℃时不超过60%。常见的防湿包装有以下几种类型。

（1）**绝对密封包装**，是指采用透湿度为零的刚性容器包装。如将产品装入金属容器内，此时应注意检查容器壁面及焊封处有无缺焊、砂眼、破裂等造成漏气的隐患，如有，应修补好。若采用玻璃、陶瓷容器或壁很厚的塑料容器，需采用可靠的一次封口或附加二次密封。

（2）**真空包装**，是将包装容器内残留的空气抽出，使其处于符合要求的负压状态，从而可以避免容器内残留的湿气影响产品的品质，同时抽真空还可以利用其负压来减小膨松物品的体积，减少商品占用的储存空间。

（3）**充气包装**，是将包装容器内部的空气抽出，再充以惰性气体，可以防止湿气及氧气对包装物产生的不良影响，充入的气体应进行过滤干燥。充气包装除了防湿防氧外，还可以克服真空包装中包装容器被商品棱角和突出部分戳穿的缺点。

（4）**贴体包装**，是用抽真空的方法使塑料薄膜紧贴在产品上并热封容器封口，这样可大大降低包装内部的空气量及其影响。

（5）**热收缩包装**，是用热收缩塑料薄膜包装产品后，经加热薄膜可紧裹产品，并使包装内部空气压力稍高于外部空气，从而减缓外部空气向包装内部的渗透。

（6）**泡罩包装**，是采用全塑的泡罩包装结构并热封，可避免产品与外部空气直接接触，并减缓空气向包装内部的渗透。

（7）**泡塑包装**，是将产品先用纸或塑料薄膜包裹，再放入泡沫塑料盒内或就地发泡，这样可不同程度地阻止空气渗透。

（8）**油封包装**，是指机电产品涂以油脂或进行油浸后，金属部件不与空气直接接触，可有效地减缓湿气的侵害。

（9）**多层包装**，指采用不同透湿度的材料进行两次或多次包装，从而在层与层之间形成拦截空间，不仅可减缓水蒸气的渗透，且可使内部气体与外界空气掺混而降低湿度。多层包装阻湿效果较好，但操作麻烦；然而，在一般情况下，比采用复合材料的成本低。

阅读案例

照相机的夏季保管

照相机材质分析

照相机用到的材料主要有塑料、玻璃、金属、黏胶物质等。湿度不当会造成塑料、黏胶剂等高分子材料的老化，金属的锈蚀。湿度是微生物生存与生长的必备条件，使用过程中会有不洁物质吸附在照相机内外，为微生物提供了栖身之所。

湿度不当与照相机质量损坏

脱胶。湿度过低会使得胶水的黏度下降，无论照相机机身外蒙皮或者对焦环、机身内部主板配件或者镜头中镜片之间，都有各类特种胶水的存在。过于干燥会降低胶水黏性，从而影响照相机使用寿命。这种损伤对于老镜头尤为严重。

脱膜。镜头镀膜并不是简单的附着在镜头上的物质，经常由很多层复合材料贴合而成。干燥环境下会使得每层镀膜间的附着力降低，从而使得镜头镀膜开裂，这种损伤是永久性的，无法修复的，也是老镜头保存中的三大杀手之一（另外两个是发霉与镜片划痕）。

发霉。对于镜头来说，夏天多雨潮湿的天气和较高的温度造成霉菌最易生长。

夏季保换防护要点

夏天人身上的油渍污渍更是镜头上霉菌生长最好的催化剂。所以，防潮的第一步，并不是保持干燥，而是保持镜头清洁！

在保持干燥上，很多用户会选择防潮箱与干燥剂，这是一种最简单实用的保存方法，但是要选择合适的干燥剂，并保证半个

问题： 照相机夏季保管时的湿度是不是越低越好？本案例中照相机采用了什么方法控制温度？

月一更换，并且保持相机保存环境的尽可能密封，不然干燥剂的
效果微乎其微。

比起干燥剂，防潮箱是诸多消费者最容易搞混的地方，防潮
箱并不是让湿度越低越好！当空气湿度低于60%时，霉菌的生长
就受到抑制。但是当湿度继续降低到45%以下时，虽然霉菌生
长已经基本抑制，但是过低的湿度会对镜头与机身产生一定的
影响。

三、通风

通风是根据空气自然流动规律或借助机械形成的空气定向流动，使库内、外空气部分
或全部进行交流，从而调节库内温、湿度的方法。

库房通风需要根据具体情况选用**自然通风**或**机械通风**。无论采用何种方法，都要选择
恰当的**通风时机**。

1. 自然通风

自然通风就是利用库房门窗、通风洞等，使库内外空气进行自然交换。当库外无风时，
自然气流的交换主要靠库内外温差而产生的气压差进行；当库外有风时，依靠库内外的风
压产生的气压差进行。具体操作如下。

（1）库房门、窗开关。应**先开背风面，后开迎风面**。在停止通风时，应**先关迎风面，
后关背风面**。开启门窗要抓紧进行，最好采用手摇连动开、关窗装置，捕捉通风的有利时
机。开启门、窗数量一般以全部敞开效果最好，空气交换快。开门要比开窗效果好。

（2）环境限制。借助风力通风时，要注意**风力不能超过五级**；库房外不应存在有害气
体；天气应晴朗，若有雨、露、雾、雪、扬尘不宜通风。

（3）为了提高通风的效果，要做好**堆码**工作。在商品堆码时要做好方位的选择、货垛
大小的选择，垛距的控制。怕潮物品货垛不能太多，垛型采用通风垛。

【思考讨论 3.8】
为了提高物流商品通风效果，堆码时应该怎么做？

2. 机械通风

机械通风就是在库房上部装设排风扇，在库房下部装置进风扇，利用机械进行通风，
以加速库房内外的空气变换。

对于使用地面机械排风设备的仓库，方法可以灵活多样。

（1）缩小库内上、下部空气温差，防止露点温度的产生。这种通风，应以机头朝下，
向垛地坪吹风，促使空气上下层混合，逐渐缩小温差，接近均衡。

（2）加速空气交换，保持库内空气不断更新。这种通风，在排风时应以侧面通风的方
法，采用射流-回流式排风，即利用机械把库外空气排入库内，经过库内通道、走道和垛

距空间，进入回风口排出，如此循环往复，使库内外空气得到交换。

（3）以风力加速商品的透风散热。这种通风，是对超过安全水分的商品或外湿严重的商品，本身温度偏高又有发热霉变可能的商品，借助风力强吹，使商品透风散热，防止商品霉变。

3.　通风时机

对怕潮类物资，主要是利用通风降潮。通风降湿的必要条件是绝对湿度，充分条件是相对湿度，即通风降湿的判断条件为：相对湿度作为是否需要通风的条件，一般当库内相对湿度大于 80%时，需要通风；绝对湿度作为是否可以通风的条件，当库内绝对湿度大于库外绝对湿度时，可以通风。

下面简要介绍进行通风降低湿度的几种情况。

（1）库内温度等于库外，绝对湿度和相对湿度均大于库外。

（2）库内温度小于库外，绝对湿度等于或大于库外，相对湿度大于库外。

（3）库内温度大于库外，绝对湿度大于库外，相对湿度等于或大于库外。

（4）库内温度大于库外，绝对湿度大于库外，相对湿度小于库外，但库外相对湿度不大于库内商品的安全相对湿度时，也可以通风。

看板

　　通风降低湿度的 5 种情况的介绍中，第四种情况通风后，库内温度和绝对湿度都会下降，相对湿度可能会上升。库内的相对湿度最多升高至与库外相对湿度一致，而此时库外的相对湿度不大于库内商品的安全相对湿度，此时商品的含水量是安全含水量，这对商品保管是有利的。

（5）库外温度大于库内，绝对湿度稍大于库内，相对湿度已超过商品的安全相对湿度，或商品的含水量已超过安全水分范围，需要散潮时，也可以通风。这类通风称为提温降潮。

看板

　　提温降湿的利弊分析：

　　散潮通风要以降低绝对湿度为主，如果库外绝对湿度大于库内，通风后会使库内绝对湿度增加，这是不利的方面。

　　春夏之际，多出现库外温度远高于库内温度，库外绝对湿度稍大于库内绝对湿度，通风可以迅速提高库内温度进而降低库内相对湿度，为商品安全储存提供良好的储存环境，这是有利的方面。

　　提温降湿的适用条件：

　　库内此时的相对湿度过高，远远超过商品的安全相对湿度，导致商品含水量超过了安全水分，如果不迅速降低库内相对湿度，商品在高温环境下极容易变质。

　　库内外的温差大，通风后，由于温度上升使相对湿度下降的幅度比绝对湿度提高使相对湿度上升的幅度大，库内相对湿度就会有较大幅度的下降。

通风时机的选择是一项比较复杂的工作，要根据商品性质、库房条件和气候变化规律灵活运用。特别要树立"变化"的观念，因为一切事物都在变化之中。例如，某一时刻观察温湿度时具备通风条件，但过了一定时间，可能就不具备条件。

以上所述的通风条件是在静态的条件下分析的，把温湿度变化趋势抽象化了。在实际运用中，除了对比某一时刻的温湿度外，更重要的是考虑温湿度的变化趋势是有利于仓库通风，还是不利于仓库通风。即使在通风过程中，也应该常观测库内外温湿度变化情况和通风效果，采取相应的措施。

四、干燥剂除湿

干燥剂具有较强的吸潮性，能够迅速吸收存储空间内空气中的水分，但要想降低存储空间内相对湿度，这个存储空间必须是密封的，对于敞开的空间是没有意义的。干燥剂广泛为工业、家庭所使用。不论是食品、药物上的防潮、去味，或是光学、电子的除湿、防锈，干燥剂的表现皆获得各界使用上的肯定。

（1）硅藻土。硅藻土属于天然矿物质，无毒害，安全性高、吸湿力强，故特别适用于**食品或药物**上的干燥与除湿。

（2）硅胶。吸水后不溶化、不玷污商品，可重复使用，适用于一切产品干燥的使用。一般使用于**工业制品**的防潮吸湿，如电子仪器、五金零件、精密仪器、化学制品、药品等。

（3）生石灰。生石灰为白色块状。当生石灰吸收空气中的水分后，变成熟石灰即氢氧化钙，并放出热量。氢氧化钙遇水为强碱，并具腐蚀性。使用时要先分成小块，用容器盛放，放在库内垛底、墙边等地，注意防火。生石灰吸湿率弱，1千克约能吸水0.25千克，但吸湿力强且吸收快速是其最大特性。适用于海苔、米果、茶叶、香菇等**食品的快速吸湿及酥脆**。

（4）氯化钙。氯化钙是一种白色固体，有无水氯化钙和工业用氯化钙两种。无水氯化钙吸湿性较强，1千克约能吸水1~1.2千克。仓库里通常用作吸潮剂的多是工业氯化钙，其吸水性略差些，1千克约能吸水0.7~0.8千克。氯化钙吸潮后，便溶化为液体，变成氯化钙的水化物。因此，使用时应放在筛上，下放容器盛装吸湿后的液体。有条件的仓库，可建造立体排风氯化钙吸潮室，不仅提高吸潮效果而且库内清洁卫生，工作人员劳动强度也低。

> 常见的具有吸湿干燥效果的还有木炭、蒙脱石散等，可根据具体情况具体选择。集装箱用干燥剂一般认为蒙脱石散更为理想。

五、晾晒与烘烤

晾晒是利用日光的热能和干燥空气的流动，将商品中的过量的水分蒸发散失。有**摊晾**和**曝晒**两种方式，曝晒主要用于在阳光直射下不影响其质量的商品的降水。摊晾法也叫阴干法，即将商品放置于室内或大棚的阴凉处，利用流动的空气，吹去水分而达到干燥的目的。

在缺乏通风和晾晒的条件或晾晒会影响质量或晾晒不能除灭内部微生物时，可采用烘烤来散湿或抑菌。

教学做一体（自学实训）　金属制品的防锈与养护

场景： 夏天到了，连续一周的雨天，让大连 A 小型钢铁制品仓库湿度达到了 90%。终于雨过天晴，作为仓管员，你认为仓库的湿度是否需要调节，为什么？该如何控制与调节？

实训要点记录	资讯支撑
钢材成分主要有：	**水与商品品质——金属锈蚀基本原理与因素**
钢材养护归类 □怕干、湿　　□怕冷、热　　□易虫蛀　　□怕光 □易生锈　　□易碎	
钢材临界湿度： 钢材库房内相对湿度要求：	**金属制品的防锈技术**
钢材锈蚀的原因分析：	**金属材料商品的储运养护**
＿＿＿＿＿（湿度高/温度高）是金属商品锈蚀的主要因素，（湿度高/温度高）为金属商品锈蚀的次要因素。仓库内钢铁制品的防锈蚀重点是做好降低＿＿＿＿＿（湿度/温度）工作。 总结仓库湿度调节常用方法。	**仓库湿度的控制与调节参考资料**

本 章 小 结

空气湿度常用绝对湿度、饱和湿度和相对湿度表示。仓库湿度常用相对湿度表示。

商品构成物质的化学成分、结构、表面积等决定了商品的吸湿性、透气性、透水性。

水分与不适合的环境湿度会造成商品的质量变化，主要有水分的位移、蒸腾作用、风化、干缩与脆裂、结块、苏生、溶解、水解、锈蚀等。湿度与温度联合作用会加速金属的锈蚀、生鲜的霉腐、高分子材料的老化。高湿为微生物、害虫提供了生存条件。

测量湿度的常用仪表是干湿球温度计、毛发湿度计、露点仪。现在，湿度测量仪器可以对商品储运环境的湿度进行时时监控。物流企业在选择湿度测量仪器时应考虑所需测量的范围、精度、时漂和温漂、使用环境等因素。物流企业大量应用的往往是温湿度一体化传感器，而不单纯是湿度传感器。调节湿度的方法主要有密封、通风、干燥剂除湿、晾晒与烘干。

密封措施是仓库环境管理工作的基础，常见的形式有整库密封、按垛密封、货架密封、防湿包装。通风要在恰当的时机选择自然通风或机械通风。干燥剂除湿广泛为工业、家庭所使用。

巩 固 练 习

一、填空题

1. 空气湿度常用的表示方法有( )、( )、( )。其中( )能确切反映空气的干湿度。

2. 结露是否发生取决于 ( )、环境温度、( ) 及 ( )。

3. 商品中含有一定量的水，存在形式主要有两类。一类水为( )，干燥处理难以除去。另一类水为( )，一般的干燥处理即可除去。

4. 商品吸湿与其 ( )、( )、( ) 以及外界的 ( )有关。

5. 气温增高，会增强商品对水分子的( )功能，相对湿度增高，会加速( )的进行。

二、判断题

1. 温度越高，空气绝对湿度越高，相对湿度越低。 ( )

2. 库内四角空气淤积不流通，湿度通常偏高。库内向阳面因气温高，相对湿度偏低，背阴面就偏高。 ( )

3. 乳粉表面积大，主要成分属于极性分子，含有亲水基团，而使其具有吸湿性。 ( )

4. 茶叶为疏松多孔结构，主要成分属于极性分子，含有亲水基团，而使其具有吸湿性。 ( )

5. 同一温度下，环境湿度越大，露点温度越接近环境温度，越有可能发生结露。

　　　　　　　　　　　　　　　　　　　　　　　　　　　　　　（　　　）

三、概念题

1. 相对湿度　　2. 结露　　3. 商品吸湿性　　4. 平衡湿度

四、选择题

1. 商品被空气通过的性质称为（　　　）。
   A. 透气性　　　　B. 透湿性　　　　C. 透水性　　　　D. 吸湿性

2. 商品能被水汽透过的性质称为（　　　）。
   A. 透水性　　　　B. 透湿性　　　　C. 透气性　　　　D. 解吸性

3. 商品能被液态水透过的性质称为（　　　）。
   A. 透水性　　　　B. 透湿性　　　　C. 透气性　　　　D. 解吸性

4. 商品储运中不发生质量变化的含水率的临界值称为（　　　）。
   A. 吸湿率　　　　B. 水分活度　　　C. 安全水分　　　D. 含水量

5. 由于散失而使物流商品使用价值降低的现象有（　　　）。
   A. 蔬菜苏生　　　B. 食糖结块　　　C. 果蔬干缩　　　D. 肥皂水解

6. 大多数细菌在水分活度小于（　　　），pH 值小于 4.6 的条件下无法生存。
   A. 0.85　　　　　B. 0.95　　　　　C. 0.99　　　　　D. 1.0

7. 湿度调节与控制的目的是（　　　）。
   A. 增加商品含水量　　　　　　　B. 减少商品含水量
   C. 防止含水商品水分的散失　　　D. 防止怕湿商品水分的增加

8. 密封储存的形式有（　　　）。
   A. 整库密封　　　B. 按垛密封　　　C. 货架密封　　　D. 防湿包装

9. 对于怕潮类货物，进行通风时要对比仓库内外的（　　　）。
   A. 绝对湿度　　　B. 相对湿度　　　C. 饱和湿度　　　D. 温度

10. 下列属于金属制品锈蚀的外因有（　　　）。
    A. 相对湿度　　　B. 温度　　　　　C. 腐蚀性气体
    D. 空气杂质　　　E. 金属制品的成分

11. 湿度测量的常用仪表有（　　　）。
    A. 温度计　　　　B. 天平　　　　　C. 露点仪
    D. 干湿球湿度计　　　　　　　　　E. 湿度传感器

12. 金属商品属于易生锈商品，对其储存场所的要求有（　　　）。
    A. 露天货场应选择地势高、不积水、干燥的场地
    B. 库房应具备地潮小、便于通风和密封、库内空气温湿度容易调节和控制等条件
    C. 尽可能远离产生粉尘、有害气体的厂房
    D. 可以与化工商品、含水量较大的商品混存、混放、混运
    E. 在储位的选择上要注意远离电源、热源、火源

13. 绝对湿度的单峰型变化多出现在（　　　）地区。
    A. 温度变化不大、水分充足的海洋、沿海地区

       B. 高温干燥的地区和季节

       C. 寒冷季节的大陆和温暖潮湿的地区

       D. 大连沿海地区

14. 金属材料商品在储存中的锈蚀主要是（　　　）。

    A. 细菌锈蚀　　　B. 大气锈蚀　　　　C. 地下锈蚀　　　　D. 海水锈蚀

15. 企业选择湿度计的考虑因素有（　　　）。

    A. 测量的范围　　B. 精度　　　　　C. 使用环境

    D. 应避免靠近门窗和墙的地方　　　E. 时漂和温漂

五、简答题

1. 简述可以通风的几种情况。

2. 简述密封的注意事项。

六、技能题

结合家庭吃、穿、用商品，分析商品的防湿养护要点。

第四章

温度与商品养护

学习目标与知识体系

知识目标：了解温度的表示方法、商品的热学性质；掌握温度的变化规律、温度影响下商品品质变化；掌握温度管理、冷链管理。

技能目标：初步具备对商品进行温度管理的能力；初步具备依据温度与商品品质的关系分析具体商品品质变化趋势的能力。

知识体系：

环境温度	温度的表示方法
	温度的变化规律
商品与温度	商品的热学性质
	温度与商品品质
温度管理	温度测量
	温度调节与控制
	流通领域的温度调节
冷藏链	冷链的适用范围
	实现冷链的条件
	冷链术语和定义
	冷库
	冷链运输

商品故事

维持食品鲜度，看日本食品物流温度管理怎么做

在日本物流行业，有一套自己的温度标准体系：分为冷冻、冷藏、常温三类，统称为"3温度带"；在实际配送中，根据商品的特性划分为加温品、常温品、定温品。

加温品的配送温度标准为20℃以上。常温品的配送温度为20℃~10℃。定温品的配送温度为10类：冷藏区为5℃~-5℃；冰温区为0℃~-3℃；部分冻结为-3℃；C3级为10℃~0℃；C2级为0℃~-10℃；C1级为-10℃~-20℃；F1级为-20℃~-30℃；F2级为-30℃~-40℃；F3级为-40℃~-50℃；F4级-50℃以下。

思考：食品物流为什么要注重温度控制？

空气温度习惯称为**气温**，仓库温度习惯称为**库温**，商品温度习惯称为**品温**，商品堆成垛又有**垛温**。所有的温度调控都以对品温的影响为核心，商品处在安全温度条件内才是安

全的，其质量变化才会相对停止。

第一节　环境温度

环境温度是影响商品质量变化的重要因素，温度的高低与忽高忽低都会影响商品的品质，掌握环境温度的变化规律，做好环境温度的调节与控制，对商品的储运养护是十分必要的。

一、温度的表示方法

温度是表示物体的冷热程度。仓库温度的控制包括气温、库温、垛温和品温。

温度的高低程度可用温度计来度量，主要用以下几种标准表示温度值。

（1）摄氏温标。在标准大气压下，把水的冰点作为0度，沸点作为100度，在0度与100度之间均衡地刻成100格，每格为1度，用符号℃表示。

（2）华氏温标。在标准大气压下，把水的冰点定为32度，而沸点定为212度、二者之间均衡地刻成180格，每格为1度，用符号℉表示。

（3）开氏温标（又称绝对温标）。它以摄氏温标为基础，把水的冰点定为273.16度，水的沸点定为373.16度，理论上把物质中分子全部停止运动之点作为0度，以符号K表示。

二、温度的变化规律

气温的变化规律和库温的变化规律都是商品养护应该关注的工作内容。

（一）空气温度的变化规律

1. 周期性变化

日变化规律是指一昼夜内空气温度的变化。其变化规律（参见图4.1）是，早晨日出前温度最低，日出后温度逐渐升高，到午后二三点时，温度达到最高，以后温度又逐渐降低。

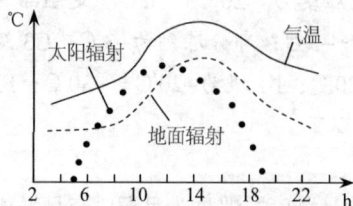

图4.1　温度的日变化规律

温度与地形、地理位置、天气情况、季节都有关系。

年变化是指一年内空气温度的变化。我国气候的特点是冬季南北温度差别大，北方严寒；夏季南北温度差别小，普遍高温。

一月是冬季的代表月，一年中气温最低的月份。这时全国温度都低，0℃等温线大体是沿着淮河、秦岭走向西藏南部。在0℃等温线以南地区江河很少冰冻；在 0℃等温线以北特别是东北、内蒙古地区，一月平均气温都在–10℃左右。但全国大陆所有地区几乎都有 0℃以下温度的可能。

七月是夏季代表月，是一年之中气温最高的月份。此时全国各地普遍出现高温，东部地区等温线大致与海岸平行，南北温度差别小。

2. 非周期性变化

非周期性变化是指不正常的、偶然性的变化，如寒流、暖流、霜冻、风、雪、雾等天气变化，都会造成气温的突然变化。气温的变化会给储运工作带来不利的影响，因此储运管理人员必须随时掌握天气的变化情况，以便采取必要的措施。

（二）库内温度的变化规律

库内温度变化基本与大气温度变化一致，但库内温度变化时间通常比库外**滞后**1～2 小时，变化**幅度也小一些**。这种变化与**库房墙体材料**、**库房内位置**、**库房结构**有一定关系。

（1）库房墙体材料影响库温变化。库房墙壁所用材料的导热和保温效果不同，温度变化速度和波动幅度就不同，一般情况下，泡沫塑料类材料保温效果最好，其次为砖类和木材类、金属类；库房墙壁的厚度不同，温度变化速度与波动幅度也不同，墙壁越厚、越光滑，受库外的影响就越小；库房外墙颜色也影响库温波动，如白色外墙反光，不吸收热量，库内温度波动幅度小，变化也比较缓慢，黑色正好相反。

（2）库内四周边界处，由于与外界相接，存在冷热空气的渗透，库温受气温影响比库房中心部位明显。

（3）库内向阳面温度一般偏高，背阳面温度偏低。

（4）有窗的库房温度变化受库外温度变化影响大，无窗的库房温度波动幅度小，而且波动缓慢。

看板

　　大致来说，库内温度的差异在垂直方向上大于水平方向。高低上下之间的差异大于同一高度上前后、左右部位的差异，如温度在水平方向上不过相差 1℃～2℃（极个别的达 5℃），而在垂直方向上可以相差到 5℃～8℃。

第二节　商品与温度

两个温度不同的商品放在一起，热能在两个商品间传递，而不同的商品表现出不同的热学性质，如果能量超过了商品的承受能力，会导致商品质量的降低，严重者可能发生火灾、爆炸。

一、商品的热学性质

商品的构成在微观领域是分子、原子、离子等粒子，这些粒子总是在不断进行运动的，宏观上表现为物质的热学性质。

1. 商品的自热性

许多鲜活农产品、粉粒状散装商品、某些易燃易爆危险品等货物在存储的过程中都会出现自行发热的现象，导致垛温、品温上升，这就是商品的自热性。商品的自热性会导致商品质量劣变，严重者燃烧、爆炸，造成生命财产的损失。归结其发热的原因主要有以下几点。

（1）氧化反应的发热，如鲜活农产品的呼吸作用、煤的氧化等都能促使垛堆内部热量的集聚。

（2）微生物、仓虫等生物体的生命活动产生的热量集聚。

（3）吸附作用的发热，如煤对水、氧的吸附，粮食对环境水分的吸附等也都能促使垛堆热量的聚集。

（4）深色和粗糙表面的商品具有较强的吸热性，如果商品导热性能不佳或堆码方式不当，就会积聚热量。

【思考讨论 4.1】

据信息时报 2008 年 5 月 6 日讯（记者 刘敬；通讯员 林文珊 饶光福）2008 年 5 月 4 日晚，正在黄埔港辖区巡航的"海巡 1501"发现在黄埔港洪圣沙 No.3 泊位卸煤的万吨电煤运输船"全福发"货仓冒出黑烟。全福发船长 134.5 米，装载 13200 吨电煤，始发港为秦皇岛港。当日下午 17 时 20 分，No.3 号货舱开舱后发现煤炭自燃，货舱后左角舱围板下出现明火，在岸上消防人员指挥下，三支消防枪对准着火部位喷射了 20 分钟后火情才基本得到控制，之后对"全福发"轮上未卸完的煤炭迅速组织抢卸，才消除了隐患。

分析火灾原因。

2. 商品的导热性

导热性是指商品传递热能的性质。商品的导热性与其**化学成分**、**组织结构**等因素有一定的关系。

（1）商品导热性大小与其化学成分有一定的关系。金属材质的商品导热性好，是热的良导体；无机陶瓷或其他绝缘材料热导率较低；高分子材料的导热率很低。

（2）商品的导热性与商品的结构有关。蓬松厚实的结构，其孔隙充满着大量的、导热性很小的静止空气，导热性差，如煤、奶粉、粮食等粉粒状商品；疏漏、轻薄的结构，使空气易于流通，导热性好。

【思考讨论 4.2】

分析粮谷类商品的导热性与自热性。

---

3. 商品的耐温性

耐温性是指商品在所能承受的温度极限内仍能保持优良物理机械性能的性质。商品的耐温性能与**商品的成分**和其**结构的内部均匀性**有关。如聚氯乙烯塑料温度超过 60℃会发软、发黏、强度下降，温度低于 10℃后则变硬、发脆。

高分子材料制成的商品一般要结合商品的用途和使用温度来进行合理选用，如微波炉适用的保鲜盒一般采用耐高温到 160℃的聚丙烯材质；非金属无机材料中的陶瓷、玻璃、搪瓷也有一定的使用温度限制，非金属有机低分子材料（日化品）也要进行耐温性检验。

【思考讨论 4.3】

说明物流储运中如何避免气温、库温、垛温对商品的影响。

---

4. 商品的热稳定性与热震动性

热稳定性实质是指商品受热其成分物质发生变化的性质。如羊毛织品温度超过 100℃，处理时间超过 48 小时后，则会分解出氨和硫化氢。

热震动性有时也称热稳定性，是指非金属无机材料商品承受温度急骤变化而不致破坏的能力。日用陶瓷、玻璃制品要进行热稳定性的测定，测试方法是以一定规格的试样，加热到一定温度，然后立即置于室温流动水中急冷，并逐次提高温度和重复急冷，直至观测到试样发生龟裂，则以产生龟裂的前一次加热温度来表征其热稳定性。

二、温度与商品品质

在高温、低温、温度波动的影响下，商品会发生物理变化、化学变化、生理生化变化，微生物表现出不同的生存生长情况。

1. 高温与商品质量变化

一般来说，库房温度超过 30℃以上就是高温了，高温对商品的储运有一定的不利影响，主要表现在下述 10 个方面。

（1）水分散失。环境的高温，直接的影响是商品自身温度的升高，从而加速**水分的散失**。最为明显的现象是鲜活植物商品的**蒸腾作用**的速度加快、面包类商品的**干缩**速度的加快、纸张等高分子类商品的**脆裂**速度的加快。

（2）挥发。低沸点的液体商品或经液化的气体商品在空气中经汽化而散发到空气中的现象称为挥发。**温度的升高、空气流速的加快、表面积大**等因素会加速**挥发性物质**的逸散挥发，降低商品的有效成分，增加商品损耗。如果挥发性物质具有易燃、易爆、有毒、腐蚀、麻醉等性质，还会给存储带来一定的危险性。

【思考讨论 4.4】

说出你知道的易挥发商品有哪些。

_____

_____

（3）沉淀。含有易挥发溶剂的液体商品在高温条件下，部分溶质会逐渐**析出**、**凝固**，进而发生**沉淀**现象，如香水、花露水。

（4）熔化。即低熔点的商品受热后发生软化甚至熔融为液体的现象。商品的熔化与环境**温度的高低**有直接的关系，还与商品本身的**熔点**、**所含杂质种类**和**杂质含量高低**等内因密切相关。

【思考讨论 4.5】

列举你知道的易熔化的商品。

_____

_____

（5）锈蚀。如果对金属锈蚀进行原因主次排列，温度应排在湿度之后，当环境相对湿度达到**临界湿度**，温度升高对锈蚀有一定的加速，但当温度超过一定值，又对锈蚀有一定的抑制作用。

（6）裂解。通过热能将商品中的一种成分转变成另外几种成分的化学过程称为裂解。主要指高分子商品的分子链断裂，使其**强度降低**、**韧性变差**、**发软**、**发黏**的现象。

【思考讨论 4.6】

列举你知道的易裂解的商品。

_____

_____

（7）胚胎发育。鲜蛋在储存期间，如果环境温度较高（20℃以上），会引起胚胎的生理学变化，使得受精卵的胚胎周围产生网状的血丝，发育成**血丝蛋**、**血环蛋**。经过胚胎发育的禽蛋新鲜度和食用价值会大打折扣。

（8）僵直[①]。又称尸僵，是指鱼、禽、畜等动物类商品失去生命活动后的一段时间里，肌肉丧失原有柔性和弹性而呈现僵硬的现象。僵直出现的时间与**动物的种类**、**致死方式**和**温度**等有关，一般鱼类的僵直先于禽畜肉类，带血致死的先于放血致死的，温度高的先于温度低的。

（9）软化[②]。又称解僵，是指鱼、禽、畜等动物类商品僵直达到最大程度并维持一段时间后，其僵直缓慢解除，肉质柔软多汁，风味加强，是食味最佳的阶段。软化受**温度**的影响大，高温可加速软化，低温能延缓软化。<u>当温度控制在 0℃时，可以使软化停止</u>。

（10）呼吸作用。呼吸作用对温度十分敏感。在一定的温度范围内，温度与呼吸作用的强弱成正比关系。粮食进行呼吸的最适宜温度是 30℃～40℃，果蔬呼吸作用的最适宜

---

① 僵直发生的原因主要是糖元无氧分解生成乳酸，ATP 发生分解反应，同时肌球蛋白与肌动蛋白结合生成肌动球蛋白，肌肉收缩，使禽畜肉和鱼体进入僵硬状态。

② 软化主要是鲜肉中所含组织蛋白酶活性增强，引起肌肉蛋白质分解所致。

温度是 25℃～30℃。

> 死后到僵直时间：鱼类为 1～4 小时，禽肉为 6～12 小时，牛肉为 12～24 小时，猪肉为 36 小时。
>
> 软化时间：在 0～4℃环境温度下，鸡肉需要 3～4 小时，猪肉需要 2～3 天，牛肉需要 7～10 天。

2. 低温与商品质量变化

富含蛋白质、多酚类物质的液体商品低温会出现蛋白质凝固、蛋白质与多酚的聚合沉淀；富含淀粉的商品会出现低温老化；低温会造成某些日化用品乳化体破坏，出现沉淀。

（1）凝固。环境的低温达到一定值时，液态商品或商品中的液态成分结冰成为固态的现象称为**凝固**。这种现象多发生在储存环境温度在 0℃以下时，在 0℃以上时很少见到此现象。生鲜食品内水的凝固有利于其储存，但温度不适宜，又会造成冻伤。常见的低温易凝固的商品还有富含胶质的商品，如墨水、染料、油漆等。

（2）沉淀。在室温或低温条件下，液体商品中的几种化学成分发生反应生产不溶于液体商品的新物质，导致液体商品出现**浑浊**直至**沉淀**，如葡萄酒、啤酒等。

（3）淀粉老化。新制作的谷物食品，如馒头、面包等，都具有内部组织结构松软、有弹性、口感良好的特点，但随着储存时间的延长，就会由软变硬，组织变得松散、粗糙，弹性和风味也随之消失，这属于食品**淀粉老化**。有研究显示面包在 1℃老化最快，20℃老化进行缓慢，-7℃水分开始结冰，老化速度减慢。

3. 高低温均影响的商品质量变化

（1）渗漏。液体商品会因气温升高，体积膨胀或部分液体汽化成气体，包装内部压力增大而使包装受损，导致渗漏。液体商品在低温或严寒季节，会因体积膨胀或收缩造成包装容器破裂而导致**渗漏**。

（2）老化。某些以高分子化合物为主要成分的商品，受日光、热和空气中氧等环境因素的作用而失去原有优良性能，以致最后丧失其使用价值的化学变化称为**老化**。随着储存环境温度的升高，高分子链的运动加剧，一旦超过化学键的离解能，就会引起高分子链的热降解或基团脱落；在极寒地区，温度对于塑料及橡胶制品的性能影响极大，表现为塑料变脆、变硬而易折断，但对于纤维材料的物理性能没有影响。

4. 温度波动与商品质量变化

（1）呼吸作用。温度波动对**呼吸作用**有明显的加速，这对果蔬、粮食等商品的储运是不利的。

（2）结露。温度的变化很容易造成商品表面或内部的**结露**，导致商品含水量超过安全水分，加速质量劣变。

5. 温度与生物体

微生物的生长受温度的影响。低温对微生物的生长有明显的抑制作用；高温对微生物有致死作用。虽然嗜冷、嗜温、嗜热三大类微生物，每一类群微生物都有最适宜的生长温度范围，但这三类群微生物都可以在 20℃～30℃生长。

害虫是变温动物，它的体温很大程度上取决于周围环境的温度。温度对幼虫的发育速度、成虫的寿命和繁殖率，以及死亡速度和迁移分布都有直接影响。8℃～40℃是害虫生长、发育和繁殖所要求的温度，在这个温度范围内，害虫可能生长、发育和繁殖。其中 22℃～30℃是害虫生活最适合的温度区；8℃～15℃时，虫体的新陈代谢减慢，生命活动降低，进入冷昏迷状态；35℃～45℃时，虫体各部分代谢速度加快而不能得到平衡，生理功能失调，生命活动降低，处于热昏迷状态。

第三节 温度管理

商品储运环境的温度管理应**以防为主**，做好调控工作。**测量仪器的选取**、**位置的摆放**、**温度调控方法的选择**都是温度管理的工作内容。一般情况下温湿度管理同时进行。

一、温度测量

温度测量涉及测量仪器与测量方法的选用，本节简单介绍几种常见的温度测量仪器、测量方法、测量仪器选用要求。

（一）测量仪器

温度测量仪器种类繁多，下面介绍几种常用的温度测量仪表仪器。

1. 玻璃管式温度计

玻璃管式温度计是利用液体体积随温度升高而膨胀的原理制成，常见的有水银玻璃温度计和有机液体玻璃温度计。水银温度计可测–30℃～500℃的温度；有机液体为红色，可测–100℃～200℃的温度。玻璃管温度计直观、测量准确、结构简单、价格便宜，但不能自动记录，不能远传、易碎，测温有一定延迟。

2. 针式温度计

针式温度计一般用于测量商品内部温度。探针长度应不小于 15 厘米，测量商品内部温度时应采用尖顶探针，测量商品表面温度时应采用平头探针。

3. 红外线测温仪

红外线测温仪对温度的测量方法是非接触式测温，比起接触式测温方法，红外线测温有响应时间快、非接触、使用安全及使用寿命长等优点。非接触红外测温仪包括便携式、在线式和扫描式三大系列，并备有各种选件和计算机软件，每一系列中又有各种型号及规格。在不同规格的各种型号测温仪中，正确选择红外测温仪型号是十分重要的，使用时也要严格遵照使用说明。

4. 温度记录仪

常用的冷藏车温度记录仪一般分为无纸式温度记录仪、带打印功能的温度计录仪和无线 GPRS/GPS 温度记录仪三种。

5. 无线射频识别冷链温湿度标签

无线射频识别（RFID）冷链温湿度标签是一种智能化产品，可实现无人监守、无线传感、智能记录，产品具备高稳定性和抗干扰性，全部按照工业等级标准进行设计生产。充分考虑冷链行业的低温、冷凝水雾环境要求，产品可以抗低温、水环境，并拥有很高的灵敏度。硬件产品和应用程序一起作为套餐提供给用户，操作异常简单。

无线射频识别冷链温湿度标签对产品的生鲜度、品质进行细致的、实时的管理，可以简单轻松地解决食品、药品流通过程中的变质问题。对环境温湿度进行严格的监控、记录、分析、决策，无线传输到计算机，可通过专业软件对数据进行分析和输出。目前已被广泛应用在医药卫生、冷库储存、冷藏运输等领域以及其他需要符合 HACCP 要求的行业。

（二）测量方法

根据温度测量仪器是否与被测介质直接接触，测量方法分为**接触式测温**和**非接触式测温**。

接触式测温是指测温时仪表的感温元件必须与被测介质直接接触，此时仪表指示的温度是测温元件本身的温度，与被测介质的真实温度有差别。上面所陈述的玻璃管式温度计、针式温度计、RFID 冷链温湿度标签都属于接触式测温仪表。

非接触式测温是指测温时仪表不与被测介质直接接触，而是利用接受被测物体的辐射能量，经校正后确定被测物体的温度。上面所陈述的红外线测温仪就属于非接触式测温仪表。

（三）测量仪器的选用与使用要求

一般情况下，温度测量仪器的选用和使用可参照以下要求：温度反应时间不应超过 1 分钟；精密度在 $-30℃ \sim 50℃$ 不大于 $±0.5℃$；灵敏度应在 $0.5℃$ 以内；仪表测定的准确性不应受到周围环境的影响；刻度应在 $1℃$ 为准，可读的最小刻度在 $0.5℃$ 以下；温度计应定期校正；温度计传感器的感温部位应能与货品接触良好；电子式的温度计应能避免凝结水产生时所造成的影响。

冷链物流温度测量**不得使用水银为介质**的玻璃管式温度计。冷链物流使用的温度测量仪表要进行**预冷**。在低温仓库内测试货品温度，则使传感器与低温仓库内空气温度相等即已达到预冷的目的。

二、温度调节与控制

温度的调节与控制包含了保冷与保热两个方面，统称为保温。对温度的调节与控制也要从保温材料的选取开始，做好储运各环节的温度调节与控制。

（一）保温与温度控制

保温属于一种节能技术（减少热损和冷损），是为了减慢、减少热量的传导与散失所采取的一种措施，从而实现商品的防冻、防热。

选用合适的保温材料，能更好地实现温度控制。常见的保温材料主要有四类。①天然有机隔热保温材料，如稻草、木屑、刨花、棉花、木纤维及其制品。容重小，来源广，多数价格低廉；但吸湿性大，受潮后易腐烂，高温下易分解或燃烧。②无机隔热保温材料，矿物类有矿棉、膨胀珍珠岩、硅藻土石膏、炉渣、玻璃纤维、岩棉、加气混凝土、泡沫混凝土等及其制品。③化学合成聚脂及合成橡胶类，有聚苯乙烯、聚氯乙烯、聚氨脂、聚乙烯、脲醛塑料和泡沫硬性酸酯等及其制品。此类材料不腐烂，耐高温性能好，部分吸湿性大，易燃烧，价格较贵。④金属类隔热保温材料，主要是铝及其制品。利用材料表面的辐射特性来获得隔热保温效能，它几乎不吸收入射到它上面的热量，而且本身向外辐射热量的能力也很小，这类材料货源较少，价格较贵。

（二）温度调节技术

空间内要达到适宜商品存储的温度，需要借助于一定的制冷和加热技术。

1. 制冷

制冷就是移去物体的热量，使物体的温度降低至低于环境温度。制冷的方法很多，常见的主要有液体汽化制冷、气体膨胀制冷、涡流管制冷及热电制冷，其中应用最广泛的是液体汽化制冷。制冷需要借助冷媒实现对被冷却物体的热量降低。在这里把制冷剂[①]和载冷剂[②]统称为冷媒物质。

2. 加热

加热就是将热源的热能传给较冷物体而使其变热的过程。常用的加热方式主要有电磁感应加热、热辐射加热、水浴加热和热风加热。加热需要借助于热媒实现对被冷却物体的热量升高，常见的热媒物质主要有水、水蒸气、空气、导热油和其他化工原料物质。

三、流通领域的温度调节

温度的忽高忽低，对商品的品质保持极为不利，需要在流通领域各个环节都做好温度的调节，保持温度的恒定。

[①] 制冷剂是在制冷装置中循环流动，通过自身热力状态的变化而与外界发生能量交换，从而实现制冷作用的工作流体。常用的制冷剂有氟利昂、氨。

[②] 载冷剂是在制冷过程中的一种中间物质，它先接受制冷剂的冷量而降温，然后再去冷却其他的被冷却物质。常见的载冷剂有空气、水和盐水、冰和干冰。

（一）仓库环节的温度调节

仓库的**建筑材料**、**建筑结构**、**空间布局**对商品的储藏温度环境都有一定的影响，根据商品特性对温度的不同要求，对仓库建筑也提出更加合理细化的要求。

仓库按建筑的完整性分为封闭式、半封闭式、露天式。封闭式仓库受外界温度影响最小，半封闭式仓库的门窗等与外部邻接处受外界温度影响明显，露天式仓库完全受外界环境温湿度的影响。

仓库按商品特性对温度敏感程度分为**常温仓库**、**恒温仓库**、**冷藏仓库和冷冻仓库**。

应严格掌握仓库温度。在正常情况下，冻结物冷藏间一昼夜温度升降幅度不得超过 1℃，冷却物冷藏间不得超过 0.5℃。在商品进出库的过程中，冻结商品冷藏温升不得超过 4℃，冷却商品冷藏间温升不得超过 3℃。商品深层温度必须降到不高于冷藏间温度 3℃时，才能转库。外调入的冻结商品，温度不得高于 8℃。

网络实践
柠檬、种子这两种商品应选择什么样的仓库？推荐读者扫描二维码查看种子、柠檬冷藏储存的相关知识：

（二）运输中的温度调节

以理论上讲，将商品放在适宜的储藏温度下运输是最安全的，但在运输中由于运输时间的不同，考虑到运输成本，在保证不影响商品品质的情况下，会采用不同温度的运输。

（1）**常温运输**。此种运输方式对外界的影响比较明显，特别是在盛夏和严冬，这种影响更为突出。冬季运输果蔬应有草帘、棉被等保温防冻材料。

（2）**低温运输**。在低温运输中采用了制冷设备，对于适合低温运输的商品，可以较好地保证其品质。多数食品都适合低温运输：原产寒温带地区的果蔬适宜的温度为 0℃左右；原产热带和亚热带地区的果蔬对低温比较敏感，应在较高温度下运输（香蕉为 12℃～14℃，辣椒、黄瓜为 10℃）；速冻食品应防止温度升高；易腐烂食品最好采用冷藏或冷冻，至少要有通风、遮阳等条件，否则运输时间不易超过 4 小时；长途运输的冷冻商品，在装车时温度不得高于–15℃。

（三）装载、堆码与温度调节

商品的正确装载与堆码对其质量保持有很大的作用。

装载应注意**制冷设备**、**空气适当流通**对商品的影响，具体应做到：车厢底部与商品之间，空气能沿着车厢中心到端壁的方向自由流通；在各个商品件之间空气能同样沿着车厢中心向端壁自由流通，最好也能保证各商品件之间空气能顺着车厢上部到下部的方向自由流通，这点在冬季加温运输时尤为重要；在堆放的商品与车壁之间，空气能顺着车厢中心端壁和由车厢上部至下部的方向自由流通；在堆码时，每件商品都不应直接接触车、船的底板和壁板，在货物与底板、壁板之间必须留有间隙，以免通过车壁板和底板进入车内的热量直接传给货物，而使品温上升；在装载对低温较为敏感的果蔬时，商品件不能紧靠机械冷藏车出风口或加冰冷藏车、冰箱挡板，以免发生低温伤害，必要时可在上述部位的商品件上遮挡草席或草袋使低温空气不直接与商品件接触。

堆码时应注意**堆码方法**对商品的影响，具体应做到：冻结商品采用**紧密堆码法**，在存储空间内，空气不能在商品件之间流通，这样商品本身所积蓄的冷量就不易散发，有利于保持商品品温的稳定并能有效利用空间；冷却商品且本身不发热可采用较紧密堆码法，但不应过于挤压，以免造成机械伤害影响商品质量；冬季短途保温运输的某些怕冷货物，热季运输的某些不发热的冷却商品，为提高空间容积利用率，可采用适当的紧密堆码法，但以保证商品质量为前提；冷却和未冷却的果蔬、鲜蛋等易采用**间隙堆码法**，遵循堆垛牢固、间隙适当、布风均匀、便于装卸和清洁等原则，使得各商品件之间都留有适当的间隙，各处温度均匀，保持商品原有品质。

（四）销售中的温度调节

对于销售环节的保温与制冷主要是通过销售陈列柜来实现的。销售陈列柜具有制冷、加热设备，可进行隔热保温处理，能保证冷冻、冷藏、加热的商品处于适宜的温度环境。

陈列柜根据商品种类的陈列需求，可分为冷冻式陈列柜和冷藏式陈列柜，根据陈列柜的结构形式可分为敞开式和封闭式，根据陈列柜制冷系统的放置方式不同分为内藏式和分体式。

为了使陈列柜的优良性能和陈列效果能得到最大限度的发挥，在使用和保养中，要关注**风幕的维护、不同商品温度的设置、清洁工作、能源的节约**。

1. 风幕

空气通过冷却，变为-5℃～-35℃的冷气，冷气通过风扇进行强制循环使冷柜制冷，流出的冷空气被称为风幕。敞开式陈列柜均需要风幕。为了使风幕正常循环，要做好商品陈列工作和风幕定期清理工作；为了节能，要求控制柜外风速小于 0.2 米/秒。

2. 温度

陈列柜是陈列商品的保温柜，本身并不具备使商品速冻的能力，必须陈列预先经过冷却的商品。为了保持商品的鲜度，不能把不是同一温度带的商品放在同一陈列柜内。

> **看板**
>
> 　　内藏式陈列柜放置的环境温度应低于 27℃，湿度要在 70%以下，柜体离墙 20 厘米，保证通风散热。
> 　　冷冻食品适宜保存温度为-20℃～-18℃，一般冰淇淋的保存温度为-22℃～-20℃。温度不够低，食品硬度不够，容易受压变形；温度过低，食品容易变脆碎裂。制冷系统除霜时，陈列柜的温度会回升，影响食品品质。
> 　　日配食品的最佳适宜温度是 2℃～8℃，在这一温度范围内细菌的繁殖速度显著减慢。

生鲜食品的最佳适宜温度是–2℃～2℃，在这一温度范围内，食品在自身酶的作用下进行缓慢的分解，可以较长时间保持食品的品质，而且可以保证此类食品的色泽和肉味，是保存鲜肉和鲜鱼的最佳温度。

【思考讨论 4.7】
总结冷冻食品、日配食品、生鲜食品销售环节的最佳存储温度。

熟食品的陈列柜有冷柜和热柜之分，冷柜是为了延长食品的保质期，热柜是为了保证加工食品的口感。热柜有干热和水热两种。油炸食品采用干热，蒸煮食品采用水热。

3. 照明

为了节省电力，在闭店时应关闭所有荧光灯，在准备时应打开天棚日光灯，关闭搁板日光灯，营业时应打开所有日光灯。

4. 夜间帷幕

敞开式陈列柜常年运行，为了节约能量、提高效率，在闭店时一般挂上夜间帷幕，起到保温、减少冷损的作用。有统计表明，这样可节约电能 10%～15%。

5. 清洁保养

每天清洁陈列柜外装板、货架及其他附属设备表面的污渍、油渍；每周做到全部清扫一遍货架；每月清扫排水口，清除过滤网滞留的污物并用清水清洗，保证排水畅通，防止设备损毁，造成经济损失；每半年将陈列柜的搁板取下清扫柜内全部设施；要经常观察及时清倒排水盒内的水。对于内藏式冷柜，还要注意清洁保养冷凝器过滤网，每季度取下清洗开放式冷柜出风口的蜂窝板。

第四节　冷　藏　链

商品从原料（采摘、捕捞、收购等环节）、生产、加工、运输、储藏到销售流通的整个过程中，始终保持合适的低温条件，以保证商品的质量、减少损耗，这种连续的低温环节称为冷藏链（以下简称为"冷链"）。

冷链属于一种特殊的供应链，强调供应链上不同企业之间的计划和运作活动的协调，保证冷链的高效运作，商品质量的可追溯性。

一、冷链的适用范围

（1）初级农产品。**初级农产品**需要冷藏储运的主要有以下几类：蔬菜、水果；畜肉、禽肉、蛋、原料乳；水产品；花卉。

（2）加工食品。加工食品需冷藏储运的主要有以下几类：速冻食品；禽肉、畜肉、水产等包装熟食；冰淇淋和奶制品；快餐原料。

（3）药品。需要**冷藏储运的药品**主要有以下几种：疫苗类、血液制品、血浆代用品、生物反应调节剂、生物诊断试剂、酶类制剂、肠内肠外营养制剂、刺激因子、转移因子、干扰素、肉毒素、免疫球蛋白、抗毒血清、胰岛素、维生素、抗生素、活性较高的生化制剂等生物制品。

（4）化学危险品。**化学危险品**必须在 2℃~8℃低温冷库冷藏才会安全。化工、电子、香精香料、酒精、乙醇等易燃易爆危险品要存放于防爆冷库。

二、实现冷链的条件

1. "三 P" 条件

"三 P" 即原料的**品质**（Products）、**处理工艺**（Processing）、**包装**（Package）。要求原料品质好，处理工艺质量高，包装符合货物的特性。这是商品在进入冷链时的"早期质量"。

2. "三 C" 条件

"三 C" 即在整个加工与流通过程中，对**商品的爱护**（Care）、**保持清洁卫生**（Clean）**的条件**，以及**低温**（Cool）**的环境**。这是保证商品"流通质量"的基本要求。

3. "三 T" 条件

"三 T" 即商品的冷藏保鲜**时间**（Time）、**温度**（Temperature）、**耐藏性**（Tolerance）。①对每一种冻结食品而言，在一定的温度下，食品所发生的质量下降与所经历的时间存在着确定的关系，大多数冷冻食品的品质稳定性是随着食品温度的降低而呈指数关系增大；②冻结食品在储运过程中，因时间和温度的经历而引起的品质降低是累积的，并且是不可逆的，但与所经历的顺序无关。

4. "三 Q" 条件

"三 Q" 即冷链中设备的**数量**（Quantity）**协调**、**设备的质量**（Quality）**标准**的一致，以及**快速**（Quick）**的作业组织**。

冷链中设备数量（能力）和质量标准的协调能够保证产品总是处在适宜的环境（温度、湿度、气体成分、卫生、包装）之中，并能提高各项设备的利用率。因此，要求产销部门的预冷站、各种冷库、运输工具等，都要按照产品物流的客观需要，互相协调发展。快速的作业组织则是指加工部门的生产过程，经营者的货源组织，运输部门的车辆准备与途中服务、换装作业的衔接，销售部门的库容准备等均应快速组织并协调配合。"三 Q"条件是十分重要的，并具有实际指导意义。例如，冷链中各环节的温度标准若不统一，则会导致食品品质极大下降。这是因为在常温中暴露 1 小时的食品，其质量损失可能相当于在-20℃下储存半年的质量损失量。因此，对冷链各接口的管理与协调是非常重要的。

5. "三 M" 条件

"三 M" 即**保鲜工具与手段**（Means）、**保鲜方法**（Methods）和**管理措施**（Management）。

冷链中所使用的储运工具及保鲜方法要符合商品的特性,并能保证既经济又取得最佳的保鲜效果;同时,要有相应的管理机构和行之有效的管理措施,以保证冷链协调、有序、高效运转。

在上述条件中,属于商品特性的有原料品质和耐藏性;属于设备条件的有设备的数量、质量,低温环境和保鲜储运工具;属于处理工艺条件的有工艺水平、包装条件和清洁卫生;属于人为条件的是管理、快速作业和对食品的爱护。其中,有些因素是互相影响的,如设备条件对处理工艺、管理和作业过程均有直接影响。

阅读案例

葡萄的冷库保鲜

一、原料品质控制

晚熟的耐藏性强于中、早熟品种,深色品种强于浅色品种。

耐储藏性好的品种有龙眼、玫瑰香、红宝石、粉红太妃、意大利、和田红葡萄、河北宣化的李子香、黑龙江的美洲红和红香水、美国红提、秋黑、秋红、拉查玫瑰等。

耐储藏性中等的有巨峰、先锋、京优、夕阳红、黑奥林等。

耐储藏性较差的有无核白、新疆的木纳格等。

二、采收品质控制

1. 采收品质标准

葡萄没有明显的后熟期和后熟过程,以在树上达到完熟状态采收为宜。葡萄成熟的标志是果粒柔软而富有弹性,粒度不再增大,达到本品种特有的色泽和口味。采收藤蔓中部向阳面并修剪剔除病粒、破粒、虫粒、穗尖未成熟小粒的果穗储藏为好。

注意下列葡萄不能入储:①成熟不充分的、含糖量低于 14%(可溶性固形物 15%~16%)的葡萄,有软尖或水罐病的葡萄;②采前灌水或遇大雨采摘的葡萄;③霜霉病及其他果穗病较重的葡萄;④烂果、青果、大小粒严重的果穗;⑤遭受霜冻、水涝、雹灾等自然灾害的葡萄。

2. 采收时机与操作

采收前 7~10 天必须停止浇灌,采前喷施一次杀菌剂。采收时间宜是天气晴朗、气温较低的清晨或傍晚。

采摘时戴手套,左手轻轻托起果穗,右手用剪刀剪下果穗,修剪、分级后进行包装。整个过程中,要轻拿轻放,避免机械损伤。

三、包装

葡萄常用的包装容器有纸箱、木条箱、塑料周转箱、泡沫塑料箱等,箱体最好为矮型。在每箱的容量方面,长期储存以 7.5 千克/箱为宜,纸箱容量为 5 千克/箱,木条箱和塑料周转箱容量不超过 10 千克/箱。材料上要求箱内有内衬包装纸以防潮,材料要求具有一定的透气性、透水性、防潮性,采用气调低温包装技法为宜。

四、库房消毒

入库前 1 周用 5‰的高锰酸钾将库房天花板四周及地面消毒一遍,入库前 3 天,每 20吨库放入硫磺 2 千克进行熏蒸。

五、入库预冷

采收后的葡萄最好在 24 小时内进行快速预冷，尽快将温度降至-1℃。预冷后再封袋口。

葡萄需进库快速预冷，可采用强制通风冷却使其品温尽快降至-1℃。巨峰等葡萄预冷时间限制在 12 小时为宜，时间过长易出现干梗脱粒。用保鲜袋入库的小包装葡萄进库时应敞开袋口，将田间带来的热量和水分散去，预冷后再封袋口，最好有预冷间。没有预冷间的冷库应控制好每次的最大入库量，一般大批量入库时不能超过冷库库容量的30%。

六、堆放与保鲜

葡萄冷藏存放易采用通风式堆垛法。预冷后的葡萄按 3 吨（即 20 千克筐装 150 筐）左右垒起高垛，每一筐葡萄中间放置 10 包保鲜剂，筐面上再放上保鲜纸两张，垒成垛后罩上塑料膜封严，使每一垛葡萄自成一体，成为一个小环境，保鲜剂释放出的保鲜气体均匀充满在整个空间。空间大，具有缓冲调节作用，使葡萄不易受药害。由于与外界隔绝，葡萄呼吸作用产生的二氧化碳和水蒸气充斥在塑料膜所包围的空间时，不散发，减弱了有氧呼吸过程，达到较合理的呼吸强度。由于呼吸热的缘故，膜内温度高于膜外，释放的水蒸气绝大部分凝结在塑料膜内壁上成为冰，而不附着在果实表面，葡萄果粒依然干净，果粉不受损伤，病菌不易侵入，能较好保持膜内的空气相对湿度，减少葡萄果粒水分的散失，延长储藏时间。

七、储藏期管理

库房内葡萄全部入库后，在垛与垛之间放少许硫磺，关紧库门点燃后熏蒸，杀死入库时带进的病菌。由于库房为自动控温，管理人员不再进入库房，通过控温器调节库房温度，保持在-2℃~0℃，塑料膜中温度与库房温度可相差1℃左右。

入库中期，气温、库温都基本合格，则进行 1 次通风换气，换气后再用硫磺熏蒸后关闭库房门。

葡萄入库后两个月结合换气，更换保鲜纸，只换保鲜纸而不翻动葡萄，然后再垒垛套膜，同时也可检查葡萄的保鲜情况。

此法取材简单，成本低廉，且可反复使用，通过保鲜实践，最长保鲜时间可达 8 个月，保鲜率95%以上，在葡萄简易储藏上具有推广价值。

三、冷链术语和定义

为了更好地认识冷链，做好冷链管理，首先要了解冷链术语和定义。

1. 冻结点

冻结点是指在一定的压力下商品中的液相开始转向固相的温度节点。

2. 冷却与预冷

冷却是指商品的温度降低到某一指定温度,但不低于商品汁液的冻结点的处理过程或储藏。冷却温度通常在10℃以下，其下限为-2℃~4℃。冷却分为两种：一种是商品冻结或冷藏前的前处理环节，如果蔬的**预冷**；另一种是**冷却储藏**。

预冷是预备冷却前所做的准备工作，主要是指商品从常温（30℃左右）降到（0℃~15℃）利于冷却冷藏的一个过程；也指冷却或者快速冻结前的快速冷却工艺。通过预冷制冷的商品再放入冷库中才能更好地延长保鲜时间。

3. 冻结

冻结是指商品温度降低到商品汁液的冻结点之下，使商品中的水分大部分冻结成冰。冻结温度带国际上推荐为-18℃以下。

食品的冻结分为**快速冻结**和**慢速冻结**。速冻后的食品储藏在-30℃左右的冷藏室内，保持优良品质可达 10 个月以上。国内使用的冻结装置中鼓风式冻结装置属于中速冻结，液态化冻结装置和液氮冻结装置均属快速冻结装置，后者速度优于前者。

速冻是指食品快速低温冻结，其具有高质量长期保存食品的优越性。速冻食品的冰结晶小，不会损伤细胞，解冻后可逆性大，能较好保持食品的色、香、味；速冻时温度迅速降低到微生物生长活动温度之下，有利于抑制微生物的活动，能及时阻止冻结时食品的分解；速冻时间短，缩短允许盐分扩散和分离出水分以形成纯冰的时间；速冻时，也显著缩短浓缩的溶质和食品组织、胶体以及各种成分互相接触的时间。

【思考讨论 4.8】
快速冻结食品和慢速冻结食品哪个食用品质好，为什么？

_____

_____

_____

4. 冷藏

冷藏是指商品在保持冷却或冻结终了温度的条件下，将食品低温储藏一定时间。冷却物的冷藏温度一般在 0℃以上，冻结物的冷藏温度一般在-18℃以下。对于一些多脂鱼类和冰淇淋，欧美国家建议的冷藏温度为-30℃~-25℃，生物制品的冷藏温度一般为2℃~8℃。

冰温冷藏是指将食品储藏在 0℃以下至各自冻结点范围内，它属于非冻结冷藏。冰温冷藏可延长水产品的储藏期，但可利用的温度带狭小，一般为-2℃~0.5℃，设定非常困难。

微冻冷藏是指将水产品储藏在-3℃的空气或食盐水（或冷海水）中的一种储藏方法。此种方法的水产品储藏期约比冰温冷藏法长 1.5~2 倍。

四、冷库

冷库是利用降温设施创造适宜的湿度和低温条件的仓库，又称冷藏库。冷库分布在冷链物流的不同节点，包括采集、生产、存储、配送和销售，直到消费者手中。

（一）冷库的定义与历史

我国北方的冰窖是冷库的初级阶段。北京的北海冰窖相传建于明代，至今已经沿用四五百年。19 世纪中叶，世界上第一台机械制冷装置问世，利用人工制冷设备控制低温取得成功，从此冷库建筑在许多国家迅速发展。我国建造现代冷库始于 20 世纪初，目前各大中城市已有相当数量的冷库，其容量不断增大。

（二）冷库的分类

（1）按使用性质的不同，冷库可分为生产性冷库、分配性冷库、生活服务性冷库。

（2）按容量的不同，冷库可分为大型冷库（容量 10000 吨以上）、中型冷库（容量 1000～10000 吨）、小型冷库（1000 吨以下）。

（3）按温度的不同，冷库可分为**高温**、**中温**、**低温**、**超低温**四类冷库。高温冷库：–2℃～8℃，主要用来储藏果蔬、蛋类、药材等，又称冷却库，库温一般控制在不低于食品汁液的冻结温度。冷却库或冷却间的保持温度通常在 0℃左右，并以冷风机进行吹风冷却。中温冷库：–23℃～–10℃，主要用来储藏肉类、水产品及适合该温度范围的产品。低温冷库：–30℃～–23℃，又称冻结库、冷冻冷库，通过冷风机或专用冻结装置来实现对食品的冻结。超低温冷库：–80℃～–30℃，主要用来速冻食品及工业试验、医疗等特殊用途。

（4）按功能不同，冷库分为**冷藏冷库**和**速冻冷库**。冷藏冷库即冷却或冻结后食品的储藏库，它把不同温度的冷却食品和冻结食品在不同温度的冷藏间和冻结间内作短期或长期的储存，通常冷却食品的冷藏间保持库温 2℃～4℃，主要用于储存果、蔬和乳、蛋等食品；冻结食品的冷藏间的保持库温为–25℃～–18℃，用于储存鱼及家禽肉等。速冻冷库又叫隧道冷库、速冻隧道冷库，用于食品快速冻结。

（5）按使用储藏特点划分，冷库分为超市冷库、恒温冷库、气调冷库。超市冷库：超市用来储藏零售食品的小型冷库。恒温冷库：对储藏物品的温度湿度有精确要求的冷库，包括恒温恒湿冷库。气调冷库：采用气调保鲜技术①，控制库内的温度、湿度和氧气、二氧化碳、乙稀等气体浓度以达到抑制果蔬呼吸作用，使库内果蔬处于休眠状态，延长储藏期。

（6）按储藏物品不同划分，冷库主要有药品冷库、食品冷库、水果冷库、蔬菜冷库、茶叶冷库等。

（三）冷库养护管理

冷库是用保温隔热材料建成的，多用制冷机制冷，具有怕水、怕潮、怕热气、怕跑冷的特性。使用时应注意养护，延长冷库的使用寿命，保证存储商品的品质。

1. 严把冰、霜、水

穿堂和库房的墙、地、门、顶等都不得有冰、霜、水，有了要及时清除。

---

① 气调保鲜技术是人为控制气调保鲜库的气体中氮气、氧气、二氧化碳、乙烯等成分比例以及湿度、温度（冰冻临界点以上）及气压，通过抑制储藏物细胞的呼吸量来延缓其新陈代谢过程，使之处于近休眠状态，而不是细胞死亡状态，从而能够较长时间地保持被储藏物的质地、色泽、口感、营养等基本不变，进而达到长期保鲜的效果。

库内排管和冷风机要及时扫霜、冲霜，以提高制冷效能。冲霜时必须按规程操作，冻结间至少要做到出清一次库，冲一次霜。冷风机水盘内和库内不得有积水。

冷库内严禁带水作业。

未经冻结的货物，不准直接进入冻结冷藏间。

货物出入库时要随时关门，库门如有损坏要及时维修，做到开启灵活、关闭严密、防止跑冷。凡接触外界空气的门，均应设空气幕，减少冷热空气对流。

2. 要规范操作

冷库每次进货量一般不超过冷库总容量的 20%。入货时注意不要损坏下水管、冷媒管等。

库内摆放商品时注意不要将冷库风机的吸/排风口挡住，应保持吸/排风畅通，冷量均匀散布，摆放的货物左右、上下间隔 5 厘米以上，以利于冷风流通。在库外贴有商品配置图，商品分类、分架。纸箱包装上标明进货日期，遵守先进先出原则。商品不能直接放在地上，要放在不锈钢置物架上。

非专业人员不得随意调整冷库的温度、除霜时间、除霜次数等参数。结合不同的商品设置库内温度和湿度。

冷库顶部为非承重设计，而且布设冷媒管及电气管线，不允许用户堆放物品，以免造成意外损坏。库内灯光 150 勒克斯（lx）以上。库门与地面平齐，以利于推车进出。

夏季环境空气湿度大时，容易引起蒸发器霜堵或结冰。此时应用温水结合强制除霜除去冰块，然后适当增加除霜次数和除霜时间。

五、冷链运输

（一）包装

包装是冷藏货物运输的重要组成部分，是防止货物损坏和污染的基础。适当的设计和高质量的包装材料应能承受冷冻和运输全过程。包装应能够：①防止货物积压损坏；②承受运输途中发生的冲击；③标准的外型尺寸适于货盘或直接装入冷箱；④防止货物脱水或降低水分散失速度；⑤防止氧化的氧气障碍作用；⑥在低温和潮湿情况下保持强度；⑦防止串味；⑧经得住−30℃或更低的温度；⑨能支持堆放高度 2.3 米（7 英尺 10 英寸）的货物。

由于上述原因，不同商品要有不同的设计和达到质量要求的包装材料。易腐烂水果和蔬菜应使用能使空气在货物中间循环并带走因货物呼吸产生的气体、水蒸气和热量的包装。

（二）堆码

根据冷冻货物、保鲜货物、一般冷藏货物及危险品等特性的不同，在冷箱内的堆装方式也不同。

　　冷冻货物、一般冷藏货物及危险品等，由于货物自身不会发出热量，而且在装箱前已预冷到设定的运输温度，其堆装方法非常简单，仅需将货物**紧密堆装**成一个整体即可。可采用无间隙堆码法，货物应像堆积木那样堆装成一个整体，在货物外包装之间、货物与箱壁之间不应留有空隙。但所装货物应低于红色装载线，只有这样，冷空气才能均匀地流过货物，保证货物达到要求的温度。但不应过于挤压，以免造成机械伤害，影响商品质量。

　　果蔬货物因有呼吸作用而产生二氧化碳、水汽、少量乙烯及其他微量气体和热量。堆装方式应当使冷空气能在包装材料和整个货物之间循环流动，带走因呼吸产生的气体和热量，补充新鲜空气。可采用**留间隙堆码法**，堆码时应注意堆垛稳固、间隙适当、布风均匀，便于装卸和清洁卫生等原则，使得车、船内各商品件之间都留有适当的空隙，各处温度均匀，保持商品原有品质。这种堆码方法按其留间隙的方式及程度不同又可分为"品"字形和"井"字形等。

　　许多商品也可采用货盘堆装法，除应遵守积木堆装方式的要求外，还应做到货盘上堆装箱子的四个角要上下对齐，以便均匀分布重量，箱子顶部和底部的通气孔应上下对齐，使冷空气循环畅通。

（三）装箱须知

　　（1）**货物预冷**。对货物应进行预冷处理，并预冷到运输要求的温度。因冷箱设计制冷能力有限，仅能用于保持货物的温度，如果货物温度过高，将使制冷系统超负荷工作，导致该系统出现故障，影响货物安全。

　　（2）**冷箱预冷**。一般情况，冷箱不应预冷，因为一打开预冷过的冷箱门，外界热空气进入冷箱遇冷将产生水汽凝结，水滴会损坏货物外包装和标签，在蒸发器表面凝结的水滴影响制冷量。但在冷库的温度与冷箱内温度一致，并采用"冷风通道"装货时，可以预冷冷箱。当冷箱装运温度敏感货物时，冷箱应预冷，预冷时应关紧箱门。如冷箱未预冷，可能造成货物温度波动，影响货物质量。

　　（3）**预检测试**。每个冷箱在交付使用前应对箱体、制冷系统等进行全面检查，保证冷箱清洁、无损坏，制冷系统处于最佳状态。经检查合格的冷箱应贴有检查合格标签。

　　（4）**装箱前的准备工作**。根据不同易腐货物应确认下述事项：最佳温度设定；新鲜空气换气量设定；相对湿度设定；运输总时间；货物体积；采用的包装材料和包装尺寸；所需的文件和单证等。

　　（5）**装箱前及装货时的注意事项**。设定的温度应正确；设定的新鲜空气换气量应正确；设定的相对湿度应正确；装箱时制冷系统应停止工作；箱内堆装的货物应低于红色装载线和不超出 T 形槽的垂直面；箱内堆装的货物应牢固、稳妥；箱内堆装货物的总重量应不超过冷箱最大允许载重量；冷箱装货后总重量（包括附属设备的重量）在运输途中不应超过任一途经国的限制。

　　（6）**脱离制冷时间**。各种运输方式之间的交接可能出现短途运输或制冷系统故障，造成停止制冷。对冷冻和冷藏保鲜货物短时间地停止制冷状态是被允许的。许多产品出现几小时的停止制冷可以被接受，但并非所有的货物都是如此的。对任何冷藏货物均不允许出现长时间的停止制冷。

对特种货物和温度敏感货物应保持制冷系统连续工作,避免任何温度波动造成货物质量的下降。

(四)运输方式与工具

1. 公路运输

新国标《道路运输、食品与生物制品冷藏车安全要求及试验方法》(GB 29753－2013)于 2015 年 7 月 1 日开始实施。

新国标对冷藏车进行了分类。这种分类是根据冷藏车厢体内可以达到并且保持的温度实行的,以保证不同用途和要求的货物运输和安全。这是我国冷藏车制造标准中首次按厢体内可以达到的温度对冷藏车进行分类。**冷藏车的分级有 A 到 H 八个级别。**

对于运输易腐食品的冷藏车,当环境温度为 30℃ 时,按冷藏车车厢内平均温度保持的温度范围,分为如表 4.1 所示六类。

表 4.1　运输易腐食品的冷藏车分类

冷藏车类别	A	B	C	D	E	F
车箱内平均温度(℃)	12～0	12～-10	12～-20	≤0	≤-10	≤-20

对于运输生物制品的冷藏车,当环境温度为 30℃ 时,按冷藏车车厢内平均温度保持的温度范围,分为如表 4.2 所示两类。

这种分类方法基本上是按照商品对温度的要求进行的。

表 4.2　运输生物制品的冷藏车分类

冷藏车类别	G	H
车厢内平均温度(℃)	8～2	≤-20

看板

易腐货物与道路运输温度要求

第一类是冷冻食品,比如冷冻肉类、水产类、速冻食品等。这些食品一般要求储存温度在-18℃以下,可以储存几个月到十几个月。这些食品在以小时计的运输过程中,只需要将厢体内的设定温度设定在-18℃,并不需要严格控制温度波动的精度。这类食品应采用 F 级冷藏车运输。

第二类是冷藏食品,比如冷鲜肉、水产品、禽蛋等。这类食品的运输温度要求是在保证食品不冻结的前提下,温度越低越好,也就是接近 0℃ 或更低一些。这类食品要求用 D、E、F 等级的冷藏车运输。一些罐头食品要求的运输温度在-5℃左右,用 E 和 F 级冷藏车运输。

第三类是蔬菜水果等。这类食品的运输是冷藏运输中比较复杂的。首先,各种蔬菜或水果的温度要求不一样;其次,许多蔬菜或水果对温度波动的要求比较高,不可以偏离设定温度很多;第三,由于蔬菜水果在采摘以后还是要呼吸的,会产生呼吸热,因此要求冷藏车制冷机组提供更多的冷量。另外,这类食品对相对湿度也有要求。所以,虽然从 A 到 F 各级冷藏车原则上都可以用于蔬菜水果运输,但承运人的技术和经验是非常重要的。

> 生物制品主要用于医疗，按存储温度基本分为两大类：一类要求温度为 2℃～8℃，如血液、一些疫苗等，这类货物对温度波动的精度要求也很高；另一类要求温度为 −20℃，如血浆等。因此，生物制品的冷藏车也相应地分为两类。

常见的公路运输工具有卡车、拖车。它们的顶部送风系统通常不能对货物进行快速降温，因此承运人要确保在装货前将货物预冷到其所需的合适温度。

2. 铁路运输

铁路运输方式具有大容量的特点，一般最多可运输 113 立方米、45 吨的货物。

常见的铁路运输工具有铁路冷藏集装箱、铁路冷藏车厢。铁路冷藏火车车厢与集装箱类似，只要货物的堆放合理，满足气流布局要求，一般都可以长距离运输。通常用来运输不易腐蚀的货物，如柑橘、洋葱和胡萝卜等。一般车厢都要求很好的气密性，满足气调的要求。

3. 水路运输

水上冷藏运输主要有两大类，一类是温控集装箱，另一类是冷藏船。

温控集装箱可联运使用。冷藏船的货舱为冷藏舱，常被隔成若干个舱室，每个舱室是一个独立的封闭的装货空间。舱壁、舱门均为气密，并覆盖有泡沫塑料、铝板聚合物等隔热材料，使相邻舱室互不导热，以满足不同货物对温度的不同要求。冷藏舱的上下层甲板之间或甲板和舱底之间的高度较其他货船的小，以防货物堆积过高而压坏下层货物。

4. 航空运输

尽管成本高、温控效果也不尽如人意，运输公司还是选择航空冷藏运输作为一种快速的运输手段，通常用来运输**附加值较高**、需要**长距离运输**或者**出口的易腐**商品，例如鲜花及某些热带水果等。

当采用空运时，为了适合飞机某些位置的特殊形状，需要将商品装入集装器（ULD，也称为航空集装箱）。一般的冷藏集装器采用干冰作为冷媒，但是干冰作为冷媒具有一定的局限性：控温精度不高；没有加热功能；需要特殊的加冰基站等。

教学做一体（自学实训） 黄花鱼的储运

场景：中秋将至，家住大连的小张要给哈尔滨的朋友小吴邮 5 斤冻品黄花鱼，他来到了 A 物流公司，由小刘负责接单，进行检验装箱邮寄工作。如果你是小刘，你该如何做好检验、装箱、运输工作？为了避免冻品黄花鱼的损耗，在这个过程中有哪些是需要注意的要点？

实训要点记录	资讯支撑
黄花鱼成分： 冻品黄花鱼养护归类： □怕干、湿　□怕冷、热　□易虫蛀　□怕光 □易生锈　□易碎　　□易腐烂 黄花鱼的质量变化过程： 黄花鱼的感官检验。 包冰： 鱼眼： 鱼肚： 黄花鱼的运输。 包装： 运输方式： 运输工具： 养护要点：	水产品基础知识 简介 水产品的质量与 检验 水产品的鲜度管理 螃蟹的储运作业

本 章 小 结

温度是表示物体的冷热程度。仓库温度的控制包括库房内外的温度和储存物资的温度。温度的高低程度可用温度计来度量。表示温度值的标准有摄氏温标、华氏温标、开氏温标。

关注温度的变化规律，对温度敏感商品的养护是十分必要的。既要关注天气温度的变化，又要关注库内温度变化。

商品的热学性质主要有导热性、自热性、耐温性、热稳定性、热震动性，与商品的化学成分、组织结构、表面状态等因素有一定的关系。

　　不适宜的温度会造成商品的质量变化，主要有高温影响的水分散失挥发、沉淀、熔化、渗漏、锈蚀、裂解、胚胎发育、僵直、软化，低温影响的凝固、沉淀、渗漏、淀粉老化，高低温均影响的呼吸作用、老化，温度波动影响的呼吸作用、结露。温度是生物体生存和生长的必要外部条件。

　　常用的温度测量仪表是干湿球温度计。温度的调节主要是靠保温材料和技术的选择。目前对温度的调节在物流环节主要通过仓库、运输工具、堆码与装载技术的选择与运用，在销售环节主要靠具有制冷、加热设备的销售陈列柜。

　　冷藏链的适用范围：初级农产品、加工食品、药品、某些化学制剂。围绕这些商品的冻结点有了冷却、预冷、冻结、冷藏等低温保鲜技术。

　　冷库是冷链管理的一个重要环节。冷库分布在冷链物流的不同节点，包括采集、生产、存储、配送、销售，直到消费者手中。

　　运输是冷链管理的一个重要环节。运输中商品质量的保持与包装、堆码、装箱等技术与运输方式、运输工具的选择有关。

巩 固 练 习

一、填空题

1. 商品导热性大小与商品的（　　　）、（　　　）等因素有一定的关系。
2. 一般来说，库房温度超过（　　　）以上就是高温。
3. 果蔬农产品的自热主要来自于（　　　）的放热。
4. 塑料、橡胶等高分子材料商品，在储运时要远离热源，因为高分子材料（　　　）限制了其存储温度极限。
5. 金属材料的（　　　）好，金属材料商品的存放位置不能紧邻热源和易燃品。

二、判断题

1. 蓬松厚实的结构，其孔隙充满着大量的、导热性很小的静止空气，导热性差，如煤、奶粉、粮食等粉粒状商品。　　　　　　　　　　　　　　　　（　　）
2. 温度升高对锈蚀的影响是先加速，后抑制。　　　　　　　　　　（　　）
3. 巧克力、香脂受热易熔化。　　　　　　　　　　　　　　　　　（　　）
4. 袋装牛奶易渗漏。　　　　　　　　　　　　　　　　　　　　　（　　）
5. 温度过高、过低都容易造成塑料、橡胶制品的老化。　　　　　　（　　）

三、概念题

1. 商品耐温性　　2. 商品导热性　　3. 商品热稳定性　　4. 商品热震动性
5. 冻结点　　6. 冻结

四、选择题

1. 根据微生物对温度的适应性分为三个生理类群，即（　　）三大类微生物。
   A. 嗜冷、嗜温、嗜热　　　　　　　　　　B. 高湿、中湿、低湿
   C. 嗜酸性、嗜中性、微碱性　　　　　　　D. 兼性厌氧性、厌氧性、好氧型

2. 属于温度波动造成的商品品质降低现象的是（　　）。
   A. 呼吸作用的加速　　　　　　　　　　　B. 油漆凝固
   C. 白酒挥发　　　　　　　　　　　　　　D. 体积膨胀造成的渗漏

3. 受外界温度影响最大的场所是（　　）。
   A. 露天式仓库　　B. 封闭式仓库　　C. 半封闭式仓库　　D. 仓库月台

4. 易腐烂商品在储运时装载情况的说法正确的是（　　）。
   A. 堆码要做到位置合理、保证冷空气合理流动
   B. 果蔬商品堆码时可紧靠在出风口
   C. 果蔬商品可采用紧密堆码
   D. 冻结商品可采用通风堆码

5. 商品发热的原因有（　　）。
   A. 氧化反应发热　　　　　　　　　　　　B. 吸湿发热
   C. 微生物的生命活动发热　　　　　　　　D. 深色表面的吸热

6. 导热性好的商品有（　　）。
   A. 铁锅　　　　　B. 棉花　　　　　C. 服装　　　　　D. 粮堆

7. 商品所能承受的温度极限内仍能保持优良物理机械性能的性质称为（　　）。
   A. 热震动性　　　B. 导热性　　　　C. 耐温性　　　　D. 热稳定性

8. 在（　　），虫体的新陈代谢减慢，生命活动降低，进入冷昏迷状态。
   A. 8℃～40℃　　　B. 8℃～15℃　　　C. 35℃～45℃　　　D. 22℃～30℃

9. 属于天然有机隔热保温材料的有（　　）。
   A. 稻草　　　　　B. 聚氨酯泡沫　　C. 矿物棉　　　　D. 聚乙烯泡沫

10. 使用敞开式陈列柜陈列商品时要注意（　　）。
    A. 在装载线的限定位置内陈列商品
    B. 应定期做好清理工作
    C. 不要让外界的风破坏风幕
    D. 陈列柜外空调的风速可超过 0.2 米/秒

11. （　　）的适宜保存温度为 2℃～8℃。
    A. 冷冻食品　　　B. 日配食品　　　C. 生鲜食品　　　D. 熟食品

12. 冷藏链的适用范围有（　　）。
    A. 果蔬　　　　　B. 肉、蛋　　　　C. 乳及乳制品
    D. 水产品　　　　E. 血液制品

13. 实现冷链的条件描述正确的有（　　）。
    A. 产品进入冷链的早期质量要求原料品质好，处理工艺质量高，包装符合货物的特性

B. 商品流通中要处在低温、清洁卫生的环境中，做到对商品的保护

C. 冷藏链要做好各环境设备数量、设备质量标准的协调与统一

D. 冷藏链要做到快速的作业组织，减低质量损失

E. 冷藏链注意商品的保鲜期、温度恒定

14. 下列描述正确的有（   ）。

A. 冷藏是指商品保持在冷却或冻结终了温度的条件下，将食品低温储藏一定时间

B. 冷却物的冷藏温度一般在0℃左右

C. 冻结物的冷藏温度一般在-18℃以下

D. 生物制品的冷藏温度一般为2℃~8℃

E. 冰温冷藏是指将食品储藏在0℃以下至各自冻结点范围内，它属于冻结冷藏

15. 下列商品适宜储存在高温冷库的有（   ）。

A. 蛋类   B. 肉类   C. 水产品

D. 速冻食品   E. 冻结三文鱼

五、简答题

1. 简述库内温度变化的规律。

2. 简述速冻的优越性。

六、技能题

分析冰鲜鱼的冷藏链。

第五章

光照、气体、灰尘与商品养护

📑 学习目标与知识体系

知识目标： 掌握气体、灰尘、光照对商品品质的影响；掌握气体、灰尘、光照的防止措施。

技能目标： 初步具备对商品进行防光、防气、防灰管理的能力。

知识体系：

气体与灰尘	气体与商品品质
	灰尘与商品品质
光照	光照基础知识
	光照与商品品质
	防光措施

📑 商品故事

猕猴桃气调保鲜包装方法

气调储藏可以延长猕猴桃的储藏期，在0℃和2%~4%氧、2%~5%二氧化碳条件下，猕猴桃可储藏6~8个月，果实仍然能保持硬度，成熟后品质良好。但是气调储藏应该脱除掉环境中的乙烯。如果用塑料薄膜做简易气调储藏，可在袋内加一些浸有饱和高锰酸钾的碎砖块，以吸收乙烯气体，获得更好的储藏效果。气调储藏时要注意环境中的二氧化碳浓度不能超过10%，不然会造成果实的二氧化碳损伤。储藏后，如果需要加快果实的后熟，可将果实放到18℃~21℃的环境中，或用乙烯催熟。

思考： 果蔬类商品储存要控制哪几种气体的含量？为什么？

储运环境对商品品质的主要影响因素是温湿度，但光照、气体、灰尘对商品品质的影响也不容忽视。

第一节 气体与灰尘

正常的空气对商品的品质有一定的破坏，随着环境污染的日益加重，一些有害气体和灰尘正侵蚀着成千上万的商品，掌握气体、灰尘对商品品质的影响尤为必要。

一、气体与商品品质

在商品的存储空间内的气体成分中，对商品质量影响比较大的主要是氧气，对人员和商品质量均有一定影响的气体主要是**二氧化碳、乙烯、二氧化硫、二氧化氮**等。

（一）氧气与商品品质

氧气能加速商品的**氧化**，促进**燃烧**，为**好氧型微生物**与**害虫**提高生存条件，但低氧对果蔬的储存也是不利的。

1. 商品温和氧化

氧气是食品内许多成分发生氧化反应的必备物质。如食品中脂肪的氧化酸败、水果和蔬菜中酚类物质的酶促褐变、蛋白质还原性基团和某些维生素（如维生素 C、维生素 A 和维生素 E 等）的氧化都是由于氧气作用的结果。

氧气是果品、蔬菜进行呼吸作用的必备物质。呼吸作用分为**有氧呼吸和无氧呼吸**。有氧呼吸在维持自身的生命活动、抵御微生物的入侵方面具有积极的作用，但呼吸作用不断消耗呼吸底物[①]，使果蔬的营养价值、重量、外观和风味发生不可逆转的变化。可以通过降低环境中氧气的分压来减弱其有氧呼吸作用，以减慢果蔬质量的下降速度。但是氧气的分压又不能降得太低，否则会出现无氧呼吸，导致果蔬产生生理病害，因此在实践中要根据果蔬的种类和品种，确定适宜的储藏温度和合理的气体成分。

【思考讨论 5.1】

果蔬农产品的呼吸作用分为几种？储运中我们如何对待呼吸作用？

_____

_____

氧气是金属制品锈蚀的外因之一。金属制品的大气锈蚀就是空气中的氧、水蒸气及其他有害气体等作用于金属外表引起化学和电化学作用的结果。

氧气促使还原剂化学商品的氧化。具有还原性质的化学商品，储运中如果包装出现损坏，极易被空气中的氧气氧化，如硫酸亚铁、保险粉等。

氧气是高分子商品老化的重要因素之一。塑料、橡胶、纺织品等高分子商品的老化，就是在外界因素的长期作用下进行裂解与交联过程中导致物理、力学性能变坏的表现。高分子商品的老化除与自身的热稳定性有关外，氧的作用是最基本的，氧通常在热、光、机械作用、臭氧、离子辐射等物理作用下与高聚物发生氧化反应，且其化学反应是极其复杂的。

2. 商品燃烧

氧气是商品燃烧的助燃物质之一。一切可燃物的存放空间温度达到了燃点，在氧气的参与下，即可引起商品的燃烧，当燃烧不能被人所控制的时候即变为危害性极大的火灾、爆炸。

---

① 呼吸底物是呼吸作用中被氧化消耗的物质，如蛋白质、碳水化合物、脂肪等。

3. 氧气与生物体

氧气是好氧型微生物的生存条件之一。在其他条件适宜时，有分子氧存在的条件下好氧型微生物才能进行正常的新陈代谢，才能迅速生长繁殖，若环境中氧气不足或被除去，它们的生长繁殖就会受到抑制。

氧气是害虫与小动物的生存条件之一。常见的仓库害虫和小动物，维持生命活动必备物质之一就是氧气。商品的存储空间内没有了氧气，害虫和小动物的生命活动也随之停止。

4. 低氧伤害

在降氧时，也应特别注意氧浓度的下限，多数果蔬对氧浓度的下限指标是不低于 2%，否则，会因供氧不足，发生无氧呼吸而造成伤害。

看板

部分果蔬低氧伤害的表现

遭受低氧伤害的果蔬表皮产生局部下陷和褐色斑点，有的不能正常成熟，并产生局部凹陷变为褐色；蒜薹低氧下会产生黑心；茄子在低氧下，表皮产生局部凹陷变为褐色；蒜薹低氧伤害与高二氧化碳伤害症状不同的是，前者发病薹苞的苞片是干燥的，而后者是湿润的；橘子受低氧伤害后产生苦味或浮肿，橘皮由橙色变为黄色，后呈现水渍状。

5. 氧气的防止

氧气存在于环境空气中，可以通过**气调包装**、**真空包装**等方式隔绝、隔离、调节存储空间内的氧气含量，保证商品质量。

（二）有害气体与商品品质

影响商品品质的有害气体来源主要有以下四类。

（1）商品在堆放过程中所散发出来的有害气体，比如工业化学制品、农药、工业添加剂、塑料制品、皮革等在长时间存放时散发出的气体，这是最主要来源。

（2）物品腐烂、霉烂、变质或高温挥发而释放出的恶臭气体。

（3）害虫、鼠等代谢产生的有害物释放出的气体。

（4）库房附近生产企业排出的废烟、废气。

看板

气体与人体健康

（1）二氧化碳。环境空间内二氧化碳少量时对人体没有危害，但当其超过一定量时会影响人体健康。空气中二氧化碳的体积分数为 1% 时，人会感到气闷、头昏、心悸；当超过 4% 时，人则感到眩晕；超过 6% 时使人神志不清、呼吸逐渐停止以致死亡。二氧化碳具有保温效应，是温室效应的元凶，环境气候变暖，对人体生存环境的影响更是巨大。

（2）二氧化硫。二氧化硫是有腐蚀作用的窒息性有毒气体，易溶于水，对人体有潜在的危害，表现为对眼睛和呼吸道的刺激等症状。严重时会引起慢性中毒，使嗅觉和味觉减退，并产生慢性支气管炎和结膜炎。

（3）氮氧化物。氮氧化物主要是一氧化氮和二氧化氮，二者的毒性大于一氧化碳，不仅刺激呼吸系统，还能与血红素结合形成亚硝基血红素引起中毒。

（4）甲醛和苯。甲醛或苯可以致癌，甚至致人中毒死亡。在库房里，如果能闻到明显的甲醛或是苯的气味时污染程度已十分严重，足以对人体产生危害。这些气体闻不到时也不能说污染不存在，唯一能准确确定的方法是进行检测。

1. 二氧化硫对商品品质的影响

二氧化硫对商品品质的影响主要有以下两方面。

（1）<u>加速高分子商品的老化</u>。当库房空气中二氧化硫（SO_2）含量超过一定浓度时，就容易被纸张、布匹中的水分所吸收，产生亚硫酸（$SO_2+H_2O \rightarrow H_2SO_3$），而使纸张、布匹纤维产生水解，强度降低；另外亚硫酸有漂白的作用，它可以使字迹、花色褪色。

（2）<u>加速金属制品的腐蚀</u>。实践证明，空气中的二氧化硫对铜（Cu）、铁（Fe）、镍（Ni）、锌（Zn）、铝（Al）等金属的腐蚀速度影响很大。特别是在高温和水汽共同作用下，二氧化硫会大大加速金属的腐蚀。当空气中二氧化硫达到 0.01%时，铁的腐蚀速度就比在清洁空气中高出 100 倍。二氧化硫还能破坏金属表面的保护膜，使金属制品容易受到侵蚀。当二氧化硫含量高时，锌和铝的保护膜不再有保护性。

2. 氮氧化合物对商品品质的影响

<u>氮氧化合物能加速高分子商品的老化</u>。氮氧化物中的二氧化氮（NO_2），是一种棕红色有特殊臭味的有毒气体，溶于水后生成硝酸，可以对纸张、布匹、纤维素水解、氧化，其破坏性相当大。

3. 二氧化碳对商品品质的影响

二氧化碳（CO_2）易溶于水，在二氧化碳的水溶液作用下，金属制品的腐蚀速度大大加快。这里面既有二氧化碳溶于水后即变为碳酸的原因，也有其他电解质参与的原因。

鲜活农产品在储运中保持着**呼吸作用**，储存空间内的二氧化碳达到一定浓度时，很容易造成果蔬农产品的**二氧化碳伤害**。二氧化碳伤害最明显的特征是果蔬产生果肉褐变、褐色斑点、凹陷等，如储藏后期或已经衰老的苹果对二氧化碳非常敏感，易引起果肉褐变；马铃薯受二氧化碳伤害后，也是发生果心变褐；橘子受二氧化碳伤害后，常出现果皮浮肿、果肉变苦和腐烂；叶菜类受二氧化碳伤害后的症状是出现生理萎蔫、细胞失去膨压、水分渗透到细胞间隙成为水渍状等。

4. 乙烯对商品品质的影响

几乎所有的植物组织都能产生乙烯。乙烯对植物的生长发育、成熟与衰老的各个阶段起着重要的调节作用。在很低的乙烯浓度（0.5～1.0 毫克/千克）情况下，也能促进果蔬呼吸上升，加速**成熟**与**衰老**。乙烯除了加速果蔬成熟之外，还会加速果蔬**软化**、叶绿素分解黄化、脱落、品质下降、风味变差等。

影响乙烯生成能力的因素很多，如种类、品种、生长发育阶段、储藏环境条件以及伤害等。果蔬对乙烯的敏感程度与果蔬种类以及成熟度密切相关，随着果蔬**成熟度**的提高，对乙烯的敏感程度越来越高。**跃变型果蔬**对乙烯的敏感性比**非跃变型**的果蔬强。采收后的果蔬比采收前的敏感。因此，在储藏过程中，对于不同的果蔬，不同产地、不同成熟度的果蔬，不应放在同一储藏库中或同一包装箱中。

【思考讨论 5.2】

讨论分析果蔬商品的储运过程中要注意哪几种气体的量的控制，避免对果蔬商品品质的影响。

（三）有害气体的防止

防止有害气体损害商品品质和相关人员健康，一般应从以下几方面入手。

1. 仓库的选择

在选择仓库时，应选择远离工厂、化验室等的地方，且仓库常年应处于主导风向的上风，这样可以减少有害气体的影响；在库房周围种植一些吸收有害气体能力强的树木，绿化植物对环境有保护作用；做好库房的通风换气工作，在通风设备中放置碱性物质。

2. 商品的包装防护

包装技术是对商品的第一层防护。对有害气体敏感的商品要采用适当的**包装技术**。

金属制品的防锈与氧气、二氧化硫等腐蚀气体有关，在储运中要采用密封包装隔离有害气体，进行防锈养护。

鲜活农产品在储运中要控制氧气、二氧化碳、乙烯的含量，采用气调包装，进行保鲜养护。

高分子商品的老化与氧气、二氧化硫、氮氧化合物有关，在储运中要做好隔离有害气体的包装，进行防老化养护。纸张、布匹等商品要做好密封，一定要装入盒（袋）中，使商品和有害气体隔开，减少对商品的损害。

> **特别提示**
>
> 库房管理人员在接触发霉商品时，应戴口罩、手套，库房内还可以使用空调装置净化有害气体，这样对保护库房管理人员的健康有一定的作用。

二、灰尘与商品品质

影响商品品质的灰尘主要来源有以下几类。

（1）库房周边环境。库房周围工矿企业、垃圾堆、污水池等不清洁会造成粉尘、真菌孢子形成空气中的悬浊物。

（2）作业操作。这是因分拣、运输、配送工具开动扬起的粉尘而致。

（3）商品自身。如库房内商品腐烂、霉烂、变质后释放出真菌孢子在空气中的悬浊物。

（一）灰尘对商品品质的影响

灰尘对商品品质的影响主要有以下三方面。

（1）外观。这些灰尘污染商品**外观**，使商品包装污浊、呈现陈旧感，降低商品的使用价值。

（2）内质。灰尘附着的部位，更**容易吸湿，滋生微生物**，加速金属的锈蚀、高分子的老化，降低食品的安全卫生性，降低精密仪器的准确度等，最终商品不具有适用性，使用寿命大大缩短。

（3）爆炸。存储空间内粉尘达到爆炸危险浓度，外界引火源及热源提供的能量达到粉尘最小引爆能量即可发生**粉尘爆炸**。引火源主要有明火、电气打火、撞击火花、可燃粉尘沉降、其他热源、静电放电等。

看板

灰尘与人体健康

灰尘是大气中的一种固体悬浮物，灰尘颗粒的直径一般小于 500 微米。小于 10 微米的悬浮粒子即被认定为有害于人体健康；小于 2.5 微米的细颗粒即可穿透肺泡直达血液。灰尘给尘螨提供了寄生之处，给人类健康带来一定的威胁。

（二）灰尘的防止

防止灰尘对商品品质产生影响，一般应从以下三方面入手。

1. 仓库位置的选择

对于易受粉尘污染的商品仓库位置的选择，要远离工矿企业。

2. 清洁养护

库房周围的垃圾堆、污水池要定期清洁，存放货架商品的灰尘要及时清洁，霉腐、变质的商品要即时清理，分拣运输、配送工具要定期清洁。入库前要对仓库进行彻底的清洁。

3. 除尘器

除尘就是利用某种外力使灰尘从空气中分离出来，使空气得到净化。除尘器按除尘原理主要分为**机械力除尘器、静电除尘器、过滤除尘器和湿式除尘器**四类。

电除尘器和袋除尘器是比较常用的两类除尘器。

袋除尘器是采用过滤除尘原理。采用过滤材料，让含粉尘的气体去穿透，穿不过去的粉尘留下来，穿过去的跑掉，从而使空气得到净化，如口罩。过滤层的材料可以是经过化学元素处理的聚氨酯泡沫塑料、玻璃纤维、无纺布和过滤纤维纸等。

电除尘器是采用静电吸附原理。电除尘器内有两个电极，其中一个电极使空气中灰尘带电，另一个电极与灰尘带有相反电荷，吸附分散在空气中的灰尘并逐渐堆积，堆积的灰尘在重力作用下发生沉降，最终灰尘与空气分离，达到除尘目的。

第二节　光　　照

光照是商品储运的外部影响因素之一，是商品储运养护中容易忽视的因素。本节从日光、灯具基础知识入手，介绍光照在商品储运养护中产生的影响，以引起物流工作人员对光防护、灯具选择的重视。

一、光照基础知识

商品储运过程中能遇到的光照主要来自于**太阳**和**照明灯具**。光具有很大的能量，这种能量能够改变商品的品质。仓库灯具的选择要考虑照度、显色指数等指标因素。

1. 地面太阳光

太阳辐射到地球外空气层的光是一种连续光谱，经过大气层的过滤，最终到达地面的光中主要有紫外线、可见光、红外线。其中波长 290～400 纳米的紫外光占不到 5%，波长 400～700 纳米的可见光占 43%，波长 700～3000 纳米的红外线占 52%。它们带来的光能和热能会给商品品质造成破坏。

2. 灯具光源

常见的照明灯具主要有荧光灯、白炽灯、高强气体放电灯（高压钠灯、金属卤化物灯、荧光高压汞灯）。仓库一般应采用天然采光，如确需照明，应采用节能灯源，如选用白炽灯泡，储存易燃物资的库房内，白炽灯泡的功率不宜大于 60 瓦；储存可燃物资的库房内，白炽灯泡的功率不应大于 100 瓦。安装高度低于 6 米的照明宜采用荧光灯，高于 6 米以上的照明宜采用金属卤化物灯；对颜色识别要求不高的可采用高压钠灯，室外场地照明宜采用高杆路灯照明；照明灯具不应布置于货架的正上方，其垂直下方与储存物资水平间距离不得小于 0.5 米；照明灯具、镇流器等靠近可燃物时，采取隔热、散热等防火保护措施，以确保安全。

考虑到人员工作要求和货物存储的安全，对仓库光源有一定的指标要求，主要为照度和显色指数。照度的单位为勒克斯，当照度不足时，对于连续工作的仓库工作人员会引起视觉疲劳，长时期将导致人眼视力下降以及头晕等心理或生理不适；照度过大时也会造成能源的浪费，经济成本的提高。显色指数用 R_a 表示，显色指数接近 100，肉眼看到的商品颜色就真实。无采光窗仓库混合照明中的一般照明，照度不低于 200 勒克斯。仓库显色指数 R_a 一般在 20～40 之间，涉及颜色检验时显色指数应大于 90。

【思考讨论 5.3】
讨论分析普通仓库光源选择考虑的因素有哪些。

二、光照与商品品质

光照带来的商品品质变化主要有以下几种。

1. 老化

橡胶、塑料、纸、纺织品等商品在光的作用下容易发生老化。

紫外线能被含有羰基、双键等的高分子商品所吸收，而导致此类高分子商品的光降解。降解后的大分子游离基之间还会发生交联反应。

红外线能使高分子商品集聚热能，热能能够加速高分子商品的热氧老化。

可见光能引发某些高聚物的降解以及对含有颜料的高分子材料起破坏作用

温湿度对光氧老化具有催化作用，使封缄化合物软化，密封性能下降，标志褪色，涂层起泡剥落等。

2. 蒸发、蒸腾、挥发

光对食品的影响表现为：加速受潮食品的**水分蒸发**；加速食品中某些成分的**挥发**（如酒类的挥发）；加速蛋糕类、果蔬类等食品的**水分蒸腾**、**位移**而发生萎蔫、干缩。

光容易使水、酒精灯溶剂类物质挥发，造成流体类日化品的干缩、出现悬浊颗粒或沉淀等质量裂变，使日化品失去使用价值。光能使日化品中的香气加速散发。

3. 氧化、分解、变性

光能加速食品中脂肪的**氧化酸败**，促进食品中蛋白质、氨基酸的**变性**，对光敏性维生素（**VB**、**VC**）进行破坏，加速食品色泽的改变等。食品吸收的光能越多，越能激发食品内部发生一系列变质反应，所以食品在储运中要避光。

日化用品在长时间的日光照射下，其成分中的油脂、蜡、烃类等原料以及香料、颜料、表面活性剂物质会发生氧化、分解，直至日化品变色、变味。

生物在紫外线的照射下，蛋白质结构会变性。当水、空气或固体表面中的各种细菌、病毒、寄生虫、水藻以及其他病原体受到一定剂量的紫外光辐射后，其细胞中的 DNA 结构受到破坏，从而在不使用任何化学药物的情况下杀灭细菌、病毒以及其他致病体，可达到消毒和净化的目的。

4. 熔解

光带来的热能集聚，能造成低熔点商品的软化或熔化。如肥皂、香皂的皂体软化。

三、防光措施

商品储运过程中既要注意太阳光的防护，同时也要考虑存放区照明灯具人工光源的防护。

（一）人工光源选择

冷库的环境温度过低时，可采用**高强度放电灯**进行照明，个别地方也可采用白炽灯。

存储空间内**湿度较大**，就需要采用**防水性能好的灯具**。

多灰尘的存储空间，则必须采用**防尘的灯具**。

危险品存储区域的照明应仔细选择安装位置，避免观察时发生眩光，大部分局部照明设备有隔框或井形玻璃框，且需与该地区的作业和材料的危险等级相适应。可采用**高压或低压气体放电灯**。

货物装卸区多用于集装箱或其他大型货品的存储和转移，多采用**抗震性能较好的气体放电灯**，选择时应注意控制电压的波动范围不能超过灯具的标准，否则灯具极容易损坏；在涉及识别颜色的地方不能使用高压钠灯；对铲车，最好的选择是普通卤钨灯或低压卤钨灯。

在这些情况下，都要对采用的灯具的 **IP 等级**进行慎重的选择。选用灯具时，还要考虑安全防护的要求。例如，对于人能触及的灯具，应当有很好的防触电保护性能。而在易燃和易爆场合，则应采用防爆型的灯具。

从节能的角度出发，一般在同样的照度值下，荧光灯和气体放电灯较白炽灯要节能。

（二）太阳光的防护

1. 生产环节添加光稳定剂

添加光稳定剂，可抑制或减缓光氧化降解，添加含量一般为 0.01% ~ 0.5%。

涉及的光稳定剂主要有以下几种：光屏蔽剂，具有吸收或反射紫外线功能，比如炭黑、氧化锌、无机颜料（锌、钡）；紫外吸收剂，具有吸收紫外线的功能，比如水杨酸酯、二苯甲酮类、苯并三唑类；淬灭剂，能够转移材料吸收紫外线后产生的激发态能，防止产生游离基，淬灭剂主要是金属络合物，比如镍、钴的有机络合物；自由基捕获剂，比如受阻胺类，可以清除材料中因为光作用产生的自由基，切断自动氧化链。

2. 储运环节做到避光保存

对于医药、塑料、橡胶、荧光屏类影像材料、纸质和布帛等商品应予以避光保存。

可以选择防光性能强的材料做**外包装**，在包装材料中加入部分紫外吸收剂，提高储藏商品的耐光性。

库房采取遮阳措施。为减少光照作用的时间，库房内应配有窗帘、外遮阳板等遮阳措施。在任何情况下均应避免阳光直射。库区进行防光处理。库与库之间、库与装卸区之间要有遮阳棚。

教学做一体（自学实训）　轮胎的储运

场景：某货轮同航次载运的货物有旧轮胎、钢管、树油脂等几种货物，积载形式为混积，并且部分旧轮胎靠近机舱，部分积载在深舱。卸货时发现数条轮胎严重变形。

　　作为未来的物流从业者，你能从该货轮储运货物的养护特性入手系统地分析一下错误的原因吗？并提出轮胎的储运养护方案。

实训要点记录	资讯支撑
轮胎的主要成分：	**高分子材料商品的分类**
轮胎养护归类： □怕干、湿　　□怕冷、热　　□易虫蛀　　□易老化 □易生锈　　□易碎　　□易变形	
轮胎的储藏特性： 	**高分子商品老化因素分析**
轮胎质量裂变因素分析（提示：内部因素和外部因素均应分析）： 	**高分子商品防老化方法**
轮胎存放的注意事项： 	**常见高分子材料商品的防老化技术与操作**
	轮胎的储运操作

本 章 小 结

在商品的存储空间内的气体成分中,对商品质量影响比较大的主要是氧气,对人员和商品质量均有一定影响的有害气体主要是二氧化碳、乙烯、二氧化硫、二氧化氮等。

氧气是氧化反应的必要物质之一,是果蔬有氧呼吸的必备物质,是金属锈蚀的外因之一,是高分子材料制品老化的重要因素之一,是生物体生存和生长繁育的必备物质,是燃烧的助燃物质之一。果蔬商品在储存环境氧气浓度低于2%时,无氧呼吸旺盛,造成果蔬商品的低氧伤害。

氧气存在于环境空气中,可以通过气调包装、真空包装等方式隔绝、隔离、调节存储空间内的氧气含量,保证商品质量。

二氧化硫会加速高分子商品的老化,加速金属制品的腐蚀。氮氧化合物会加速高分子商品的老化。二氧化碳溶于水后的溶液会加快金属制品的腐蚀。果蔬商品储存空间内的二氧化碳达到一定浓度时,很容易造成果蔬农产品的二氧化碳伤害。乙烯来源于植物组织,能加速果蔬成熟,还会加速果蔬软化、叶绿素分解黄化、脱落、品质下降、风味变差等。

气体对商品品质的影响可以通过仓库的选择、商品的包装防护加以控制,同时要注意有害气体对人员的伤害,应采用一定的安全防护。

灰尘会使商品外观呈现陈旧感,商品不具安全卫生性、适用性。可以通过仓库选择、仓库卫生管理、加强除尘技术来实现灰尘的防止。

光主要来自于太阳和仓库灯具。对仓库光源的指标要求包含了照度、色温、显色性。太阳光中的紫外线、可见光、红外线对商品的品质都有一定的破坏。光能加速橡胶、塑料、纸、纺织品等商品的老化,加速食品商品的质变,加速电视机的品质降低,加速化妆品、洗涤用品的品质降低。在商品储运管理中,对仓库的灯具要作出合理的选择和选用,考虑因素有防水、防尘、防震、防爆、防触电、节能、照度等。在商品储运管理中,太阳光的防护可以通过库房设计、商品中添加紫外线吸收剂、防老化包装等途径实现。

巩 固 练 习

一、填空题

1. 在商品的存储空间内的气体成分中,对商品质量影响比较大的主要是(　　　),对人员和商品质量均有一定影响的气体主要是(　　　)、(　　　)、(　　　)、(　　　)等。

2. 高分子商品老化的外因主要有光线中的(　　　)、温度及其变化、空气中的(　　　)和(　　　)、水分和湿度、(　　　)、昆虫排泄物、(　　　)作用等。

3. 果蔬商品的呼吸作用分为(　　　)和(　　　)。

4. 氧气存在于环境空气中,可以通过气调包装等方式(　　　)、(　　　)、(　　　)存储空间内的氧气含量,保证商品质量。

5. 国际照明委员会（CIE）"仓库照明指南"规定，无窗仓库的照度最低不能小于（   ）。

二、判断题

1. 跃变型果蔬对乙烯的敏感性比非跃变型的果蔬强。采收后的果蔬比采收前的敏感。因此，在储藏过程中，对于不同的果蔬，不同产地、不同成熟度的果蔬，不应放在同一储藏库中或同一包装箱中。（   ）

2. 鲜活农产品在储运中保持着呼吸作用，储存空间内的二氧化碳达到一定浓度时，很容易造成果蔬农产品的二氧化碳伤害。（   ）

3. 果蔬商品储运中要控制有氧呼吸，防止无氧呼吸。（   ）

4. 多数果蔬对氧浓度的下限指标是不低于2%。（   ）

5. 冷库的环境温度过低，必须采用荧光灯。（   ）

三、概念题

老化

四、选择题

1. 氧气参与的商品品质降低的现象有（   ）。

  A. 金属材料制品锈蚀　　　　　　　B. 玻璃杯的破碎

  C. 袋装牛奶的渗漏　　　　　　　　D. 服装的玷污

2. 下列（   ）气体可以明显加速果蔬的成熟。

  A. 乙烯　　　　B. 氧气　　　　C. 二氧化硫　　　　D. 二氧化碳

3. 主要由光照引起的质量变化现象有（   ）。

  A. 老化　　　　B. 凝固　　　　C. 僵直　　　　D. 串味

4. 仓库灯源一般应选择（   ）。

  A. 白炽灯　　　　B. 日光灯　　　　C. 碘钨灯

5. 下列不属于高分子材料制品的有（   ）。

  A. 玻璃　　　　B. 服装　　　　C. 轮胎　　　　D. 纸张

6. 灰尘造成的商品品质降低主要有（   ）。

  A. 爆炸　　　　B. 陈旧感　　　　C. 滋生细菌　　　　D. 沉淀

7. （   ）能使高分子商品集聚热能，热能能够加速高分子商品的热氧老化。

  A. 可见光　　　　B. 紫外线　　　　C. 红外线　　　　D. 热稳定性

8. 光带给食品商品的有利影响有（   ）。

  A. 受潮食品的干燥　　　　　　　　B. 杀死微生物和害虫

  C. 有效成分挥发　　　　　　　　　D. 果蔬水分的蒸腾

9. 下列关于仓储人工光源选择的说法正确的有（   ）。

  A. 冷库因环境湿度大，温度低，不宜采用荧光灯，可采用高强度放电灯进行照明，个别地方也可采用白炽灯

  B. 多灰尘的仓储空间要选择防尘灯具

  C. 危险品存储区域的照明应仔细选择安装位置，避免观察时发生炫光，可采用

高压或低压气体放电灯，对易燃和易爆场合，则应采用防爆型的灯具

    D. 货物装卸区多采用抗震性能较好的气体放电灯

10. 对于药品、布帛等商品的防护说法正确的是（   ）。

    A. 属于怕光的商品   B. 不属于怕热的商品

    C. 库房采取遮阳措施，予以避光保存 D. 选择防光性能强的材料做外包装

11. （   ）能加速塑料制品的老化。

    A. 氧气   B. 灰尘   C. 光   D. 氮气

12. 光照带来的商品品质变化有（   ）等。

    A. 高分子材料商品的老化   B. 食品的干缩

    C. 化妆品的变色   D. 白酒的挥发

13. 为了避免光线对商品的伤害，在储运时可采取（   ）等措施。

    A. 运输时选用厢式货车

    B. 选择防光性能强的材料做外包装

    C. 在产品中加光稳定剂

    D. 采用无窗库房或库房配有窗帘等遮阳措施

14. （   ）在光、热、氧、灰尘的作用下易老化。

    A. 皮鞋   B. 桑蚕丝连衣裙 C. PP塑料保温杯 D. 紫砂杯

15. 下列商品属于高分子材料商品的有（   ）。

    A. 肥皂   B. 纺织品   C. 纸张

    D. 生皮   E. 橡胶制品

五、简答题

1. 简述仓库光源的选择。
2. 简述光照对化妆品品质的影响。
3. 简述氧气引起的商品品质变化。
4. 简述灰尘的主要来源。
5. 简述老化的特征。

六、技能题

1. 皮鞋的储运养护。
2. 塑料制品的储运养护。

第六章

生物体与商品养护

学习目标与知识体系

知识目标：了解易霉腐和易虫蛀的商品；掌握微生物生存条件、霉腐危害的过程、霉腐防治；掌握仓虫的生活习性、仓虫防治。

技能目标：初步具备对易霉腐商品霉腐危害阶段判断的能力；初步具备对商品进行防霉腐、防虫蛀养护管理的能力。

知识体系：

微生物 与害虫	微生物种类与生存条件
	常见仓库害虫小动物与 生活习性
	易霉腐与易虫蛀的商品
商品的 防霉腐	霉腐危害的过程
	引起霉腐的因素
	常规管理防霉腐
	常用防霉腐技法
商品的 防虫害	仓虫的传播
	仓虫的生存要素
	仓虫的系统防治

商品故事

大米生虫发霉莫要慌　合理储藏是关键

据 2010 年 12 月 12 日《重庆晚报》报道：秋季，从超市买来的散装大米没有过保质期居然就生了虫。这是怎么回事？

原来，大米是生命有机体，即使是在寒冷干燥的秋冬季，如果储存不合理，也会发生生虫和发霉的现象。

预防大米生虫和发霉，需要注重购买和储藏两个方面。

1. 购买有品质保障的大品牌产品

品牌产品都要通过蒸汽去虫卵、烘干等工艺流程防止大米虫害和发霉。在仓储运输阶段，会在运输车厢内壁贴上一层编织布，以免货车上一次运载的货物残渣污染新产出的大米产品。在储藏、流通过程中易被虫害污染，途径有多方面：可能受到同一仓库、车船中其他生虫粮食的交叉感染，也有飞行类和爬行类害虫直接侵入或遭受自然传播。

2. 关注储藏条件

大米生虫和产品保质期并没有直接关系，可将大米储藏在阴凉干燥处，与其他易生虫的食物分开放置，并时刻保持通风。这样既能防止生虫，也能延长大米的保存时间。

思考：大米生虫发霉是否可控？如何控制？

在商品的储运过程中，接触到的生物体主要有微生物、仓储害虫、小动物类，其中微生物中霉腐微生物，仓储害虫中甲虫、蛾、螨、蚁、蟑螂等，小动物类中的鼠类等生物体对商品品质和建筑设施影响较大。

第一节 微生物与害虫

动植物产品和大量以动植物产品作为原料来制造的工业品，在储运和使用的过程中容易受到微生物和害虫的侵害。本节主要介绍微生物、害虫种类与生存条件，以利于储运过程中微生物与害虫的防治的学习。

一、微生物的种类与生存条件

微生物就是很小很小的生物，需要借助显微镜才能看到。微生物构成食物链的最底层，它们无处不在。

（一）微生物的种类

储运过程中致使商品品质降低的微生物主要有**霉腐微生物和病毒**两类。

1. 霉腐微生物

霉腐微生物的种类很多，但能引起商品，特别是食品腐败变质的主要有**细菌、酵母菌、霉菌、部分放射菌类群**。

（1）细菌是自然界分布最广、数量最大、种类繁多、与人类关系极为密切，也是引起存储商品霉腐数量最多的一个类群。

（2）酵母菌是指以出芽繁殖为主的单细胞真菌。酵母菌广泛分布在含糖质较高的偏酸环境中，如果皮表层、土壤、植物表面、植物分泌物（如仙人掌的汁），甚至空气中也有分布。此外，有研究发现酵母还能寄生于人类身上与一些昆虫肠道内。

（3）霉菌是丝状真菌的统称，广泛分布在土壤、水域、空气、动植物体内外。它是危害存储商品最严重的微生物类型，不仅使商品的外观、使用价值变差，同时还会产生一种特殊臭味，甚至还会产生有毒和致癌物质。

（4）放射菌是一群介于细菌和真菌之间的特殊的微生物类型，它的生长要求比较丰富的有机物，生长速度慢。它对存储商品的危害通常是在其他霉腐微生物之后。

【思考讨论 6.1】

危害存储商品最严重的微生物类型是什么？能感观到的现象有哪些？

2. 病毒

病毒是非常微小的微生物，有专一性、寄生性，虽然不能在食品中繁殖，但是食品为病毒提供了良好的生存条件，因而可在食品中残存很长时间。目前，易引起人畜疾病的主要有肝炎病毒、口蹄疫病毒、疯牛病病原体、禽流感病毒和猪水痘病病毒。

（二）霉腐微生物的生存条件

霉腐微生物是储运商品的主要有害微生物，其生存生长对环境的**温度、湿度、酸碱度、气体以及商品本身的成分**等都有一定的要求。

1. 霉腐微生物的生长温度

根据微生物的生长温度划分，主要有**嗜热性微生物、嗜温性微生物、嗜冷性微生物**。这三类微生物都可以在 20℃ ~ 30℃生长繁殖，当食品处在这种温度环境中，各种微生物都可以生长繁殖而引起食品变质。

（1）嗜温性微生物。其最适合的生长温度为 20℃ ~ 40℃，最低生长温度要求是 5℃ ~ 15℃，最高生长温度要求是 45℃ ~ 50℃。嗜温性微生物是商品霉腐微生物中种群最多的类型，主要是霉菌和大部分酵母菌及一部分细菌，是商品存储养护中应特别注意的霉腐微生物。

（2）嗜冷性微生物。嗜冷性微生物在 5℃左右或更低的温度（甚至 –20℃以下）下仍能生长繁殖，使食品发生腐败变质，是引起冷藏冷冻食品变质的主要微生物。低温条件下微生物虽然生长，但其新陈代谢活动极为缓慢，生长繁殖速度也非常迟缓，因而它们引起冷藏食品变质的速度也减慢。低温下生长的微生物主要是革兰氏阴性无芽孢杆菌、革兰氏阳性细菌、酵母菌、霉菌。

（3）嗜热性微生物。在 45℃以上，仍有少数微生物能够生长，进行代谢活动，此类微生物为嗜热性微生物。高温条件下嗜热性微生物的新陈代谢活动加快，所产生的酶对蛋白质和糖类物质的分解速度也比其他微生物快，因而使食品发生变质的时间缩短。在高温条件下，特别是在 45℃以上时，对微生物的生长来讲是十分不利的，温度越高，死亡率越高，在实际检验工作中，若不及时进行分离培养，就会失去检出机会。高温微生物造成的食品变质主要是酸败，由分解糖类产酸而引起。

2. 霉腐微生物的生长环境湿度

根据微生物的生长环境湿度划分，主要有**高湿性微生物、中湿性微生物、低湿性微生物**。环境湿度是霉腐微生物生活中必需水分的主要来源。在干燥的环境中，商品霉腐微生物营养细胞的生活能力显著减弱，使生长繁殖能力停滞。

（1）高湿性微生物。此类群霉腐微生物要求环境的最低相对湿度在 90%以上，生长繁殖的适宜相对湿度接近 100%。商品霉腐微生物中的细菌、酵母菌多属于此型。

（2）中湿性微生物。此类群的霉腐微生物要求环境的最低湿度在 80%～90%，生长繁殖的适宜相对湿度为 98%～100%。霉菌中的大多数类群属于此型。

（3）低湿性微生物。此类群的霉腐微生物要求环境的最低相对湿度在 80% 以下，生长繁殖的适宜相对湿度为 95%～98%。霉菌中的白曲霉、杂色霉等多属于此型。

3. 霉腐微生物的生长环境酸碱度

（1）嗜酸性霉腐微生物。此类型霉腐微生物生长环境的最适宜酸碱度为 pH 一般在 5～6。常见的霉菌类、酵母菌类霉腐微生物就是这一类型的。酵母菌在 pH 为 4.5～5 产乙醇，在 pH6.5 以上产甘油、酸。

（2）嗜中性或微碱性霉腐微生物。此类微生物生长环境的最适宜酸碱度为 pH 一般在 6.5～7.5。细菌类、放射菌类商品霉腐微生物就是这一类型。

pH 对商品霉腐微生物种群的影响主要体现在两个方面。一是商品霉腐微生物外部环境中氧的溶解度、营养物质的存在状态形成影响，因而使商品霉腐微生物取得的有用性气体和营养物质可能造成变化；二是 pH 对商品霉腐的微生物细胞内环境的各种酶的形成、酶的活性产生影响，进一步影响微生物的代谢顺序和细胞膜的渗透压等生理生化过程，影响其生长繁殖。

4. 霉腐微生物的生长环境气体

（1）好氧型霉腐微生物。这类微生物的生长环境要求有充足的氧气，否则不能正常生长繁殖。大多数的霉菌和细菌都属于此类型。

（2）厌氧型微生物。这类微生物要求生长环境不能有氧气存在，否则不能正常生长繁殖。在霉腐微生物中，只有少量的细菌属于此类。厌氧型的细菌主要引起无游离氧的食品发生腐败，如罐头和其他密封包装的食品。

（3）兼性厌氧型霉腐微生物。此类型的霉腐微生物是一些在有氧条件下或无氧条件下均能生活和发育的类型。常见的酵母菌和部分低氧的霉菌多属此类。

5. 霉腐微生物所需营养环境

微生物细胞是由碳、氢、氧和各种矿物质元素组成的，细胞中含有各种有机物质和无机成分。微生物细胞中含有大量水分，细菌细胞平均含水量为鲜重的 75%～85%，霉菌约为 85%～90%，酵母菌约为 70%～85%，细菌的芽孢和霉菌的孢子含水量较少，多数芽孢含水量约为 40%，霉菌孢子含水量约为 38%。细胞内还含有 20%左右的干物质，主要为蛋白质、碳水化合物、脂类和矿物质等。

微生物为了生存必须从环境中获取各种物质，以合成细胞物质和提供能量以及在新陈代谢中起调节作用。在生长和繁殖过程中微生物所必需的营养物质包括**水、碳源、氮源、矿物质元素、生长因素**等。

【思考讨论 6.2】

讨论危害存储商品霉腐微生物所需的营养物质有哪些。试对表 6.1 中商品霉腐难易程度从高到低进行排序。

表6.1 不同商品不同存储环境下霉腐难易程度排序

温度（℃）	湿度（%）	气体成分	商品	霉腐难易排序
30	95	自然状态	苹果	
−1	95	气调状态	苹果	
25	70	自然状态	纯棉织物	
25	70	气调状态	蔬菜	

二、常见仓库害虫、小动物与其生活习性

（一）常见的仓储害虫与小动物

仓库害虫是指在仓库内危害储藏商品和仓库建筑设施的许多害虫，简称仓虫，这些害虫一般又以危害储藏货物为主，所以也叫储藏害虫。害虫的种类很多，且分布是世界性的。由于害虫生存繁殖环境与所需养料的差异，不同害虫便常在某些特定的物品中出现。具体可概括为**甲虫、蛾、螨、蚁、蟑螂**等。常见危害储藏商品的小动物主要有**鼠类、鸟类、**其他小动物类，其中鼠类危险相对较大。

1. 甲虫

仓储甲虫类害虫主要有玉米象、谷蠹（dǔ）、赤拟谷盗、锯谷盗、长角扁谷盗、绿豆象、豌豆象、蚕豆象、大谷盗、黑皮蠹等。

危害中药材的主要仓储害虫甲虫类有药材甲、米象、咖啡豆象、谷蠹等；危害粮食的主要仓储害虫甲虫类有初期性害虫玉米象、谷蠹等，中期性害虫赤拟谷盗、杂拟谷盗，后期性害虫锯谷盗、长角扁谷道等；危害纺织纤维、蚕丝、皮毛羽绒、图书档案的甲虫类害虫有皮蠹、大理窃蠹、档案窃蠹、短鼻木象、蛛甲等。

甲虫类害虫属于完全变态，在个体发育中，经过卵、幼虫、蛹和成虫等4个时期。体硬善于行走。多数甲虫具有食杂性、负趋光性，隐匿在黑暗的地方；多数甲虫具有假死性，受惊时会立即收缩全部附肢，身体和足变得僵直而坠落到地面。

2. 蛾

仓储蛾类害虫主要有麦蛾、印度谷螟、粉斑螟、地中海粉螟、粉虱。蛾类害虫属于完全变态，在个体发育中，经过**卵、幼虫、蛹和成虫**等四个时期。体软形大善飞，有趋光性。蛾类害虫在粮食上层及外表产卵，主要以**幼虫**危害商品，成虫负责繁衍后代。

危害中药材的蛾类害虫有印度谷螟、地中海粉螟等；危害粮食的蛾类害虫有麦蛾、印度谷螟、粉斑螟、粉缟螟等；危害纺织纤维、蚕丝、皮毛羽绒、图书档案的蛾类害虫有衣蛾等。

3. 螨

仓储螨类常见的有粉螨、腐食酪螨。螨类害虫体软而轻小。螨类有向外爬的习性，对

商品的危害从**危害外表而达内部**。

4. 书虱

书虱已经发展成为热带和亚热带地区的重要仓储储藏物害虫，主要危害粮食、其他农副产品、农药、中药材、书籍档案及生物标本等。书虱大量发生时，其尸体、排泄物等易污染储藏物，造成食品不能食用。其携带的病原菌会威胁人们的健康，加速商品的发热霉变。

5. 蟑螂

蟑螂泛指蜚蠊目昆虫，食性杂，除喜爱食品外，还啃食各类纺织品、皮革制品、纸张、肥皂等。蟑螂对商品的破坏不仅仅表现在啃食上，还表现在它们到处爬行、无所不吃的过程中，沾染和吞入了很多病原体，它们边吃边排泄，成为了病原体的传播者。它们给工厂、商店造成经济损失，给人类带来疾病，还能侵害通信设备、电脑等，造成设备受损，国外有人称蟑螂为"电脑害虫"。

6. 白蚁

白蚁是一类危害建筑物（仓库、车间、厂房、住宅）的特殊害虫，在我国南方气候温暖潮湿的地方危害极甚。其特点是行踪隐蔽，一般不易发现，一旦发现，建筑物已危害十分严重。由于白蚁的特殊生活习性，防治的方法也与其他储藏物害虫不同。

白蚁畏光，趋向于阴暗，过着隐蔽的生活；白蚁具有吸湿性，离开水活不下去；白蚁属于喜温性昆虫，不同的白蚁对温度有不同的要求；食性上偏好纤维素类。

7. 鼠类

仓库中常见鼠类有褐鼠、黑鼠和小家鼠，它们对储藏的商品危害严重，因此要严格防治。

鼠类的数量与环境条件关系密切，应采取各种措施破坏它们的基本生存条件，从而间接、持久地达到减少鼠类数量增长的效果。

看板

仓虫的生活史和变态

习惯上把昆虫的生活周期，即由卵离开母体开始，发育至成虫性成熟能繁殖后代为止的个体发育历程，称为一个世代。

昆虫在一个世代中要经历一系列的变化，这个变化过程中的各个阶段，有时形态完全不相同，这种发育阶段中的形态变化称为昆虫的变态。昆虫完成个体发育过程中，幼体在外部形态和内部器官的构造上与成虫有显著的区别，整个发育过程经过卵、幼虫、蛹、成虫四个阶段的变化，称之为完全变态。储藏商品中的害虫大部分属于完全变态生活。昆虫完成个体发育过程中，幼体与成虫在外部形态和内部器官的构造上差异很小，成虫特征随着幼体的生长发育而逐渐显现，整个发育过程经过卵、幼虫、成虫三个阶段的变化，称之为不完全变态。如白蚁、毛衣鱼等属于不完全变态生活。

> 各种储藏物害虫完成一个世代所需时间不同，在不同的温湿度条件下，同一种类的一个世代所需时间也不同。
>
> 习惯上把当年越冬虫期开始活动到第二年越冬结束为止的发生经过称为生活年史。在一年或某一段时间内，当发生早的个体出现时，称为发生始期；大量个体发生时，称为发生盛期；而少数发生迟的个体出现时，称为发生末期。在生活年史中掌握这一规律，对害虫预报和防治工作是非常重要的。

（二）仓库害虫的生活习性

仓库内害虫大多来源于农作物，由于长期生活在仓库中，其生活习性逐渐改变，能适应仓库的环境而继续繁殖，并具有以下特性。

1. 食性广杂

仓储害虫可以以植物、动物组织、动植物的腐败物等为食。以植物为食料的为**植食性仓储害虫**；以动物的组织为食的为**肉食性仓储害**虫；以动植物兼食的为**杂食性仓储害虫**；以动植物的腐败物为食的为**腐食性仓储害虫**。

2. 适应性强

仓库害虫一般既耐温、耐干、耐饥，又具有一定的抗药性。

（1）仓虫的耐饥性。耐饥性是指仓虫在缺乏食料的条件下不会饿死的能力。大部分仓库害虫能耐长时期的饥饿而不死，所以潜藏在空仓、装具、用具等缝隙角落里的仓虫是在等待机会。因此，对仓储领域及其应用器材等物品进行**空仓消毒杀虫**是至关重要的。

（2）仓虫的耐温性。仓库害虫生长繁殖的**适宜温度范围一般为 18℃～35℃**，仓库害虫在 5—8 月间生长繁殖最为旺盛，一般能耐 38℃～45℃的高温。在 10℃以下，大多数仓库害虫停止发育，0℃左右处于休眠状态，但不易冻死。在适宜的温度范围内，随温度升高，仓虫活动能力增强。

（3）仓虫的耐干性。耐干性指在水分少的情况下继续生活的特性。耐干性因虫种不同而有异，还因储藏物的种类、性质、温度、水分和环境湿度等不同而不同。通常储藏物的含水量在 8%左右、仓内的相对湿度在 40%左右的条件下，是不容易发生仓虫的。在相对湿度 70%以上、商品含水量 13%～14%时是仓虫活动的最适宜条件。每年 4—9 月，尤其是 6—8 月三个月中，由于温度高、湿度大，是仓库害虫活动最猖獗、新陈代谢最旺盛的时期，也是对商品危害最严重的时期，是**商品养护过程中杀灭仓虫的旺季**。

【思考讨论 6.3】
易虫蛀商品在什么时间点应增多检查次数，加强仓虫灭杀？

（4）仓虫的耐药性

仓虫对经常施用的药剂能产生抗药性。

3. 繁殖能力高

由于仓库环境气候变化小，天敌少，食物丰富，活动范围有限，雌雄相遇机会多、仓虫产卵场所隐蔽、具有保护性产卵方式、卵的孵化率很高、自然死亡率很低、发育周期短造成世代重叠等原因，使仓库害虫具备了极强的繁殖力。所以，防治仓虫要及时地治早、治少、治了，重要的是**消灭第一代仓虫**。

4. 仓虫的趋光性与假死性

大多数仓库害虫体型很小，体色较深，一般不喜欢光线，喜欢在黑暗处生活。大部分仓虫白天潜藏在暗角、裂缝、无光的地方，或隐藏于阴暗角落在商品中蛀成"隧道"危害商品，夜间出来活动。低温时，仓虫有移居到有光热处的习惯，但阳光强烈时则极力躲避。**蛾类害虫一般具有正趋光性，甲虫类具有负趋光性。**

仓虫在受到外界惊扰或侵害时，身体和腿脚会自行卷缩佯装死去，以迷惑对方，避免受害，这种现象叫"假死性"。许多甲虫、蝶蛾的幼虫及所有的象鼻虫都有这样的护身特性。

三、易霉腐与易虫蛀的商品

工作生活当中，经常会遇到商品的虫蛀和霉腐，学习掌握哪些商品容易虫蛀和霉腐，有利于我们更好地做好预防工作。

（一）易霉腐的商品

商品发生霉腐与商品本身的性质、污染微生物的种类和数量、商品存储环境等因素有着密切的关系，它们三者相互作用、相互影响。霉腐微生物的生长需要一定的营养基质，由于商品本身的特点，有些商品比较容易构成这些条件，有些商品很难构成这些条件，前者易霉腐，后者则不易霉腐。常见的易霉腐的商品主要有以下几类。

（1）含**纤维素较多**的商品。含纤维素较多的商品主要包括棉与棉加工品、麻与麻加工品、粘胶纤维、木竹和藤及其制品、纸与纸制品、部分橡胶、塑料和化纤制品等。

（2）含**蛋白质较多**的商品。属于该类的商品主要有丝制品、毛制品、皮革制品和各种鱼类、肉类、蛋类和乳制品等。

（3）含**糖较多**的商品。包括干鲜果品和各种食糖、糖果、蜜饯、果酱、果汁、蜂蜜等糖制食品。

（4）以**酒精**为主要成分的商品。酒类商品容易受微生物浸染，从而引起酒精发酵。主要是低浓度的酒，如啤酒、葡萄酒、果酒和黄酒等。危害酒类的霉腐微生物有细菌、酵母和部分霉菌。

（5）含**水量高**的商品。该类商品主要为水果、蔬菜等食品。危害水果、蔬菜的微生物，主要是根霉属、地霉属、短梗孢霉属和单端孢霉属的真菌以及假单孢菌属的细菌等。

【思考讨论 6.4】

生活中经常看到的霉腐现象发生在哪些商品上？

_____

_____

_____

（二）易虫蛀的商品

易虫蛀的商品主要有以下几类。

1. 毛、丝织品及皮毛织品

毛、丝织品及皮毛织品类商品含有多种蛋白质。危害这类商品的常见害虫主要有各种皮蠹、织网衣蛾、毛毡衣蛾、白斑蛛甲、毛衣鱼等。此类害虫的生长繁殖期是 4—9 月。对温度要求为 25℃～30℃，对湿度要求为相对湿度 70%～90%。

2. 竹藤制品

竹藤制品这类商品富含纤维素和糖分。常见蛀虫有长蠹、角胸长蠹、褐粉蠹和烟草甲等。竹藤蛀虫性喜温湿，怕光，一般 4—5 月发育成虫，生长繁殖的最适宜温度为 28～30℃，相对湿度为 70%～80%。

3. 纸张和纸制品

纸张和纸制品类商品含纤维素和各种胶质、淀粉糊，常见的蛀虫有衣鱼和白蚁。此类蛀虫喜温湿、昏暗环境。仓库在有新鲜松木或胶料香味时，便容易诱集白蚁和衣鱼。危害严重季节：衣鱼在 7—9 月，白蚁一般在 4—9 月。

4. 粮食

常见的重要**储粮**害虫有 30 余种，我国三大储粮害虫为麦蛾、玉米象、谷蠹。其他常见储粮害虫有印度谷螟、赤拟谷盗、锯谷盗、豌豆象、绿豆象、蚕豆象、腐食酪螨等。发生在粮食储藏初期，取食完整粮粒的有玉米象、谷蠹、麦蛾等；发生在粮食储藏的中后期，取食损伤粮粒及碎屑粉末的有锯谷盗、长头谷盗等；发生在粮食储藏的全过程，取食完整和损伤粮粒的有螨类、皮蠹、蛛甲、黄粉虫等。

（三）老鼠的危害

鼠类喜吃面粉、大米等粮食以及糕点、饼干等食品，也食鱼肉等。由于鼠类的门牙终生都在生长，平时总要啃咬物品，即使不是其食物，如各种包装材料、建筑物等也被其啃咬。老鼠的危害主要表现在对**仓库建筑**、**仓储商品**的损坏以及**病毒传播**等方面。

（1）对仓库的危害。老鼠会咬断电线，造成对电线短路、贵重仪器损坏，严重者造成火灾。老鼠掘洞，造成仓储房基损坏，影响房屋寿命。老鼠对仓储设施、建筑物的损害，在四害中危害最为严重。据国际卫生组织报告，全世界仓库有 10%～20%的损失是由老鼠造成的。

（2）对人类的危害。老鼠携带病菌，造成各种疾病的传播，可能造成人类的死亡。研究显示，在老鼠体内外滋生的病毒、细菌、寄生虫等多达30余种。所传播的疾病中以鼠疫、流行性出血热、狂犬病、斑疹伤寒等最为常见，极易致人死亡。

第二节　商品的防霉腐

商品的防霉腐，必须从分析引起霉腐的因素入手，掌握霉腐微生物的危害过程，做到从"防"开始。

一、霉腐危害的过程

霉腐微生物在商品上，不断从商品中吸取营养和排除废物，所以在其大量繁殖的同时，物品也就逐渐遭到分解破坏。因此，霉腐微生物在商品上进行物质代谢的过程也就是物品霉腐发生的过程，这也是商品霉腐的本质。

商品的霉腐一般经过受潮、发热、霉变、腐烂四个环节。

（1）**受潮**。商品受潮是霉菌生长繁殖的关键因素。当商品吸收了外界水分受潮后，商品含水量超过了该商品安全水分的限度，则为商品提供了霉腐的条件。

（2）**发热**。商品受潮后霉菌开始生长繁殖，就要产生热量，其产生的热量一部分供其自身利用，剩余部分就在商品中散发。商品内部温度比外部温度高，因为商品的外部比内部散热容易。

（3）**霉变**。霉菌在商品上生长繁殖，菌丝开始生长，能看到白色毛状物，称为菌毛。霉菌继续生长繁殖形成小菌落，称为霉点。菌落增大或菌落融合形成菌台，称为霉斑。霉菌代谢产物中的色素使菌苔变成黄、红、紫、绿、褐、黑等色。

（4）**腐烂**。商品霉变后，由于霉菌摄取商品中的营养物质，通过霉菌分泌酶的作用，破坏了商品内部结构，发生霉烂变质。发霉后的物品发生霉味，外观上产生污点或染上各种颜色，内部结构被彻底破坏，弹力消失而失去了使用价值。

【思考讨论6.5】
商品霉腐的防控关键是对哪些内外因素的控制？

_____

_____

_____

二、引起霉腐的因素

从霉变腐烂的本质和过程来看，商品的霉腐要提供上节所阐述的霉腐微生物的生存条件，即商品本身的组成成分和其生产、包装、运输、储存过程中的环境因素。

霉菌属于异养型微生物，不能自身合成所需营养物质，只能从外界获取。物流储运商品恰好能提供霉菌菌体的生长和繁殖所需要的营养物质,通过菌体的新陈代谢合成为菌体本身的成分。霉菌所需的营养物质主要有:①水。菌体生长必须有适量的水。菌体所需营养物质必须要先溶解于水后,才能被菌体吸收和利用;细胞内各种生物化学反应也都要在水溶液中进行。②碳源,构成细胞的重要物质。有些菌体以二氧化碳为碳源,有些菌体以外界供给的有机碳素化合物为碳源,如单糖、双糖、有机酸、醇、纤维素等。③氮源,组成细胞内蛋白质和核酸的重要元素。含氮物质主要来自氮气、氨、硝酸根等无机含氮化合物和蛋白质、氨基酸的等有机含氮化合物。④矿物质。菌体所需的矿物元素有主要元素和微量元素两类。主要元素所需量不多,主要有磷、硫、钾、镁、钙、铁,过多或过少都将影响菌体的生长发育;微量元素含量更少,主要有铜、锌、钴、锰、钼,对菌体生长有刺激作用。⑤生长因素。目前已经知道有 20 多种,主要是 B 族维生素。

【思考讨论 6.6】

讨论霉菌取得营养物质的有机物、无机物,在表 6.2 中列举一类商品。

表 6.2　列举你熟悉的商品

营养物质	有机物	无机物	商品
碳源			
氮源			
矿物质			
水			

三、常规管理防霉腐

商品霉腐的防治应从常规管理抓起,配合使用防霉腐技术。加强库存商品的常规管理需从以下几方面着手

(1)场所选择。易霉腐的商品应尽量安排在空气流通、光线适中、比较干燥的库房内,并应避免与含水量大的商品混存、混放。库房应清洁干燥。

(2)运输包装与物理防护。结合商品的特性,做好商品的包装材料、技法、标志的选用工作,正确运用密封、吸潮、通风相结合的方法做好库房的温湿度管理。

(3)检查。加强入库验收,首先检查其包装是否潮湿,其次检测商品的含水量是否超过安全水分。做好在库商品的定期检测,如发现受潮、发热、霉变、腐烂现象,及时采取防治处理措施。

(4)堆码。合理堆码,货垛下要放托盘以隔潮,不得靠墙靠柱。以通风垛为主要码垛方式。

(5)温湿度管理。温湿度是霉菌生长的主要环境因素,要做好不同商品的库房温湿度设置与调节工作。

四、常用防霉腐技法

商品防霉腐的常见技术方法主要有以下几种。

（一）温湿度调控防霉腐

温湿度调控防霉腐是我国各地防治储存商品霉腐的常用方法。温、湿度调控防治是基于各类商品霉腐微生物都要达到一定的环境温度和湿度才能正常生长和繁殖。当不具备这些温度和湿度条件时，商品霉腐微生物就可能处于休眠状态，使生长和繁殖受到抑制，不能形成对商品造成危害的种群数量，达到保护储存商品的目的。

1. 商品霉腐微生物的通风防治法

（1）注意库房的**密封程度**。只有密封度较高的库房，才能较好地控制温度和湿度，形成不利环境条件，抑制商品霉腐微生物种群的生长繁殖。

（2）注意储存商品的**安全温度和水分**。只有在储存商品的安全温度和水分内进行控制，才能确保商品的安全。

（3）掌握好降温、排湿的**通风时机**。具体通风时机的选择见本书第三章。

2. 商品霉腐微生物的吸湿防治法

当库外湿度大于库内湿度，无法进行通风降温、排湿时，应采用吸湿防治法防治商品霉腐。它一般适用于**夏季梅雨或多雾季节**，此时储存商品对湿度的变化又极为敏感。它是利用化学药剂吸湿或机械吸湿来降低库房湿度，抑制商品霉腐微生物生长繁殖。使用时应注意以下几点。

（1）应在**密封程度**较高的情况下才能见效。

（2）应**随时**检查库房湿度，保证其在商品安全水分范围内。

（3）应用化学药剂吸湿时，应充分注意化学药剂吸湿后可能对商品产生的**危害**。

3. 商品霉腐微生物的升温降湿防治法

这是根据绝对湿度一定时，温度越高，相对湿度越低的原理设计的商品霉腐微生物防治法。它是在保持库内绝对湿度不变的情况下，提高库内温度，从而降低库内相对湿度，造成不利于商品霉腐微生物生长繁殖的湿度条件，控制危害。

这种方法适合储存环境**绝对湿度较高**，又无法利用通风法、吸湿法降低湿度条件下使用。应用该法一般采用加热设备，以提高库房温度。应用此种方法时应注意商品的特性，不能对温度变化敏感，但对湿度变化不敏感的商品可采用此方法防霉腐。

4. 商品霉腐微生物的高低温防治法

微生物生长的温度范围一般在 $-10℃ \sim 100℃$。微生物生存的极端下限为 $-30℃$，极端上限为 $105℃ \sim 300℃$。对于特定的某一种微生物只能在一定温度范围内生长，在这个范围内，每种微生物都有自己的生长温度三基点，即最低、最适、最高生长温度。

处于最适生长温度时，生长速度最快，代时最短。低于最低生长温度时，微生物不生长，温度过低，甚至会死亡。超过最高生长温度时，微生物不生长，温度过高，甚至会死亡。

对于耐高温的商品可以采用**加热灭菌**的方法，来防治霉腐；对于生鲜类商品可以结合**冻结点**采用适当**低温灭菌**。

（二）化学药剂防治法

防霉剂是防霉的主要方法，其原理是防霉剂能使微生物菌体蛋白凝固、沉淀、变性；或破坏酶系统，使酶失去活性，影响细胞呼吸和代谢；或改变细胞膜的通透性，使细胞破裂、解体。低浓度能抑制霉腐微生物，高浓度就会使其死亡。

由于能抑制或杀死商品霉腐微生物的化学药剂均有一定的毒性，因而在应用中，特别是食品防霉腐中应特别注意对人、畜的危害。

在实践中应用化学药剂防治储存商品霉腐，常用的有**添加化学药剂防霉腐法、化学药剂喷雾防霉腐法、化学药剂熏蒸防霉腐法**三种方法。

1. 添加化学药剂防霉腐法

这是在商品的生产过程中添加少量能抑制或杀死商品霉腐微生物的化学药剂，以防治商品霉腐微生物对储存商品造成危害的方法。

这种防治方法能有效地防治商品霉腐微生物的生长繁殖，降低或防止危害。但这一方法是将化学药剂渗入商品中，因而在化学药剂的选择和使用上应根据商品的使用范围严格确定，否则易使商品所含有毒物质超标而失去使用价值。

目前，我国允许使用的食品防腐药剂一类为苯甲酸及其盐类系列，它的有效抑菌浓度在 0.05%~0.1%，它在人体中常与甘氨酸结合形成马尿酸或与葡萄糖醛酸化合形成葡萄糖苷酸，随尿排出体外，不在体内蓄积。它的允许使用量按相关标准规定，最大允许量在 0.2~1 克／千克。另一类是山梨酸及其钾盐系列，它的抑菌范围宽，效果好。它在体内可直接参与正常的脂肪代谢，最后被氧化为二氧化碳和水。我国允许最大使用量是 0.2~1 克／千克。

2. 化学药剂喷雾防霉腐法

这是利用喷雾方法，将可溶性化学杀菌药剂喷洒在储存商品表面，达到全部或部分杀灭附着微生物，防治商品霉腐的方法。

这种方法简便、实用、见效快，但由于杀菌药物的残留毒性，易造成对储存商品和周围环境的污染。因而这种方法只在除食品类以外的其他商品中使用，而在食品类商品极少使用。常用药剂根据储存商品的使用特性不同而有所不同。在棉、麻及其制品，竹、木、纸及其制品中常用的有多菌灵、托布津、阳酰苯胺钠等。

3. 化学药剂熏防霉腐法

这是利用一些低沸点、易蒸发的化学杀菌剂的气体，杀灭商品霉腐微生物的方法。这种方法的特点也是简便、实用、效果较好，但因它利用的是挥发性强的化学药剂，因而在控制不当时，易造成环境污染。这种方法常用于皮革及其制品，羽绒及其制品，棉、麻及其制品霉腐的防治。现在常用的药物有福尔马林、多聚甲醛、环氧乙烷等，具体操作见气相防治法。

（三）气调防治法

气调防治法的最大优点是不污染商品，不污染环境，对人、畜安全。虽然工序较繁，应用费用较高，但也正逐步被人们所认识，在我国的应用范围正逐步扩大。常见的有**抽气法、充气法、硅窗法**。可以和低温法配合使用。

1. 抽气法

这种方法是在相对密封条件下，通过改变空间内空气成分，主要是创造低氧（5%以下）环境，抑制霉腐微生物的生命活动和生物性商品的呼吸强度，以达到防止商品发生霉腐的目的。

这种防霉腐方法既可抑制商品霉腐微生物的生长，又能抑制或杀灭商品仓储害虫，因而在商品的安全储存中正受到普遍重视。特别是配合商品的小件密封的运用，效果更佳，费用更省。所以，这种抽气防霉法正在食品的密封小包装中得到广泛应用。

2. 充气法

充气法是在商品密封条件下，抽出内容气体，然后充入不利于商品霉腐微生物生长的气体，以抑制其生长繁殖。

现在常用的充入气体，多为二氧化碳或氮气。这种方法一方面有利于储存商品的防霉腐和虫害，同时，也有利于提高储存商品的抗冲击力。

但抽气法和充气法在鲜果、鲜菜、鲜蛋等有生命商品的储存中，都可能引起商品的无氧呼吸，造成储存的危害，因而在使用中，常受到一定限制。

3. 硅窗法

这是利用硅橡胶对二氧化碳和氧的良好透气性以及适当的透气比而制成硅窗气调袋，使袋内的二氧化碳与氧气保持适当比例，既能抑制霉腐微生物的生长，又能控制鲜果、鲜菜的呼吸作用的一种方法。

这种方法的好处是，既可以减少庞大的气调库的建设和维护开支，又能保持所储存商品不会因缺氧而造成中毒现象。所以这种方法在近年的鲜果、鲜菜储存中应用越来越多。

该法在应用中，应注意的首先是选择适宜型号和规格的硅窗，选择中应充分注意储存商品的呼吸强度、需气水平和硅窗的透气比等；其次，配合适当的低温；第三，注意费用价值，以取得最大的经济效益。

（四）气相防治法

气相防霉腐法是利用挥发性防霉腐药剂挥发到包装容器的空气中，充满容器，气相防霉腐剂的挥发气体直接与霉腐菌接触，杀死这些微生物或抑制其生长，以达到商品防霉腐的效果。

常用的气相防霉腐剂有多聚甲醛、环氧乙烷等防霉腐剂。多聚甲醛是甲醛的聚合物，在常温下可徐徐升华解聚成有甲醛刺激气味的气体，能使菌体蛋白质凝固，以杀死或抑制霉腐微生物。使用时将其包成小包或压片剂，与商品一起放入包装容器内加以密封，让其自然升华扩散。但是多聚甲醛升华出来的甲醛气体在高温高湿条件下可能与空气中的水蒸气结合形成甲酸，对金属有腐蚀性，因此不能用金属包装的商品。另外，甲醛气体对人的眼睛黏膜有刺激作用，对眼睛有损害，所以操作人员应注意做好保护。环氧乙烷作为防霉腐剂，能与菌体蛋白质、酶分子的羧基、氨基、羟基中的游离氢原子结合，生成羟乙基，使霉菌代谢功能出现障碍而死亡。环氧乙烷可在低温下使用，比较适宜于怕热、怕潮的商品防霉腐包装。但环氧乙烷能使蛋白质液化，会破坏粮食中维生素和氨基酸，还会残留下有毒物质氯乙醇，因此不宜用作粮食和食品的防霉腐，只能用于日用工业品的防霉腐。

（五）紫外光防治法

紫外线具有灭菌的效果，在实际应用时，利用一定辐射波长的紫外线灯灭菌，作用强而稳定。这一方法具有简单、快速、安全、无污染的特点，因而在药品、食品的安全储存中常采用。但该法也存在不足：首先，紫外光穿透力弱，只能杀灭附着在商品表面的霉腐微生物；其次，易使橡胶、塑料、酒类、油脂、感光纸、照相胶卷、纸张等变质；再次，紫外光对人体皮肤，特别是眼结膜有较强的刺激作用，易损害人体健康。

使用紫外灯照射，可以根据 1 瓦/立方米来计算剂量，若以面积计算，一般 30 瓦的紫外灯可用于 15 平方米的房间消毒，照射时间为 20~30 分钟，有效照射距离为 1 米左右。

（六）其他方法

近年来由于科学的进步，核科学的发展，利用 X 射线的杀灭能力防霉腐、超声波防霉腐、微波防霉腐正逐步进入实用阶段。

（1）红外线防霉。霉腐微生物吸收红外线，使细胞内温度迅速升高，使其体内蛋白质凝固，核酸被破坏，菌体内水分汽化脱水而死亡。

（2）微波防霉。一方面微波能使物质中的水分子振动、摩擦而发热，使微生物受热致死，达到灭菌作用；另一方面，微波能使微生物的营养细胞失活，破坏霉系统，杀灭微生物。

（3）过滤除菌法。采用滤孔比细菌还小的筛子或滤膜作成各种过滤器，当空气或液体流经筛子或滤膜时，微生物不能通过滤孔而被阻留在一侧，从而达到灭菌的目的。但此法不能除去病毒。

第三节　商品的防虫害

对于储运商品的虫害防治首先要找到传播途径，切断源头；其次要结合害虫的生存要素，运用系统的手段做好防与治的工作。

一、仓虫的传播

储藏物仓库是不会自然地发生仓虫的。根据仓虫的传播途径，仓虫来源大致有以下三个方面。

1. 人为来源

人为来源又叫人为传播，由于人为因素导致仓虫进入仓储，危害储藏物。仓虫感染了的储藏物、空仓、包装物品、仓储用具、交通工具等，未经杀虫或消毒处理都属于人为地帮助仓虫传播扩散的来源之一。

玉米象、赤拟谷盗和锯谷盗等仓虫，一般是通过装具和搬运工具被带进仓库的。米象、谷蠹、印度谷蛾、长头谷盗等十多种仓虫，会从附近的空仓飞到储藏物仓库。

2. 田间来源

田间来源是泛指种植业和养殖业的生产领域到流通领域。一些仓虫能在这些领域和仓库间进行"旅行"，并在货物上栖息、为害与繁殖，完成其生活史。

田间为害并产卵，随收获物来到仓库的有：前期性仓虫中的麦蛾、玉米象、皮蠹科的多种仓虫等，后期性仓虫的扁谷盗属、拟谷盗属、毛蕈甲等昆虫。携带这些有害昆虫虫卵的收获物在入库时未经消毒、杀虫处理，入库后在适宜的条件下便生长、繁殖。所以在储藏物入库以前要对其进行认真检查，发现仓虫就应及时除治或专仓暂存，待杀虫处理后入库储藏。

3. 自然来源

仓虫的**自然来源**主要有以下几个途径：树皮、落叶（随风飘荡吹进仓库）、鼠窝、雀巢、畜舍等场所是仓虫栖息与觅食的地方，是仓虫的来源之一；仓虫可从鼠、雀或其他小动物身上传播到仓内，其本身又能爬入或飞进仓库；仓虫还能在收获物的整晒过程中潜伏其中，随着处理物带入仓库；也可以随着所用的装具和搬运工具带入仓库；通风过程中随风卷入库内等。

> 仓储领域要综合治理：灭鼠、防虫、杀虫，搞好环境卫生，改善仓储条件（抑制仓虫的生长、发育与繁殖的生态体系）；加强防虫设施，进行空仓和机具的消毒杀虫工作。只有全方位地综合治理，杜绝其自然传播的途径，才能控制仓虫的发生与发展，达到保护储藏物的目的。

二、仓虫的生存要素

探索仓虫与环境条件之间的联系，目的在于从复杂的联系中找到对仓虫致命的或不适生存的条件或因素，揭开它生存与发展的秘密，从而有针对性地施治。

仓库生态系统中的小气候成分如**温度、湿度、空气以及栖息条件**（储藏物堆垛形式）等，与**食料**一样，是仓虫赖以生存的条件。但这些要素对仓虫所起的作用各有其特点。

1. 温度

任何一种仓虫都是作为生活环境中的一个组成部分而存在的，它们与周围的环境息息相关。温度是仓虫生命活动的重要因素。任何种类的仓虫代谢都须在一定温度下进行。

高适温区在 30℃ ~ 40℃，是适温区的上限或叫高温临界区。低适温区一般在 10℃ ~ 15℃，是适温区的下限，是仓虫开始发育的温度，又叫发育起点。最适温区一般在 20℃ ~ 30℃，是个体发育与繁殖的最适宜的温区，表现在食量大，为害严重，行动活跃，引起储藏物发热，产卵最多，世代数增加（种群密度剧增）。

亚致死低温区在-4℃~8℃，是在发育起点以下的温度。仓虫处在这个温区时，代谢迟缓，停止发育，故称低温停育区。其表现为冷昏迷或冬眠状态。所以低温储藏既可保持储藏物品质，又能控制虫霉的危害。致死低温区一般为-15℃~-4℃。在此温区的仓虫处于冷昏迷状态。虫体内的游离水结冰，致使细胞膜破裂，器官组织因伤致死，但致死过程很长，也很复杂。冷冻杀虫一是要加强冷作用的强度，二是要延长处理时间，三是利用温度的剧变如寒流，这样就可以大大提高效果。

低温储藏对储藏物有保护作用。温度指标通常分 10℃左右（仓虫发育起点以下）、20℃以下（准低温）两级，这两级低温虽不能致仓虫于死地，但能控制它为害与繁殖。据报道米象在 7℃、谷象在 4.7℃低温下停育，并且没有一种仓虫能在 12℃~13℃低温下进行交配繁殖。低温对某些微生物同样也有抑制作用。这样的环境条件基本上消除了危害而使储藏物可以受到保护。

2. 水

水和环境中的相对湿度是仓虫的又一生存条件。仓虫的生命物质如蛋白质、原生质、酶的活性，其生理作用和代谢物的输送、排泄等，都要在水或溶液作用下才能进行和完成。

仓虫体内含的水主要是从食料中摄取的，体壁的肤质部分也能吸收一些，另外，则是利用它自身的代谢水，所以仓虫非常"珍惜"水的利用，就连排泄过程中还要"回收"虫屎中的一点水分。因此，储藏物的低水分和环境的干燥对仓虫是制约因素。

表 6.3　食料水分、环境温度与米象的生长繁殖率对应关系

食料水分（%）	温度（℃）	繁殖率
14	15.6	很低
14	21	增长
14	26	高峰
14	32.2	减少
9	26	很低
11	26	增强
14	26	高峰

3. 温、湿度的联合作用

在生态系统中，温度与湿度是协同作用的因素。当温度对仓虫作用时，湿度是个重要条件；当湿度对仓虫作用时，温度就成为重要条件。

【思考讨论6.7】

结合表 6.3，讨论米象的防治与控制（食料为小麦，历时 5 个月）。

_____

_____

_____

_____

4. 空气

空气是仓虫生存的又一要素。仓虫与其他动物一样，需要氧来进行生理代谢，所以要从空气中吸取氧气，氧化代谢产生的二氧化碳又要同时排出体外。这种吸氧呼吸的生命活动是同步进行的，叫做气体交换，由呼吸系统（气门与气管系统）来完成。如果仓虫在生存环境中得不到氧气（密封储藏、自然缺氧杀虫），会使仓虫器官的细胞与线粒体发生代谢障碍；同时二氧化碳在虫体内积累过多，也会使虫体生理器官的功能发生紊乱。所以，仓虫缺氧和二氧化碳积累过多都可窒息致死。

三、仓虫的系统防治

仓库害虫的防治不是单一的，而是一项复杂的系统工程，是由**仓储管理、储藏技术、防治措施**三者在技术上互相合作的体制，必须采取综合防治的方法，方能取得杀灭害虫的良好效果。仓库害虫的系统防治措施及方法具体有以下几种。

（一）做好清洁卫生，阻隔传播途径

清洁卫生的环境条件对有害生物是种制约因素。在仓储管理中实施**清洁卫生**，可取得防治虫、霉、鼠、雀四害的显著效果。

清洁卫生是以生态为依据的防治措施。它通过"清洁、改造、消毒、隔离"等工作步骤，改变仓库的内外环境，即把脏、乱、差的旧貌转化为清洁、卫生整齐的新容，这样的环境条件能够防治有害生物的发生与发展。因为有害生物适合生存在温暖、潮湿、阴暗、杂乱、肮脏等场所，以及那些很不卫生的缝隙角落、隐蔽的地方，群集栖息为害及进行繁殖活动。

清洁卫生是仓库领域的一项系统工程。其中有库房改造工程，如上不漏，下不潮，既能通风换气，又要气密性好，仓库具有全方位（立体式）隔热保冷设施。这样就能保持仓库的干燥冷凉（低温）条件，使仓库生态系统符合储藏物的生态要求，有害生物对这样的环境条件是很不适应的。就防治工作来说，还要做以下具体的工作。

1. 消除虫源

储藏物之所以发生仓虫，主要是从生产领域到流通过程被感染所致，其次是由于仓储领域预防不严造成的。所以，消除虫源就要把握时机，从仓库自身做起。

第一，要坚持进行空仓消毒。在入库存储以前，将空仓进行全方位的消毒杀虫，以免储藏物感染仓虫。

第二，要消灭越冬虫种。在冬春两季，利用越冬时期，结合空仓消毒或进行清洁卫生工作扑杀越冬虫种。仓虫越冬场所比较固定，如蛾类幼虫要结茧化蛹越冬，通常在仓库内的上方或横梁上面，并有明显特征；甲虫类仓虫的成虫与幼虫通常在仓内四壁的下面，如阴暗潮湿的角落、地坪缝隙、洞孔、粉屑、尘垢等处越冬。仓虫越冬有一定的规律性（时间与空间），在仓库外面时多在杂乱、肮脏的或土壤表层等处越冬，越冬时间与地方都比较集中，所以消灭越冬虫种可达到事半功倍的防治效果。

第三，要消灭仓储机具、器材、工具上潜伏着的越冬虫种。这些是仓虫传播与货物感染的来源之一，所以在清洁卫生时可结合空仓消毒，也可结合熏蒸杀虫，或用日光杀虫处理；还可结合储藏物清理杂质时进行以上操作。总之，应在不损伤物品等的前提下，因物制宜地选用系统防治的有效措施，来达到消灭虫源的目的。

2. 隔离与防护

清洁卫生工作达标以后，要预防仓虫入侵和防止再度感染仓虫。具体要求有以下几点。

第一，仓储管理要统筹兼顾，合理摆布，切实做到储藏物仓库或仓房与副产品仓房、储藏物库房与器材库、储藏物仓库与化验室等场所分别隔离，以免仓虫交互感染或传播。

第二，除了将不同种类、不同品质、不同批次的储藏物分别隔离存储外，储藏物无虫与有虫、干燥与潮湿、新与陈、原料与成品、成品与副产品以及不同等级的产品，要隔离存储。

第三，业务作业时要预防仓虫乘机传播。如储藏物的进出仓库、暴晒、除杂清理、灌包、打捆、码垛业务活动，要在作业现场四周喷洒防虫线或带，在清理机械上要设集尘装置，以防仓虫乘机传播。

第四，仓库要安装防虫网和喷洒防虫线安装、防鼠板、防雀网，消灭来犯或逃窜的仓虫与鼠、雀。

第五，库外周围要打扫清洁，不堆放杂物，保持整齐光洁，并定期喷洒防虫线，以防仓虫侵入和躲藏。

第六，进行检查工作时要先查无虫仓库，后查生虫仓库，检查器具要查一仓清一次，以免交互感染。

（二）物理机械方法防治

此类方法是利用各种物理的手段如光、电、热等和物理器械来防治害虫。

1. 高温暴晒法

对于一些不怕光的商品，可以用太阳暴晒的方法防虫。在空气温度低的情况下，利用太阳光的高热和紫外线效能，能将害虫晒死。例如：药谷盗暴晒至 46℃～47℃，只能生存 8～9 小时；晒至 50℃，3～5 小时即死亡。有些害虫虽不能被晒死，也会因难耐高温而逃走。太阳暴晒法简单易行，易于操作，并可节约成本。此外，还可以利用烘箱、烘房或烘干机，将已生虫的物料放入其中，使温度升高到 50℃～60℃，经过 1～2 小时，即可将害虫杀死。

2. 低温冷冻法

低温可以将害虫或虫卵杀死，温度越低，所需时间越短。有条件的地区，利用自然低温冷冻杀虫，经-5～6℃的低温处理一周，可有效杀死各种储藏物害虫。

3. 气调杀虫法

通过充氮降氧的气调法，使容器内氧的浓度降到 0.4%，则可杀死所有的害虫。另外也可充 CO_2 气体，同样能达到杀虫效果。

4. 电磁波杀虫法

可以利用远红外线、太阳能、微波、激光、射线等防治仓储害虫。利用 Co60 放射出的 γ 射线 100 戈瑞（Gy）的剂量处理储粮 2 周，杂拟谷盗全部死亡，白腹皮蠹的幼虫、蛹、成虫暴露在 100～200 戈瑞剂量下，寿命缩短，不产生后代。

5. 捕杀杀虫法

（1）利用各种工具进行人工捕杀，可在虫害初发期，集中杀灭。一般晚上 9～10 时是昆虫类集中活动的时间，可采用人工捕杀。也可采用 5% 的食盐水或 5% 的碱水滴杀。

（2）利用昆虫的习性进行诱杀。利用鳞翅目仓储害虫成虫（蛾类）的趋光习性，在库内或邻近的地方装置扑蝇灯，夜间开灯引诱害虫，使其扑灯赴死。该法简单、成本低廉。

（三）化学方法防治

化学方法防治是指利用化学药剂来进行仓虫害虫的防治。

1. 化学药品熏蒸杀虫法

化学药品熏蒸杀虫法是使熏蒸剂挥发成气体，用以杀虫。此法常用于室温、仓库内消毒。采用此法要考虑到药剂对害虫有效而不影响存储商品质量且对人体安全。

氯化苦（CCl_3NO_2），化学名为三氯硝基甲烷，是一种无色或略带黄色的液体，有强烈的气味，几乎不溶于水。当室温在 20℃ 以上时能逐渐挥发，其气体比空气重，渗透力强，无爆炸燃烧的危险，为有效的杀虫剂。通常采用喷雾法或蒸发法密闭熏蒸 2～3 昼夜，用量为 25 克/立方米。本品对人体有剧毒，对上呼吸道有刺激性，有强烈的催泪性，使用者应戴防护面具。

磷化铝（AlP），纯品为黄色结晶，工业品为浅黄色或灰绿色固体，在干燥条件下很稳定，但易吸潮分解，产生有毒气体 H_3P，故应干燥防潮保存。利用本品吸潮后产生磷化氢的性质，可进行仓库密闭熏蒸杀虫。

2. 毒饵诱杀虫法

毒饵法又称毒谷法、毒土法。用化学药剂与饵料或土混合，用以防治地下或地面害虫。

选择害虫喜爱的麦麸、米糠、油饼等做诱料，加入适量的杀虫药剂制成毒饵，用以诱杀害虫。将诱料加热炒香，或加入少量的香葱共炒，再加入浓度为 0.1% 的除虫菊酯或 0.5%～1% 的敌百虫水溶液，使诱料吸附后晾干即成。将毒饵用纸摊开，放在药品堆空隙之间，过几天清除虫体一次。此法持续时间长，杀虫效果较好。

3. 除虫菊杀虫法

除虫菊为多年生草本植物，90% 的有效成分含于白色花中。除虫菊杀虫的优点是能直接将药液喷洒于药品上或其包装上，使害虫中毒快。此法操作安全，无残毒污染。但不持久，以密封效果为好。

（四）生物防治

生物防治常见的方法有：利用生长调节剂或抑制剂来实现对仓储害虫繁殖的抑制；利用病原微生物的高毒力菌株，分析其杀虫活性的特异性，然后进行基因克隆和工程微生物构建研究，从而有希望实现对特定仓储害虫的防治；利用寄主抗虫性的研究，筛选优良品种。

教学做一体（自学实训） 大米的储藏与养护

场景：仓库新存放了一批大米，请仓管员结合所学知识和资料收集，分析大米储存与养护注意事项。

🛠 实训要点记录	📖 资讯支撑
大米成分：	粮谷的分类
大米养护归类： □怕干、湿 　□怕冷、热 　□易虫蛀 　□怕光 □易生锈 　□易碎 　□易霉腐	
大米的储藏特性：	储运过程中粮谷的成分与质量变化
大米的质量裂变原因分析。 内部因素： 外部因素：	粮谷的储藏特性 粮谷的储运养护
大米的储藏养护技术与操作分析：	大米的储藏养护参考资料

本 章 小 结

　　霉腐微生物的种类很多，但能引起商品，特别是食品腐败变质的主要有细菌、酵母菌、霉菌、部分放射菌类群。霉腐微生物的生存和生长繁殖需要适宜的温湿度、pH 值、氧气浓度，需要的营养物质主要为蛋白质、碳水化合物、脂类和矿物质等。常见的易霉腐的商品一般含有纤维素、蛋白质、糖、水分、酒精等。霉腐一般经过受潮、发热、霉变、腐烂四个阶段，防霉腐关键是在受潮发热阶段的及时发现和控制。霉腐的防治方法主要有温湿度调控防霉腐、化学药剂防治法、气调防治法、气相防治法、紫外光防治法、低温抑菌以及其他方法。常规管理就是做好场所选择、运输包装与物理防护、检查、温湿度管理、堆码等工作。

　　常见的仓库害虫具体可概括为昆虫类、蚁类、鸟类、鼠类和其他小动物类，其主要来源于田间、人为带入、自然环境。仓库害虫具有食性广杂、适应性强、繁殖能力高、假死性等特征。易虫蛀的商品主要有毛、丝织品及皮毛织品、竹藤制品、纸张和纸制品、粮食等。了解仓虫的生存要素（营养源、温度、水、湿度、空气），可以更加有针对性的防治仓虫。仓库害虫的防治需做好清洁卫生，阻隔传播途径，还要多加利用生物防治技术、化学方法防治技术及物理机械方法防治技术。

巩 固 练 习

一、填空题

　　1. 能引起食品腐败变质的主要有（　　　　　）、（　　　　　）、（　　　　　）、（　　　　　）等。

　　2. 霉腐微生物的生存条件主要有（　　　　　）、（　　　　　）、（　　　　　）、（　　　　　）等。

　　3. 在生长和繁殖过程中微生物所必需的营养物质包括（　　　　　）、（　　　　　）、（　　　　　）、（　　　　　）、生长因素等。

　　4. 仓库害虫生长繁殖的适宜温度范围一般为（　　　　　），仓库害虫在5—8月间生长繁殖最为旺盛，一般能耐（　　　　　）的高温。在（　　　　　）以下，大多数仓库害虫停止发育，（　　　　　）左右处于休眠状态，但不易冻死。

　　5. 通常储藏物的含水量在（　　　　　）左右、仓内的相对湿度在（　　　　　）左右的条件下，是不容易发生仓虫的。在相对湿度（　　　　　）以上、商品含水量（　　　　　）时是仓虫活动的最适宜条件。

二、判断题

　　1. 蛾类害虫一般具有正趋光性，甲虫类具有负趋光性。　　　　　　（　　　）

　　2. 防治仓虫要及时地治早、治少、治了，重要的是消灭第一代仓虫。　（　　　）

3. 许多甲虫、蝶蛾的幼虫及所有的象鼻虫都有假死性。 （　　）

4. 霉菌生长的最低 pH 值为 1.5，最高为 7~11，最适宜的范围为 3.8~6。 （　　）

三、概念题

1. 仓虫　　2. 耐饥性　　3. 假死性

四、不定项选择题

1. 下列不属于易霉腐的商品有（　　）。
   A. 玻璃杯　　　　B. 食糖　　　　C. 毛制品　　　　D. 水果
2. 下列不属于易虫蛀的商品有（　　）。
   A. 瓷器　　　　B. 服装　　　　C. 竹篓　　　　D. 大米
3. 商品霉腐的一般过程为（　　）。
   A. 受潮－发热－腐烂－霉变　　　　B. 受潮－霉变－发热－腐烂
   C. 受潮－发热－霉变－腐烂　　　　D. 发热－受潮－霉变－腐烂
4. 嗜温性微生物最适合的生长温度为（　　）。
   A. 20℃~40℃　　B. 35℃~45℃　　C. 8℃~15℃　　D. 8℃~40℃
5. 存储空间的相对湿度要求为（　　）。
   A. 30%~40%　　B. 70%~80%　　C. 85%~90%　　D. 80%~90%
6. 仓库常见的昆虫有（　　）三大类。
   A. 甲虫类　　　　B. 蛾类　　　　C. 螨类　　　　D. 老鼠
7. 属于粮谷主要成分的有（　　）。
   A. 蛋白质　　　　B. 糖类　　　　C. 维生素　　　　D. 脂类
8. 仓虫的适应性强，主要表现为（　　）。
   A. 仓虫在 18℃~35℃ 的温度范围内能生长繁殖
   B. 在水分少的情况下继续生存
   C. 可以以植物、动物、腐败物为食料
   D. 有的喜欢光，有的不喜欢光
9. 粮谷中玉米象的防治方法有：（　　）。
   A. 做好仓库、仓储工具设备的清洁卫生
   B. 可选择秋末初冬，粮堆内成虫大批爬出越冬时，先在粮面或粮堆四周铺麻袋引诱成虫在袋下潜伏，再收集消灭
   C. 利用成虫有向上爬的习性，可在粮面上扒成许多小尖堆，每堆顶上插一草把或竹筒，当扒动粮食时，成虫即纷纷爬到堆顶草把或竹筒中躲藏，即可收集加以消灭
   D. 利用暴晒和过筛的方法除去玉米象
   E. 触杀玉米象可使用溴甲烷或磷化铝等药剂进行封仓熏蒸
10. （　　）是可用于工业品的防腐剂。
   A. 苯甲酸及其钠盐　　　　　　B. 环氧乙烷

C. 多聚甲醛   D. 福尔马林

11. 下列既属于易霉腐，又属于易虫蛀的商品有（　　）。

    A. 粮谷   B. 棉麻及其加工品 C. 纸张

    D. 玻璃   E. 竹藤制品

12. 利用微生物的好氧性，可采用（　　）方法防霉腐。

    A. 药剂防霉腐 B. 气调防霉腐   C. 抽气法

    D. 硅窗法   E. 充气法

13. 物理机械方法防治虫害的方法有（　　）。

    A. 高温暴晒法   B. 低温冷冻法

    C. 气调杀虫法   D. 毒饵法   E. 熏蒸法

14. 食品用防霉腐药剂有（　　）。

    A. 苯甲酸及其钠盐   B. 山梨酸及其钾盐

    C. 多菌灵   D. 托布津

    E. 丙酸及其钠盐

15. 根据微生物的生长温度可以将霉腐微生物划分为（　　）。

    A. 高湿性   B. 嗜温性   C. 嗜冷性   D. 嗜热性

五、简答题

1. 简述仓库害虫的主要来源。
2. 简述霉腐的过程。
3. 易霉腐的商品有哪些？
4. 易虫蛀的商品有哪些？

六、技能题

1. 分析仓虫的系统防治。
2. 分析霉腐的防治。

第七章

商品属性

📑 **学习目标与知识体系**

知识目标：掌握食品、日用品的品质属性；了解
常见食品、日用品的分类，掌握常见
食品、日用品的品质特征。

技能目标：具备挖掘食品、日用品卖点的能力；
能进行食品、日用品卖点的提炼；具
备对某些食品、日用品进行分类、感
官检验的能力。

知识体系：

食品属性	营养成分与功效
	产地
	感官
	常见食品属性
日用品属性	成分
	性质
	常见日用品属性

📑 **商品故事**

味道与生活

"绿蚁新醅酒，红泥小火炉，晚来天欲雪，能饮一杯无？"这是白居易贬居江州时所
作，当时诗人独居寓所，心情郁闷，但诗人善于自我排遣，寻找生活乐趣。他亲手酿制成
醇香怡人的新酒，在一个天寒地冻的日子，升起红红的小火炉，以诗作笺，邀请友人前来
小酌。在这样一个温馨的屋子里，友人与酒好比诗人心灵的家园，给他慰藉与温暖。无论
外界如何翻云覆雨，都不能影响他、损伤他。

人们常说："柴米油盐酱醋茶"，开门七件事里，"柴米油盐酱醋"，都是人们生活的必
需，而只有"茶"，让我们在生存之后，开始生活。在喝茶的时候，人都是温和而平静的。
因为茶总是带来宁静，当我们品一杯香茗，放下忙碌的人生，获取片刻的宁静，在这片宁
静之中，细细体味生活。

思考：人们对酒、茶消费品的消费需求有哪些？

第一节 食品属性

2020 年，打赢脱贫攻坚战。中产阶级队伍的日趋壮大，消费升级在各个行业已有所

体现，消费者对食品有了更多更高的要求。各个零售商、新零售电商在食品原有品类的基础上，加重了食品"鲜""应季""产地""工艺""新""健康""安全"等属性的品质展示。

一、营养成分与功效

食品营养价值的实现依赖消费者的选择，消费者选择食品最初的宗旨是对抗饥饿，现在消费者更加注重营养成分带来的人体健康。

食品的成分是极其复杂的，除水分、挥发性成分外，还包括固形物。固形物成分可分为有机物和无机物两类。有机物中最主要的成分有蛋白质、碳水化合物、脂类、维生素及酶等，无机物成分中则有无机盐类和其他无机物。这些化学成分大部分是人体必需的营养成分。食品除含有以上营养成分外，还含许多与食品品质有密切关系的成分，如有机酸、儿茶素、生物碱、色素、芳香物质、乙醇等。

营养成分的表述往往过于专业，功效作用的陈述则往往更符合消费者的认知水平。

1. 蛋白质

蛋白质是人们膳食中三大营养素组成之一，食物中的蛋白质主要来源于植物和动物。植物蛋白质以大豆含量最高，其次是小麦、小米、高粱、玉米、大米等。肉类则以鸡肉含蛋白质含量最高，鲤鱼、牛肉、羊肉、猪肉、鸡蛋中的蛋白质含量也比较高。对比蛋白质的生物价值，动物蛋白质要优于植物蛋白质，蛋类的可消化率为98%，奶类为97%～98%，肉类为92%～94%，豆腐为80%。

蛋白质在人体中参与生理活动和劳动做功，参与氧气和二氧化碳的运输，参与维持人体的渗透压、使人体具有防御功能，参与人体内物质代谢的调节。如果缺乏蛋白质，成年人则消瘦、机体免疫力下降、贫血，严重者将产生水肿；而未成年人，则生长发育停滞、贫血、智力发育差、视力差。相反，如果蛋白质摄取过量，由于蛋白质在体内不能贮存，将会因代谢障碍产生蛋白质中毒甚至死亡。

2. 碳水化合物

碳水化合物是最大且分布最广的一类天然产物，几乎存在于所有的生物体中。粮食的主要糖类碳水化合物是淀粉，棉、麻和竹等中的碳水化合物是纤维素，果蔬中的主要糖类碳水化合物是葡萄糖和果糖。

糖类碳水化合物根据分子结构复杂程度的不同可分为单糖、双糖和多糖三类。单糖是最简单的碳水化合物，不能水解成更简单的糖，可以被人体直接吸收利用。单糖中较重要的有葡萄糖、果糖、半乳糖、甘露糖、山梨糖、阿拉伯糖、木糖、核糖等。双糖中较重要的有蔗糖、麦芽糖和乳糖，食用后，在人体内水解成单糖被吸收。多糖在自然界分布极为广泛，如淀粉、糖原、果胶等。

碳水化合物是植物性食品的主要成分，它关系到食品的食用品质、精度、商品价值。但植物性食品是否需以碳水化合物作为判断其品质的指标，则因食品种类而异。

糖类碳水化合物在人体中的主要功用是供给能量，是人体所需能量的主要来源，如人类膳食中的能量60%～70%来自糖类碳水化合物。在生物体内，糖类碳水化合物经过一系列的分解反应后释放出大量能量，供给生命活动。同时，糖类碳水化合物还是构成机体的重要物质，能控制脂肪和蛋白质的代谢，维持神经系统的功能与保肝解毒。体内糖类碳水化合物过量会引发近视眼、结核病、肾炎、肠胃疾病、风湿病、结石病等疾病。纤维素在体内发挥着其他营养素所无法替代的功能。

看板

常见食品的品质判断与碳水化合物含量测定

　　水果、蔬菜的品质优次在贸易中主要根据色、香、味、形等感官指标来判断，无需规定碳水化合物的含量；大米和面粉根据精度即可判断其食用品质，而无需列举淀粉和纤维素的含量。蔗糖的含量是白砂糖的主要质量指标，总糖分是绵白糖和红糖粉的主要质量指标；果汁糖浆罐头应含有 40%～65%的糖（以转化糖计）；炼乳应含有45.5%的蔗糖，麦乳精的质量指标规定总糖量为 65%～70%等。

3. 脂类

　　脂类的元素组成主要为碳、氢、氧三种，有的还含有氮和磷等。脂类是**油脂**和**类脂**的总称。

　　油脂是由甘油和脂肪酸组成的三酸甘油酯，其中甘油分子比较简单。脂肪酸分为**饱和脂肪酸**、**单不饱和脂肪酸**、**多不饱和脂肪酸**等三大类。饱和脂肪酸又分为硬脂肪酸和软脂肪酸。习惯上把室温下呈固态的脂类称为脂（脂肪）、呈液态的脂类称为油。类脂包括**糖脂**、**磷脂**、**固醇类**和**脂蛋白**等。

　　脂类在人体中的是贮存能量的仓库，是供热量最高的一种热源；是构成和修复自身组织的主要成分和基本原料；能够维持人体体温，保护神经、肌肉和器官；能够促进脂溶性维生素的吸收；供给脂肪酸，调节生理功能。脂肪的堆积会造成体重超标，体内贮积的脂肪量超过标准体重 20%即为肥胖症，肥胖会给人身体带来诸多健康问题；相反，如果人体脂肪太少，则不利于脂肪功能的发挥，也是不利于身体健康。

4. 维生素

　　维生素是维持人体正常生理功能所必需的有机化合物，需求量很小，但对物质代谢和生命活动都起着重要作用。如调节新陈代谢等。缺乏维生素会引起各种疾病。人体需要的维生素主要从动物性食品和植物性食品中摄取。

　　根据溶解性不同，维生素可分为**脂溶性维生素**和**水溶性维生素**两大类。脂溶性维生素有**维生素 A**、**维生素 D**、**维生素 E**、**维生素 K** 等，它们不溶于水而溶于脂肪、乙醇等油脂类溶剂中；水溶性维生素主要是 **B 族维生素**、**维生素 C**。B 族维生素主要有含维生素 B_1、B_2、维生素 $_3$、B_6、B_{12}、维生素 H 等。被人类发现的维生素已经有 20 多种，其中人们每天必需维生素有 14 种，包括维生素 A、维生素 C、维生素 D、维生素 E、维生素 K 和维生素 B 族等。

　　服用维生素过多不仅无益而且有害，会引起维生素中毒，表现出相应的症状。特别是维生素 A、维生素 D、维生素 K 等脂溶性维生素，因为能够在体内长期蓄积，所以更容易引起中毒，而维生素 C、B 族维生素等水溶性维生素因为很容易随尿液排泄，而不能在体内蓄积，所以如果不是一次摄入太大的量（例如达到正常需要量的 100 倍），一般是很难引起中毒的。

5. 矿物质（无机盐）

矿物质（无机盐）是人体的重要组成部分，约占人体的 4%～5%。人体内的矿物质一部分来自作为食物的动植物组织，一部分来自饮用水、食盐和食品添加剂。食品中的矿物质一般来自土壤，食品的产地决定了其含有的矿物质种类和含量。

根据矿物质元素在人体内的含量和需要量，通常将其分为**常量元素**、**微量元素**和**超微量元素**。含量在 0.01%以上的称为常量元素，如**钙**、**镁**、**磷**、**钠**、**钾**等为常量元素；含量低于 0.01%的称为微量元素，如**铁**、**铜**、**锌**、**锰**、**钼**、**钴**、**锡**、**镍**；含量在微克数量级的为超微量元素，如**铅**、**汞**、**镭**等。

矿物质具有重要的生理功能。矿物质存在于骨骼中并起着维持骨骼刚性的作用，矿物质维持细胞的渗透压和机体的酸碱平衡，能保持神经、肌肉的兴奋性，能提高食品的感官质量与营养价值。

6. 水

水是人类生活中不可或缺的一种物质，人体体液的 90%是水。人体每天需要水 2 升左右，其中饮用水占 60%，食物和营养物质代谢占 40%。

水在人体新陈代谢中发挥着以下作用：调节体温，体内化学作用的介质，体内物质运输载体，体内摩擦的润滑剂。

营养成分与功效是食品重要的质量特性，是消费者需要、需求所在。商家对食品的宣传也是围绕食品的成分、营养功效进行解读，而一种食品里，该种营养成分的含量往往是有限的，商家要做到不夸大食品的功效，守住道德红线。

商家在引用食药同源的理念进行营销时，首先要做到有理有据，既要引古，也不要忘了今时今日遵医嘱的正确食用介绍。其次要做到术语的规范使用。功效宣传语言要遵守《中华人民共和国广告法》《中华人民共和国药品管理法》《中华人民共和国食品安全法》《保健食品管理办法》《保健食品标注警示用语指南》等法律法规和行政文件的要求。

二、产地

食品的营养成分富含情况与原材料的生长、养殖环境密切相关。不同产地的农产品因地理纬度不同、环境条件不同，如空气、土壤、水质、光照、无霜期等都有着很大差别，造成其营养成分也不相同。

我国位于亚洲大陆东部、太平洋西岸，幅员辽阔，国土面积接近于整个欧洲，地形多样。我国地大物博，物产丰富，不同的地域特点造就了各地不同的特色农产品和加工食品。

纬度、海拔与地形地貌。我国各地的气候，在纬度、海拔、地形地貌等因素的组合下，可谓"包罗万象"，这些不同的气候和环境条件带来了各具特色的农产品。不同纬度、海拔、地形地貌形成了不同农作物生长所需的温差、气温、积温、无霜期，日照时间、日照强度、太阳辐射等条件，带来了各具特色的**地理标志农产品**。

土壤。我国南方地区多为红壤，富含丰富的铁质；东北地区多为黑土；东部地区为河、海沉积物形成的土壤，呈现青灰色；西北地区多为干旱土、盐碱土，呈现白色；中原地区的黄土高原土壤呈现黄色。

东北的黑土地区是典型的缺硒区，太湖水稻产区是缺硒地区的边缘。广西、湖北、江西、安徽等省份均发现了富硒土壤。随着农业技术的进步，也出现了富硒改良土的移植。农产品中富含某些矿物质，往往源于土壤的供给。

看板

北京社稷坛的祭坛又称五色土坛，建于明永乐十八年。

明清时期，每逢大祭举行之前，都要将坛面上的土进行更换。明代从河南取黄色的土；从浙江、福建、两广地区取红色的土；从江西、湖广、陕西取白色的土；从山东取青色的土；从北京取黑色的土。从全国三百多个县，各取土百斤，从四面八方运往京城（据大型纪录片《故宫100》）。

现在，社稷坛的五色土采自云南红土、黑龙江黑土、甘肃敦煌白土、黄土高原黄土以及四川盆地赤土。

水质。"黄河之水天上来，奔流到海不复回。"水是农业的命脉。中华民族的伟大文明诞生于黄河流域。

自然界的水在水圈、大气圈、岩石圈、生物圈等四大圈中周而复始地连续运动，形成水循环。水循环的任何一个节点受到污染，最终都会在生物圈中反映出来。食品安全离不开水质安全；同样，优良的水质往往也成就了当地的特色消费品。

水能将岩石风化的各种矿物质通过循环带入土壤，让土壤内的矿物质养分更丰富，让农产品中的矿物质含量更丰富。如湖北恩施、广西巴马、江西宜春等县市均发现了硒矿，这些地区的农产品也都富含矿物质硒。

【思考讨论 7.1】
你的家乡的土壤有什么特点？有哪些特色消费品？

三、安全

食品安全是指食品无毒、无害、符合应当有的营养要求，对人体健康不造成任何急性、亚急性或慢性危害。

食品的无毒、无害性是指食品中不含有或含有不超过允许限量的有害物质和微生物等。食品的无毒无害是对食品类消费品的最基本的质量要求。

食品安全是个综合概念，包括了**食品卫生**、**食品质量**、**食品营养**等相关方面的内容。广义的食品安全检验包括了**食品感官检验**、**理化检验**、**微生物检验**、**污染物和真菌检验**、**食品添加剂和有害成分检验**、**农药残留检验**、**兽药残留检验**等检验内容。狭义的食品安全检验是指对食品中所含**有害物质**、**微生物**的检验。

造成食品污染的有害物质大体可分为**化学性污染**、**生物性污染**及**放射性污染**等三种。

食品的化学性污染包括来自工业的"三废"污染、农作物生长中的农药污染和养殖过程中的兽药污染、加工过程中的添加剂污染。

食品的生物性污染包括**微生物**、**寄生虫**和**昆虫**的污染，以微生物污染为主。

食品的放射性污染的主要来源有两种：一种是来自宇宙射线和地壳中的放射性物质，即天然的放射性污染；另一种是来自核试验及原子能利用产生的放射性物质，即人为的污染。

能够体现食品安全的质量认证标志主要有**有机食品**、**绿色食品**、**无公害食品等**。为了体现企业的环境友好性，企业在食品包装选择上注重环保，达到可回收级别的应标有可回收标志。

农产品进入流通领域前要进行安全和卫生检验。检验合格证书的提供和展示胜过千言万语，能极大地满足消费者对食品安全的需求。

农产品营养成分的检验证书展示、加工食品的营养标签能够更直接地告诉消费者这些商品品质的高低。

食品特别是食用农产品在储运环节极其容易出现外来污染和滋生微生物。物流商的选择以及物流商提供的储运环境场景展示，都能向消费者传递食品特别是食用农产品是否安全的信息。

四、感官

无论是食用农产品还是加工食品，都会表现出特有的感官特征。消费者会根据自己对消费品感官特征的了解做出消费选择。零售商、新零售电商可通过消费知识的普及，引导消费者进行健康消费、精明消费。

（1）色泽。食品的颜色是由各种色素构成的，其中有动植物体自有的天然色素，也有由于在加工中酶、热的作用而产生的色素。

（2）气味。香气因挥发而被人们感知，因此大多数食品的香气都处在不断地变化当中，有的在储运中逐渐变差，有的在储运中反而得到改善。食品中的香气物质主要有酚类、醇类、醛类、酮类、醚类、酯类等有机化合物。一般用香味、臭味、异味来描述食品的气味。

（3）滋味。滋味的分类在世界各国并不一致。日本分为酸、甜、苦、辣、咸等五味，欧美各国分为甜、酸、咸、苦、辣及金属味等六味，印度分为酸、甜、苦、辣、咸、涩、淡、不正常等八味，中国分为酸、甜、苦、辣、咸、鲜、涩等七味。

五、常见食品属性

2018 年网络餐饮调查显示，"辣、咸、炸"餐品位居不利于健康的商品前列。"炸"源于油，"辣""咸"源于调味品，健康中国行动提出"减盐、减油、减糖"更利于国民健康。了解常见食品的属性，更有利于经营活动的开展与国民健康知识素养的提升。

1. 粮食

原粮又称自然粮，是指没有脱壳加工和不需要加工就能食用的粮食。如小麦、稻谷、大豆、高粱、玉米、绿豆、薯类等。成品粮是指原粮经过脱壳加工，以粉、粒状出现的产品。如面粉、大米、小米、玉米面等。豆类、薯类既属于原粮又属于成品粮。豆类主要包括大豆、花生、红豆、绿豆、豌豆、芸豆、扁豆等。除大豆、花生外，将其他豆类统称为"杂豆"。

根据加工特点的不同可将粮谷分为制米类、制粉类。制米类的粮谷有稻谷、高粱、粟谷、玉米等；制粉类的粮谷有小麦、大麦、燕麦、荞麦等。制米类的粮谷根据加工程度的不同又可分为糙米、精白米。

谷物类主要包括麦类、稻谷类、粗粮类。**麦类**属于制粉类谷物，其主要品种有小麦、大麦、皮麦、青稞、黑麦、燕麦、莜麦。**稻谷类**属于制米类谷物，其主要品种有籼米、粳米、糯米，早稻、中稻、晚稻，深水稻、旱水稻，长粒米、短粒米。大米和小麦是人类的两大主食，习惯称为**细粮**，其他谷类习惯称为**粗粮**。在国际市场上，玉米、大麦、燕麦、高粱、粟米等谷物通常作为饲料使用，所以在国际贸易中这些谷物又称为饲料谷物。

粮谷是有生命的有机体，其营养物质主要有碳水化合物、蛋白质、脂类、维生素、矿物质、酶、色素和水分等。由于粮谷品种的不同，其化学成分存在着很大的差异。一般来讲，谷类的化学成分以淀粉为主。粮谷是我国人民获得蛋白质的主要来源。

消费者对粮谷的追求在悄悄地发生改变。由于消费者更加注重人体微量元素的摄入，使糙米重新走入了市场。糙米中的维生素 A、维生素 D、维生素 E、B 族维生素含量丰富，矿物质的含量也很丰富，含量较多的一般元素有钙、镁、钾、钠、铁、磷、硫、硅、氯等，其中还含有极少量的微量元素，如锰、锌、铝、铜、镍、钴、硼等。

2. 乳及乳制品

乳是哺乳动物分娩后由乳腺分泌出的一种白色或微黄色的不透明液体。乳中含有丰富的营养成分，具有极高的营养价值，主要包括水分、脂肪、蛋白质、乳糖、矿物质、维生素、酶类等成分。牛乳中的乳脂肪含量一般为 3%～5%，乳糖含量一般为 4.6%～4.7%。

市场上常见的有**牛乳**、**羊乳**。在泌乳期内，根据乳的分泌时间的不同可将鲜乳分为**初乳**、**常乳**、**末乳**三种。

乳及乳制品按加工程度与工艺的不同可分为**原料乳**、**消毒乳**、**发酵乳**、**奶油**、**炼乳**、**乳粉**等。原料乳又可分为常乳和异常乳，其中初乳、末乳属于生理异常乳，常乳是生乳的来源，初乳以特殊乳制品出现在市场中，末乳一般用来加工成乳糖、干酪素等乳制品。

原料乳是所有乳制品的源头，把好源头的品质关至关重要。原料乳可通过感官检验法检验其色泽、组织状态、滋味与气味，其色泽应呈乳白色或略带微黄，组织状态应呈均匀一致、无凝块、无沉淀、无正常视力可见异物，具有乳固有的香味，无异味。

消毒乳根据灭菌工艺的不同可分为**巴氏杀菌乳**、**超高温瞬时灭菌乳**、**高温短时灭菌乳**。在市场上还能看到**调制乳**、**复原乳**。原料乳加工成巴氏杀菌乳、灭菌乳后，极大地保留了原料乳中的营养成分。

发酵乳的主要品种有**酸乳**、**风味发酵乳**、**风味酸乳**。发酵乳根据加工工艺的不同可分为**搅拌型酸乳**、**凝固型酸乳**。原料乳加工成酸乳、发酵乳之后，蛋白质就转变成易于消化吸收的优质蛋白质，乳糖转变成乳酸，维生素 A、维生素 B 的含量增多，钙也转变成利于吸收的可溶性乳酸钙。酸乳中含有活性乳酸菌。

奶油的主要品种有**无水奶油**、**稀奶油**、**奶油粉**。

炼乳的主要品种有全脂加糖炼乳（甜炼乳）、全脂无糖炼乳（淡炼乳）、脱脂炼乳、半脱脂炼乳、花色炼乳、强化炼乳、调制炼乳、其他浓缩乳制品。

乳粉的主要品种有**全脂乳粉**、**脱脂乳粉**、**酪乳粉**、**干酪粉**、**加糖乳粉**、**麦精乳粉**、**强化乳粉**等。

干酪的主要种类有**天然干酪**、**融化干酪**、**干酪食品**，这三种干酪可做成**软质干酪**、**半硬质干酪**、**硬质干酪**和**特硬干酪**等品种。

3. 调味品

调味品是指在烹调中能够调和食物口味的烹饪原料。呈咸味的调味品主要有盐、酱油、酱、豆豉等。呈甜味的调味品主要有蔗糖、淀粉糖、果糖、蜂蜜、植物提取甜味料、合成甜味料。呈酸味的调味品主要有醋、柠檬酸等。

调味品还可以按照其原料的来源、加工程度、加工方法的不同进行分类。**酿造类调味品**主要有酱油、食醋、酱豆豉、豆腐乳等；**腌菜类调味品**常见的有榨菜、芽菜、腌雪里蕻等；**鲜菜类调味品**有葱、姜、蒜等；**干菜类调味品**有干姜、花椒、大料、桂皮、茴香等；**水产品调味品**有鱼露、虾米、蚝油、紫菜等。其他调味品常见的有食盐、味精、咖喱粉、五香粉、芝麻酱、辣椒酱等。

市场上的很多调味品都属于复合调味品。复合调味品是指由多种调味品根据传统或固定配方，经一定工艺手段，进行加工、复合调配出来的具有多种味感的调味品。

调味品的功效就是通过其呈味物质，满足消费者对食品滋味、香气的需求。这些滋味或来自原材料，或来自原材料的加工，或来自食品添加剂；这些香气或来自天然香料，或来自合成香料。

4. 果蔬

水果和蔬菜属于带有明显的区域特性的商品，随着消费能力的提升，消费者更加关注这些商品的产区的土壤、气候等因素，这些因素往往带给消费者不同的感官和营养体验；消费者也非常关注果蔬分级带来的感官体验。为了保证果蔬的品质，方便储运，经营者还需要了解果蔬商品的植物学和农学知识。

水果的种类繁多，按经营习惯和果实构造不同，水果分为**仁果类**、**核果类**、**坚果类**、**浆果类**、**柑橘类**、**瓜类**、**热带水果类**、**进口水果类**。但坚果类因其独特的营养特性和储存特性，被人们从果蔬中分离出来成为一个单独的品类。

蔬菜的种类繁多，其可食用部位分别属于植物的不同器官及不同的发育阶段。按照植物的可食用器官的不同进行分类，可将蔬菜分为**根菜类**、**茎菜类**、**叶菜类**、**果菜类**、**花菜类**、**食用菌类**。

果蔬的干物质中最主要的成分是糖类，主要是果糖、葡萄糖、蔗糖、淀粉、纤维素、半纤维素等。这些成分都是人体必需的营养成分，有的成分还有一些独特的功能效用，被零售商挖掘出来成为"卖点"。如深色果蔬中的呈色成分、果蔬中的单宁、多糖等成分的保健功效往往能引起消费者的共鸣。

果蔬一般根据外观进行等级的划分。在贸易中，人们往往根据其口感、尺寸、整齐度等因素进行等级划分，以获取更多的销售利润。

5. 饮料

饮品是指经过定量包装的，供直接饮用或按一定比例用水冲调或冲泡饮用的。乙醇含量不超过 0.5% 的制品，也可为饮料浓浆或固体形态。

饮品的主要品种有包装饮用水、果蔬汁及其饮料、蛋白饮料、碳酸饮料、特殊用途饮料、茶（类）饮料、咖啡饮料、植物饮料、固体饮料、其他饮料。

饮料多是深加工食品，具有一定的品质稳定性。感官上一般可以从色泽、组织状态、气味三个方面对其进行检验。要求饮料中不能有肉眼可见的外来杂质，不同品种的饮料应呈现其品质标准所要求的组织状态、色泽和气味。

6. 禽畜肉

禽畜肉按肉所处温度情况的不同可分为热鲜肉、冷鲜肉、冷冻肉；按新鲜程度的不同可分为新鲜肉、次鲜肉、变质肉。为方便储运、利于销售，可对禽畜胴体进行分级分割，得到各个部位的分割肉。需要注意的是，内外贸对禽畜胴体的分级标准有所不同。

禽畜肉富含丰富的水、蛋白质、脂类，还含有一定量的糖类、浸出物及少量的矿物质和维生素。浸出物影响着肉的风味，又可分为含氮浸出物和无氮浸出物。含氮浸出物的成分为游离氨基酸、磷酸肌酸、核苷酸类、肌苷和尿素等，能让熟肉的风味更好；无氮浸出物主要是糖原、葡萄糖、麦芽糖、核糖、糊精、乳酸及少量的甲酸、乙酸、丁酸、延胡索酸等，其也参与肉的鲜味呈现。蛋白质的结构影响着肉的口感。幼龄禽畜肉的嫩度好，口感好。不同部位的禽畜肉的嫩度也不一样，如牛的腰大肌最嫩、胸头肌最老；大理石纹丰富的肉嫩度好；成熟期的肉嫩度好。

新鲜肉的感官品质如下：视觉上主要是纤维清晰，色泽呈红色（脂肪呈白色或淡黄色），有光泽，肉的表面无水珠，肉汤澄清透明不浑浊等；嗅觉上主要是气味新鲜，无异味；味觉上主要是肉汤鲜美、无苦涩酸臭等味道；触觉上主要是外表湿润不黏手、按压后凹陷能立即恢复。

7. 水产品

水产品是指供人类食用的淡水、海水的鱼类、软体的贝类、甲壳类等水生生物。按原材料来源的不同可将水产品分为动物性水产品和植物性水产品。按加工工艺的不同可将水产品分为干制、腌制、熏制等。动物性水产品又可分为鱼类、虾类、蟹类、贝类和其他类。动物性水产品一般包含活水产品、鲜水产品、冻水产品。冻水产品又可分为单冻、块冻和剖割冷冻。

鱼类含有丰富的水分和蛋白质，且比其他畜禽肉类的蛋白质更易被人体消化吸收，吸收率可高达 97%。鱼类还能提供人体必需的氨基酸和维生素 A、维生素 D、维生素 B 族及钙、磷等无机盐。鱼类脂肪中有一种特殊的不饱和脂肪酸，能降低血脂，可用来防治动脉硬化和冠心病等。活泼好动、反应敏锐、体表有一层清洁透亮的黏液，不掉鳞，无伤损病害的活鱼品质较好。

虾、蟹中的蛋白质较丰富，与畜肉相近；钙、磷、钾和维生素 A、维生素 B_2 也较多，且吸收率比植物性食品更高。贝类中不但含有较多的蛋白质，而且维生素 B_{12} 和锌的含量远比其他食物更高。新鲜虾虾体完整，有一定弯曲度，呈青白色和青绿色，有光泽，肉质紧实而细嫩。不新鲜的虾头尾脱落或易分开，虾体伸直，呈红色或灰紫色，壳色暗，肉质松软，有异味。新鲜蟹壳青腹白，带有亮光，脚爪齐全，腿肉紧实，脐部饱满，分量较重，肉质鲜嫩无异味。不新鲜蟹呈暗红色，腿肉松空，分量较轻，肉质松软，有失水或出水现象，脐为黑色，有异味。

8. 禽蛋

禽蛋是禽类所产的卵。常见的禽蛋品种有鹌鹑蛋、鸡蛋、鸭蛋、鹅蛋。根据品质等级不同可将禽蛋分为鲜蛋和陈蛋（次等蛋）。经过清洗、消毒、涂抹等简单加工的禽蛋称为清洁蛋，这是流通领域常见的禽蛋；禽蛋经过深加工后，还可以得到皮蛋、咸蛋、糟蛋、熟制蛋品。熟制蛋品常见的品种有五香鹌鹑蛋罐头、长蛋、蛋松、蛋肠、茶蛋、虎皮蛋、卤蛋等。

9. 酒

酒是用含糖类的原料，经水解后，逐步地转化为单糖，然后在不同酵母（菌）所分泌的酶的作用下，引起酒精发酵后按照一定工艺进行加工而得到的具有色、香、味的产品。如果所用原料（如葡萄、苹果等）含有大量单糖，则可以直接进行酒精发酵。如果用含多糖和双糖的原料制酒，则必须先经各种酶的水解，由多糖转化为双糖，再将双糖分解为单糖，然后才能进行酒精发酵。酒一般可分为以下四类。

（1）发酵酒是以粮谷、薯类、水果、乳类等为主要原料，经发酵或部分发酵酿制而成的饮料酒。发酵酒的特点是酒精度低、刺激性小，具有一定的营养价值。市场上黄酒、部分啤酒、部分果酒属于发酵酒。

（2）蒸馏酒是以粮谷、薯类、水果、乳类等为主要原料，经发酵、蒸馏，经或不经勾调而成的饮料酒，如白酒、白兰地、威士忌酒等。其特点是酒精度较高、刺激性强。

（3）配制酒是以发酵酒、蒸馏酒、食用酒精等为酒基，加入可食用的原辅料和（或）食品添加剂，进行调配和（或）再加工制成的饮料酒。市场上果蔬味啤酒、调香白酒、加香葡萄酒、部分果酒属于配制酒。

（3）露酒是以黄酒、白酒（不包括调香白酒）为酒基，加入按照传统既是食品又是中药材或特定食品原辅料或符合相关规定的物质，经浸提和（或）复蒸馏等工艺或直接加入从食品中提取的特定成分，制成的具有特定风格的饮料酒。

不同品种的酒含有不同的成分，这些成分对人体具有不同的功能和效用，以下分别对白酒、黄酒、啤酒、葡萄酒的中成分进行简要介绍。

（1）白酒中乙醇和水占 98%以上，其他主要是醇、酸、酯、醛、酚、芳香族化合物及微量元素等少量活性成分。目前，已经确定出白酒中有益于人体健康的微量成分超过160 种，特别是白酒中的阿魏酸、儿茶酚、愈疮木酚等有益于人体健康的酚类物质，均为优良的自由基清除剂，具有抗氧化、清除活性氧自由基、抗肿瘤、阻断致癌物的形成和抑制机体内的代谢转化、提高机体免疫力、抗菌、抗病毒等功能。

（2）黄酒是中国历史最悠久的传统酿造酒，至今已有数千年的历史。它与葡萄酒、啤酒并称为世界三大古酒。黄酒的主体成分是水和乙醇，还含有丰富的蛋白质、游离氨基酸和多肽，功能性低聚糖，维生素，矿物质，以及多酚、类黑精、古胱甘肽等生理活性物质。

这些物质的含量少、种类多，在不同类型黄酒中的浓度也各不相同，是构成黄酒香气的主要成分。

（3）啤酒于19世纪末20世纪初传入我国，属外来酒种。<u>啤酒是以麦芽为主要原料，添加水、酒花、酵母发酵制成的含有二氧化碳、起泡的低酒精度的饮料酒。</u>其主要活性物质有多糖、蛋白质与氨基酸、鞣质、香精油、有机酸、B族、酒精、二氧化碳、甘油、高级醇、微生物等。纯生啤酒可以促进铬元素的吸收，减少糖尿病的发病率，预防心脑血管疾病的发生。如果长期饮用啤酒容易长啤酒肚，甚至会导致痛风。

（4）葡萄酒的主要成分来自葡萄汁，主要有乙醇、糖分、有机酸、无机盐、蛋白质和氨基酸、矿物质和维生素、醇类、聚酚等活性物质。这些活性物质对人体起着一定的保健作用，如滋补作用、消化作用、减肥作用、利尿作用、杀菌作用等。白藜芦醇是葡萄酒保健宣传的最重要卖点，但葡萄酒中白藜芦醇的含量并不足以支撑市场上所宣传的卖点。

10. 茶

市场上茶叶一般分为绿茶、红茶、青茶（乌龙茶）、白茶、黄茶、黑茶等六大基本茶类和再加工茶类。<u>茶叶按加工过程中的发酵过程及程度不同可分为不发酵茶、微发酵茶、轻发酵茶、半发酵茶、全发酵茶、后发酵茶。</u>茶叶按采制季节的不同可分为春茶、夏茶、秋茶、冬茶。

绿茶的主要品种有蒸青绿茶、炒青绿茶、烘青绿茶、晒青绿茶。

黄茶的常见品种有黄大茶、黄小茶、黄芽茶。白茶的主要品种有白毫银针、白牡丹、贡眉等。

青茶的主要产地有福建、台湾、广东等地。福建产的青茶分为闽南青茶和闽北青茶。闽南青茶以安溪铁观音为代表，还包括黄金桂、永春佛手、乌龙茶和奇兰；闽北青茶有武夷岩茶、闽北水仙、闽北乌龙茶、大红袍等。台湾青茶有台湾乌龙茶和台湾包种等。广东的青茶有凤凰水仙、凤凰单枞、石古坪乌龙茶等。

红茶的主要品种有工夫红茶、小种红茶、红碎茶。

黑茶有湖南黑茶、湖北老青茶、滇桂黑茶、四川边茶、陕西茯茶。

再加工茶类的主要代表品种是花茶。花茶的品种多以鲜花命名，主要有茉莉花茶、玉兰花茶、珠兰花茶、玳玳花茶、栀子花茶、桂花茶、玫瑰花茶等。

茶叶的感官审评按外形、汤色、香气、滋味、叶底的顺序进行，一般操作程序为：把盘、开汤、嗅香气、看汤色、尝滋味、评叶底。经营者可以将此程序在商品展示中灵活进行应用。

经过现代科学的分离和鉴定，目前已知茶叶所含化学成分达到500多种，主要有**咖啡碱**、**茶多酚**、**蛋白质**、**氨基酸**、**糖类**、**维生素**、**脂质**、**有机酸**等有机化合物，还含有**钾**、**钙**、**镁**、**钴**、**铁**、**锰**、**铝**、**钠**、**锌**、**铜**、**氮**、**磷**、**氟**、**碘**、**硒**等28种无机营养元素。茶叶中的各种化学成分组合比例十分协调，是最理想的饮料之一。

网络实践
茶的品类与品种

茶有药性，人体质有别，故饮用有宜有忌。在茶叶饮用中最好做到淡茶温饮、现泡现饮、因人制宜、因时制宜。

浓茶中的咖啡碱对神经系统和心血管系统有较强的刺激作用，会影响睡眠，加重心脏负担；多酚类物质、铁离子、维生素 B_{12} 会发生络合，造成铁的吸收障碍；咖啡碱还有可能造成胃部不适。

茶叶中的某些营养物质放置后会发生氧化，导致茶色发暗，茶鞣质、咖啡碱过量溶出，使茶香减少，茶味苦涩；浸泡时间越长，氟等金属离子浸出率增加，可能会引起氟骨病。茶叶浸泡 5 分钟左右即可；冲泡以三四次为宜。

虚寒之人，饮用绿茶可能会出现腹痛泄泻，宜饮用温性的红茶、黑茶；燥热体质之人，宜饮用凉性的绿茶、白茶。神经衰弱、失眠者不宜饮茶；贫血或营养不良者不宜饮茶；高血压、心脏病患者不宜饮用茶碱浓度高的绿茶、白茶；患有严重器质性病变的患者不宜饮用红茶。

春季可饮用花茶；夏季可饮用绿茶；秋季适合饮用青茶；冬季可饮用红茶。

第二节　日用品属性

根据日用品的耐久性可将其分为耐用品和快消品。耐用品主要是指使用周期较长、价值较高、结构复杂、技术性较强的消费品，如电器、家具等。消费者对耐用品的消费往往比较注重品牌和质量保证。快消品更新换代快，寿命周期短。尤其是日用小商品，有的一年一变，有的甚至一年几变，如手提包等。由于日用品的品种、花色、规格、型号繁多，与食品类商品相比，人们对这类商品需求的伸缩性较大、选择性较强。快消品和耐用品是相对的概念，不是固定不变的。

做好日用品属性的学习，有利于日用品卖点的挖掘，有利于促进日用品的销售。

一、成分

绝大多数的日用品都是由多种成分组成的，根据这些成分在日用品的性能和质量上发挥作用的不同，分别称其为**有效成分**和**无效成分**、**主要成分**和**辅助成分**、**基本成分**和**杂质成分**。日用品的销售可以突出但不应夸大某一成分的优良特性，以免误导消费者。消费者要正确认识成分在日用品中的地位和作用，正确选择日用品。

1. 有效成分和无效成分

从消费品的效用上分析，使消费品具有使用性能的成分都是消费品的有效成分，与有效成分共存的其他成分是无效成分。

消费品中的有效成分的种类，决定着不同日用品的性质。消费品中的有效成分的含量很大程度决定着消费品质量的高低，所以某些消费品的质量标准中就规定了有效成分的含量。

消费品中的无效成分是无用的，有的甚至是有害的，所以在某些消费品的质量标准中，特别规定了各种有害成分的极限含量。无效成分的存在或多或少地降低了消费品有效成分的含量。因此，无效成分越多的消费品质量越差，甚至会影响消费品的使用效果。

2. 主要成分和辅助成分

在消费品中发挥主要作用的成分称为主要成分；在消费品中辅助主要成分更好发挥作用，使消费品具有更全面使用性能的成分称为辅助成分。加入消费品中的辅助成分，不仅要考虑对消费品本身作用的改善，同时还要考虑成本和环保等因素。

3. 基本成分和杂质成分

对消费品或消费品原材料的化学成分进行定量分析，可以把消费品或原材料组成中占绝大部分的成分称为基本成分，其他成分则称为杂质成分。对杂质成分也应进行具体分析，有些杂质成分对消费品质量无害，甚至还可能有益，但有些杂质成分也可能给消费品带来危害。

【思考讨论 7.2】

讨论分析图 7.1 中口红消费品的成分卖点。

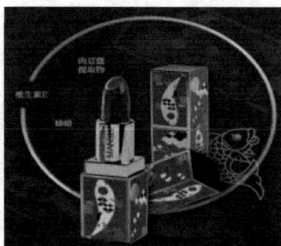

图 7.1 口红

二、性质

日用品的性质是决定消费品质量的主要因素，是确定日用品的包装、储存、运输条件和使用环境的重要依据。

1. 物理机械性质

物理性质是许多消费品表述使用性、安全卫生性的重要指标。各种消费品都有其特定的物理性质，与一般日用品使用价值关系密切的物理性质有**物理状态**、**重量**、**光学性质**、**导热性与耐温性**、**热稳定性与热震动性**、**声学性质**、**吸湿性**、**透气性**、**透湿性**和**透水性**等。

机械性质是许多日用品表述坚固耐用性的重要指标。日用品由于使用要求不同，对机械性能的要求也不尽相同。与一般日用品使用价值关系密切的机械性质有**弹性与塑性及弹塑性**、**韧性与脆性**。当外力超过相关指标值时，日用品会表现出变形、脆裂、破碎等机械变化。常用**强度**指标来表述物品抵抗外力破坏作用的能力；常用**刚度**指标表述物品外力作用下抵抗变形的能力；常用**稳定性**指标表述物品保持原有平衡状态的能力。

2. 化学性质

化学性质是许多日用品表述安全卫生性、适用性的重要指标。日用品的化学稳定性主要体现为**耐水**、**耐酸**、**耐碱**、**耐氧化**、**耐光**及**耐气候**等性能。

日用品必须保证合适的储运条件、包装保管条件，让其处在稳定状态，对消费者才是安全的、健康的。

三、常见日用品属性

1. 陶瓷

自然界中的一些岩石类及各种黏土，取其中的一种或数种配合，和以水，能产生一定的可塑性，利用这种可塑性制成的物品，经窑内煅烧，就得到陶瓷器。陶瓷器由炻（shí）器、陶器逐步进步至瓷器。常见的陶瓷器制品有餐具类、家居装饰摆件类、文具类、水具类、茶具类等。

我国是陶瓷器的起源地，汉朝已有**越窑青瓷**，六朝时可见**景德镇瓷器**，至唐朝，可见高温瓷，以**邢窑**、**越窑**最为著名；至五代后周出现最负盛名的**柴窑**；宋时期出现**定**、**汝**、**官**、**哥**、**钧**等名窑；元代景德镇制瓷工业飞速发展，先后出现了**青花**、**釉里红**、**枢府釉**、**白釉**、**红釉**、**蓝釉**等瓷器品种；明朝时期，江西陶器由单色釉发展为多彩釉，能制出多彩陶瓷，此时的**青花**技艺更为精湛，出现**钴蓝色**；清朝时期的瓷器出现了著名的**粉彩**。以上提到的这些陶瓷品种，虽然有的传统工艺技艺已经失传，但多数品种还可在流通领域看到。

陶瓷器一般可分为**陶器**、**瓷器**、**炻器**，其中陶器具有良好的透过性，瓷器和炻器的透过性一般。

日用陶器按照外观和性能特征的不同可分为粗陶器、普通陶器和细陶器。粗陶器吸水率大于 15%；普通陶器吸水率一般不大于 12%；细陶器主要品种有紫砂器和精陶，紫砂器的吸水率为 2%～4%，精陶器吸水率一般在 8%～20%。常见的精陶器材质主要有石灰质精陶、长石质精陶两种。

瓷器的坯料中必须含有黏土物质、玻璃物质、耐火物质，再辅以适合的高温烧成，方能得到优良品质的瓷器。日用瓷器应具有一定的白度、透光度、釉面光泽度、热稳定性、化学稳定性、机械强度，并应保证瓷器的使用性、美观性、安全卫生性、寿命可靠性。

15 世纪，埃及人创造了炻器。炻器又称炻瓷，其坯体较厚、呈色且无透明性、吸水率较低，广泛用于制造日用茶具、餐具。

2. 塑料

<u>塑料是以合成树脂为主要成分，加入一定品种、一定数量的助剂，加工得到的具有一定可塑性的合成高分子材料。</u>

合成树脂是塑料的主要成分，占 40%～100%，它决定着塑料的类型和塑料的主要性能，如强度、硬度、刚度、弹性、塑性、韧性、脆性、化学稳定性等，还起着黏结剂的作用，将塑料的其他组成成分结合成一个整体。树脂还可以加工成适当形状和大小的颗粒，用于塑料的加工制造。

网络实践
塑料

塑料助剂是一类加入合成树脂中，能起到改变塑料的工艺性能、提高使用价值、延长使用寿命、降低制品成本作用的物质。其主要有增塑剂、着色剂、润滑剂、填充剂、补强剂、防老化剂、抗静电剂、燃剂、发泡剂、固化剂等类型。

塑料按其组成材料的不同可分为**单组分塑料**和**多组分塑料**。塑料按用途的不同可分为

工程塑料和**通用塑料**。塑料按受热特性的不同可分为**热塑性塑料**和**热固性塑料**。塑料按燃烧特性的不同可分为**易燃塑料**、**可燃塑料**和**难燃塑料**。

常见的塑料品种有聚对苯二甲酸乙二（醇）酯（分类代号 1 PET）、聚乙烯（分类代号 4 LDPE、2 HDPE）、聚氯乙烯（分类代号 3 PVC）、聚丙烯（分类代号 5 PP）、聚苯乙烯（分类代号 6 PS）、聚碳酸酯（7 PC）、有机玻璃（PMMA）、酚醛塑料（PF）、脲醛塑料及其制品（UF）、密胺塑料（MF）、泡沫塑料等。

3. 皮革

未经加工的动物皮，称为"生皮"，其主要成分是蛋白质。革是指以动物皮为原料，去除脂肪、毛发和其他杂物之后，经过特殊工艺加工，动物皮变成容易保藏、不易腐烂、坚牢又软硬适度的物品。以皮、革为原料或为主要原料制成的各种物品称为皮革制品。

皮革按**鞣制方法**的不同可分为**铬鞣法**、**锆鞣法**、**铝鞣法**、**醛鞣法**、**植鞣法**、**结合鞣法**等。皮革按原料皮的来源不同可分为猪皮、牛皮、羊皮、麂皮、鹿皮、羚羊皮、蛇皮、蟒皮、鲨鱼皮、鲸鱼皮、海豹皮、河马皮、鳄鱼皮、鸵鸟皮等。

牛皮的特点为毛孔细圆、均匀、表面细致，手感硬而有弹性、皮身柔软适当，面积较大，利用率较高，不易变形。黄牛革粒面上毛孔细小而呈圆形，并较直地伸入革内，毛孔紧密而均匀地分布在革面上，革质丰满，粒面较光滑、细致。水牛革粒面毛孔圆而粗大，毛孔数较黄牛革少，较均匀地分布在革面上，粒面上凹凸不平，较粗糙，耐磨性较差，但成革机械强度大。牛皮革根据皮面的状况及反面在制革加工处理方法上的不同，可分为粒面皮、修面皮、压花皮。粒面皮是指表面没有经过修磨，保留天然皮革纹路的皮革。修面皮是指皮革经过修饰而具有假粒面的革。压花皮是指在皮面不好的原皮上做压花得到的皮革，有压天然皮革花纹的，也有压装饰纹样的，可以此掩盖皮坯的缺陷，通过加工工艺弥补原皮的不足。

羊皮革皮身薄、强度低，没有牛皮结实。山羊皮革毛孔清晰，呈扁平圆形，较粗大，皮面较薄，皮身偏干，保型性不好，一般都要加衬来保持鞋型；与绵羊革相比革质更有弹性，强度大。绵羊革粒面毛孔细小，呈扁圆形，较斜地伸入革内，毛孔几根为一组，排列得像鳞片或锯齿形状。

猪皮革光面鞋外观效应不好，粒面粗糙，耐水性能差，吸水后易膨胀变形。猪皮革粒面毛孔圆而粗大，毛孔倾斜地伸入革内，毛孔在粒面上三根为一组排列，构成三角形的图案，粒面凹凸不平，有特殊花纹。猪皮革有优良的耐磨性能。一般会进行猪皮粒面的美化工作以改变其外观效应，使成品鞋的质量大大提高。

麂皮绒面革是各种绒面革中质量最好的一种。麂皮皮面粗糙，斑痕较多，不宜制成正面革，多用于制作绒面革。其纤维组织细密而柔软，弹性、强度、韧性、耐磨性等都比羊皮革好，外观效果好，绒面细腻有光泽。

人造革是在布底基上涂饰聚氯乙烯（PVC）、聚氨酯（PU）制成的复合材料，塑料感较强，可压成仿天然皮的花纹。其耐热、耐低温性能均较差，容易变硬、变脆。但其价格较低，主要用于制作低档皮鞋。

合成革是在布底基上形成聚氨酯树脂微孔层，再经一定工艺处理得到的复合材料。该革的特征是没有毛孔，用手指按靠近鞋面的边缘部分，不会出现细小的褶皱，各部位纹理规则一致，与天然皮革相同，柔软度与手感较好，底布多制成与天然皮革底面一样的效果，利用率较高，但可塑性（定型）较差，延伸率较低。

超细纤维合成革是以超细纤维基布制成的合成革，简称超纤革。超细纤维合成革在内部微观结构、外观质感、穿着舒适性等方面已达到天然皮革的标准。

4. 纺织材料

纺织材料包括纤维、纱线、织物。

（1）纤维。<u>纤维是指直径一般为几微米到几十微米，而长度比直径大许多倍的细长物质</u>。纺织纤维按其来源的不同可分为天然纤维和化学纤维两大类。天然纤维是指由自然界中直接取得的纤维；化学纤维是指用天然的或合成的高聚物以及无机物为原料，经过人工加工制成的纤维状材料。常见的天然纤维有棉纤维、麻纤维、毛纤维、丝纤维等。化学纤维可分为**合成纤维**和**再生纤维素纤维**。常见的合成纤维有涤纶、锦纶、维纶、芳纶、氨纶、氯纶等；常见的再生纤维素纤维有黏胶纤维、铜氨纤维、醋酯纤维等。

（2）纱线。<u>纱线是指由纺织纤维构成的细而柔软并具有一定力学性质的连续长条</u>，包括**纱**、**线**和**长丝**等。纱线的结构、性能会直接影响织物的性质，如织物的轻重、牢固度、耐磨性、质地、导热性与保暖性以及织物表面的光滑或者粗糙程度。

纱线按组成原料的不同可分为**纯纺纱线**和**混纺纱线**。纱线按结构和外形的不同可分为**长丝纱**、**短纤维纱**、**花式（复合）纱线**。纱线按纺纱工艺、纺纱方式不同可分为**棉纱**、**毛纱**、**麻纺纱**、**绢纺纱**。纱线按组成纱线的纤维长度不同可分为棉型纱线、毛型纱线、中长纤维型纱线。中长纤维型纱线所用纤维长度和线密度介于毛、棉之间。棉型纱按细度不同又可分为超低线密度纱、低线密度纱、中线密度纱、高线密度纱。纱按用途不同可分为机织用纱、针织用纱、起绒用纱、特种工业用纱。

（3）织物。织物是指扁平、柔软又具有一定力学性质的纺织纤维制品，又称为布、面料。在织物中与布边平行、纵向排列的一组纱线称为**经纱**；与布边垂直、横向排列的一组纱线称为**纬纱**。织物按加工工艺不同分为机织物、针织物、非织造布、毯、毡等。织物按使用的原料不同分为**纯纺织物**、**混纺织物**、**交织织物**。<u>织物按染整加工方法的不同分为色织物、色纺布、色布、本色坯布、漂布、印花布</u>。机织物按织物组织的不同分为基本组织织物、小花纹组织织物、复杂组织织物。基本组织织物分为**平纹织物**、**斜纹织物**和**缎纹织物**。机织物又可分为棉织品、毛织品、丝织品、麻织品。棉（型）织品是指以棉纤维和棉型化学纤维为原料并经过纺织染整等工序加工所制成的产品，习惯上称为棉布。毛（型）织品是以羊毛为主要原料并经过纺织、染整等加工工序所制成的织品，习惯上也称为呢绒。某些纯化纤织物，虽不含羊毛，但是采用了毛纺设备及毛纺工艺加工制成，亦被列入毛织品的范围。丝（型）织品是以蚕丝和化学纤维长丝为纺织原料织制而成的织品，主要包括纯纺丝织品和交织丝织品两类。麻（型）织品是指以麻纤维加工而制成的织物，也包括麻与其他纤维混纺或交织的织物。针织品按生产方式的不同可分为**经编针织品**、**纬编针织品**。

5. 服装

服装又称衣裳，是指穿在人体上起保护和装饰作用的制品，又称为衣服。

服装一般可以按服装面料材质、服装行业的专业、服装的穿用对象、服装的穿着场合、服装穿用季节等标志进行分类。

人们对服装的需求体现在**舒适性、审美性、经济性、耐久性、方便性、安全卫生性**等方面。

服装的舒适性包括微气候舒适性、触感舒适性和合体舒适性。决定服装审美性基本因素是服装材料、色彩和式样。服装的经济性即成本和价格在满足用途需要的基础上要尽可能低。服装的耐久性是指它在穿用和洗涤过程中抵抗外界各种破坏因素作用的能力。方便性要求服装商品在缝制加工和穿用过程中，具有易缝纫（如缝纫针贯穿阻力小、压脚和织物间的动摩擦系数小、织物间动摩擦系数大、织物中纱线移动容易等），易整烫，易洗涤，易干燥，易保管，易修补等特性。服装商品的安全卫生性直接关系着人体的健康和安全，它包括耐燃性、抗静电性和染整使用有害物质的残留量等内容。

6. 鞋

在漫长的历史长河中对鞋的称谓有屦、履、屦（jù）等。鞋属于人们的生活必需品。皮鞋造型美观，适合搭配，是人们喜欢的一种鞋类。

鞋根据所用主要材料的不同，可分为布鞋、胶鞋、皮鞋、塑料鞋。皮鞋按鞋面革用料的不同，又可分为正面革鞋、绒面革鞋、油浸革鞋、压花革鞋、搓花革鞋、喷花革鞋、蟒蛇革鞋、皱纹革鞋、合成革鞋、人造革鞋等类别；也可分为牛面革鞋、羊面革鞋、猪面革鞋、人造革鞋等品种。胶鞋的鞋底以橡胶为原料，鞋面以织物为原料，常见的胶鞋有解放鞋、足球鞋、网球鞋、雨鞋、雨靴等。鞋按功能的不同，可分为日常用鞋、运动鞋、专业鞋、医疗矫正鞋等。鞋按鞋跟的不同，有两种分类方法。一是鞋按鞋跟工艺的不同分为卷跟鞋、压跟鞋、坡跟鞋、无跟鞋等。二是鞋按鞋跟高度的不同分为平跟鞋、中跟鞋、高跟鞋、特高跟鞋。鞋按穿用季节的不同可分为棉鞋、夹鞋和凉鞋等三大类。

合脚是鞋类商品舒适性的重要指标，要做到合脚就要考虑脚型与皮鞋相匹配、尺寸和宜宽不宜紧、鞋底厚度和鞋跟高度的适宜。常见的脚型有平脚、外翻脚、内翻脚、跟内、外旋脚、高弓鞋、弓趾脚，要根据脚型的特点做出皮鞋的正确选购与导购。选择尺码时宜宽不宜紧，如脚长 25cm，则宜选择 26cm 的鞋（特别是尖头皮鞋），否则脚趾会轧痛，走路也不方便。鞋底太薄不能很好起到缓冲和缓解分散压力的作用，鞋底太厚影响人体对路面的感觉，容易造成意外脚伤。有研究显示，大底厚度在 3～3.5mm 是最适合的厚度，膛底厚度在 3mm 是最合适的厚度。鞋跟的高度在 20～40mm 时，人体足部感觉比较舒适；鞋跟越粗，压力在足跟骨周围越分散，足跟骨处的压强就越小，感觉越舒适。

7. 化妆品

《化妆品监督管理条例》[①]中给化妆品下的定义是：<u>"化妆品是指以涂擦、喷洒或其他类似方法，施于皮肤、毛发、指甲、口唇等人体表面，以清洁、保护、美化和修饰为目的的日用化学工业产品。"</u>

化妆品按功能不同，可分为清洁类化妆品、护理类化妆品、美容/修饰类化妆品、特殊用途类化妆品。化妆品按剂型不同可分为膏霜乳、液体、凝胶、粉剂、块状、泥、蜡基、喷雾剂、气雾剂、贴（或膜）、冻干等，不属于以上范围剂型的化妆品，暂统称为其他。

---

① 《化妆品监督管理条例》于 2020 年 6 月 16 日公布，自 2021 年 1 月 1 日起施行。

化妆品按使用部位的不同，可分为头发用化妆品、体毛用化妆品、躯干用化妆品、头部用化妆品、面部用化妆品、眼部用化妆品、口唇用化妆品、手足用化妆品、全身皮肤用化妆品、指（趾）甲用化妆品。化妆品按使用人群的不同，一般可分为婴幼儿用化妆品、儿童用化妆品、普通人群用化妆品。

化妆品原料主要有油性原料、粉质原料、溶剂原料、胶质原料、香精、乳化剂、色素、防腐剂、功效成分等。

油性原料根据原材料来源的不同包括天然动植物油脂类、天然动植物蜡类、高碳烃类、合成油脂。

常用在化妆品中的**粉质原料**有无机粉质原料、有机粉质原料以及其他粉质原料，这些原料一般均含有对皮肤有毒性作用的重金属，使用粉质原料时，重金属含量不得超过国家化妆品卫生规范规定的含量。化妆品中使用的无机粉质原料有滑石粉、高岭土、膨润土、钛白粉、碳酸钙、碳酸镁、锌白粉、硅藻土等。

溶剂原料是液状、浆状、膏霜状化妆品配方中不可缺少的一类主要组成成分，溶剂原料发挥溶解的作用，使得制品具有一定的性能和剂型。溶剂原料包括去离子水、醇类（乙醇、异丙醇、正丁醇）、酮类（丙酮、丁酮）、醚类、酯类、芳香族溶剂（甲苯、二甲苯）。

胶质原料是水溶性的高分子化合物，它在水中能膨胀成胶体，在化妆品中作为黏合剂、增稠剂、成膜剂、乳化稳定剂使用。

香精是由人工合成的模仿水果和天然香料气味的浓缩芳香油，多用于制造食品、化妆品等。香精或是由多种天然香料和合成香料组成，或是有机化合物的复合体。香精让化妆品呈现出怡人的气味。

乳化剂是指能使互不相溶的液体形成稳定乳状液的有机化合物，它们都是具有表面活性的物质，能降低液体间的界面张力，使互不相溶的液体易于乳化。乳化剂在化妆品中发挥着**乳化作用**、**分散作用**、**湿润作用**、**起泡作用**。

色素是指可食用的色素，有**天然食用色素**和**合成食用色素**两类。合成食用色素价格低廉，色泽鲜艳，着色力强，对光、热、氧气和 pH 稳定，但它具有毒性（包括毒性、致泻性和致癌性）。这些毒性源于合成色素中的砷、铅、铜、苯酚、苯胺、乙醚、氯化物和硫酸盐，它们对人体均可造成不同程度的危害。

化妆品中使用**防腐剂**的目的是保护产品，使之免受微生物的污染，延长产品的货架寿命和使用寿命，确保产品的安全性，防止消费者因使用受微生物污染的产品而引起可能的感染。

功效成分是指让化妆品具有一定功能和效用的成分。面对消费者对美丽与健康的追求，化妆品成分中的功效成分日趋多样化，如美白成分、补水成分、保湿成分、抗衰老成分、防晒成分。消费者可根据使用季节、使用年龄、皮肤状况等不同情况选择合适的化妆品。

8. 肥皂

肥皂常见的品种有**洗衣皂**、**香皂**、**药皂**、**过脂皂**、**浴皂**等。其中洗衣皂、香皂是生活中常见的肥皂。

肥皂从广义上讲，是油脂、蜡、松香或脂肪酸与有机或无机碱进行皂化或中和反应所得到的产物。只有碳数在 $8\sim22$ 的脂肪酸金属盐才具有洗涤作用。从狭义上讲，肥皂是采用天然油脂加碱皂化得到的产物。狭义的肥皂使用后排放到环境当中，具有生物降解性。

肥皂呈碱性，对人体皮肤有一定的损伤，但可以通过选用富脂皂或油脂类护肤品对皮肤进行保护。用肥皂洗涤的衣服容易发硬、泛黄。肥皂对洗涤用水有一定的要求，适合在软水中使用，在硬水中使用肥皂会出现越洗越脏的现象。

肥皂分子是由两个不同的部分即憎水基和亲水基组成的。这种结构决定了肥皂分子本身具有两性（憎水性和亲水性），它使肥皂具有起泡性、吸附性、乳化性、表面活性等性质。起泡性对肥皂的去污性能起到一定的辅助作用；吸附性是肥皂能洗去憎水性灰尘的主要原因；乳化性是肥皂洗去油污的主要原因；表面活性使皂液能很容易浸润并渗透到污垢内部，破坏污垢与织物的结合力，从而达到洗涤的目的。皂液表面张力小、浸润性好，因此，它很容易浸润到污垢与织物之间以及污垢的缝隙中，使污垢软化、松动，在揉搓等外力的作用下，被粉碎成小颗粒。由于肥皂具有两性结构，使这些憎水性的小颗粒被乳化和吸附在水中，通过清水漂洗，就能达到去垢的目的。

肥皂所用的油脂及其代用品主要有固体油脂、月桂酸类油脂、软性油脂、油脂代用品。固体油脂常用的有牛羊油、骨油、柏油、梓油、木油及硬化油等，其中牛羊油是制造香皂和高级洗衣皂的上等原料；月桂酸类油脂主要有椰子油和棕榈油，这类油脂在肥皂中可以增加肥皂硬度，增强成皂的起泡性，提高溶解度；软性油脂主要是含有较多不饱和脂肪酸的油脂，可以调节肥皂硬度，增强肥皂可塑性，常见的有猪油、糖油、糠油、菜籽油等；油脂代用品主要是松香和合成脂肪酸，其作用主要是节约天然油脂。

9. 合成洗涤剂

合成洗涤剂以**表面活性剂**为主要成分，去污力强，适合各种水质，但生物降解性低，不易漂洗；用合成洗涤剂洗涤的衣服柔软，富有光彩；某些合成洗涤剂的成分具有一定的低毒性，如果用量过大、漂洗不净，或皮肤存在伤口时，可能会对人体造成一定的伤害。

家用合成洗涤剂的主要品种有合成洗衣粉、液体合成洗衣剂、浆状洗衣剂、块状洗衣剂、发用洗涤剂、餐具洗涤剂、住宅用洗涤剂等。

合成洗衣粉是合成洗涤剂中的主要大类，花色较多，其特点是呈空心粉粒状，易溶解，干爽，流动性好，耐保存，不易结块。

液体合成洗衣剂是合成洗涤剂中的第二大类，其洗涤表面活性剂是阴离子型和非离子型，用量在5%～40%。棉麻类液体合成洗涤剂的pH值约为10；通用类液体合成洗衣剂的pH值为7～9，毛织物洗后柔软，合成纤维织物洗后有短期抗静电效果。

浆状洗衣剂是一种均匀而黏稠的胶体，其洗涤效果与同类洗衣粉相同，由于组分中减少了填充剂用量，提高了含水量，因此价格较低。

块状洗衣剂是添加了一定量松香、石蜡、滑石粉等黏合剂的块状制品，外观平滑光亮，色泽洁白或微黄，去污力较强，携带方便。

发用洗涤剂主要是指洗发香波，是指以能够去除头发污垢为目的的专用洗涤剂。其性质较柔和，不会过多去除发表皮脂，不刺激头皮。

餐具洗涤剂指专门用于洗涤碗碟和水果蔬菜的合成洗涤剂，属轻垢型洗涤剂。其一般为液体洗涤剂，碱性小，泡沫多，使用方便，各种成分的安全性均符合国家相关法律法规的规定。

住宅用洗涤剂是指专门用来清洁门窗、瓷砖、浴盆、家具等硬表面污垢的洗涤剂，如厨房浴室清洁剂等。这种洗涤剂的表面活性剂含量不高，一般加入相当量的有机溶剂，属于碱性洗涤剂，有液体状和粉粒状。

合成洗涤剂的内在质量决定了其综合性能的好坏。衡量合成洗涤剂质量的指标主要有活性物含量和不皂化物含量、沉淀杂质含量、pH 值、磷酸盐含量、泡沫力、去污力、生物降解率、抗再沉淀性能等。

教学做一体（自学实训） 全面质量管理思维的建立

场景：小全是一家乳制品企业的总经理。面对消费升级，消费者对乳及乳制品的需求在悄然发生着变化，为了满足消费者需求，提高企业的赢利能力，小全在企业内推行了全面质量管理，围绕增品种、提品质、创品牌展开工作。

如果你是小全，应如何增品种、提品质、创品牌？

建立你的全面质量管理思维。

实训要点记录	资讯支撑
写出你对乳及乳制品的需求：	认识中国乳业 新闻 1 新闻 2
提品质 创品牌 企业要关注： □营商环境 □生态环境 □养殖场内部环境 □产奶牛品种 □产奶牛体质 □饲料营养 □储运工作 □门店工作 □检查 □品牌管理 企业要做好： □营商环境 □生态环境 □养殖场内部环境 □产奶牛品种 □产奶牛体质 □饲料营养 □储运工作 □门店工作 □检查 □品牌管理 **增品种 创品牌** 企业要关注： □消费者需求变化 □知识产权申请 □品种研发 □竞争对手 □零售业态 □品牌管理	

企业要做好：
☐消费者需求变化　☐知识产权申请　☐品种研发
☐竞争对手　　　　☐零售业态　　　☐品牌管理
写出你所知道的乳及乳制品品种：

写出你要开发的乳及乳制品品种：

全面

全员

全过程

全社会

全面运用各种质量管理方法

质量管理的基础理论

本 章 小 结

食品属性主要介绍了营养成分与功效、感官特征、安全卫生以及与三者密切相关的食品产地知识简要介绍。

常见食品属性主要从品种、分类、品质识别等角度对粮食、乳及乳制品、调味品、果蔬、饮料、禽畜肉、酒、茶等进行了介绍。

日用品属性主要从成分、性质两个方面进行介绍。常见日用属性主要介绍了陶瓷、塑料、皮革、纺织材料、服装、鞋、化妆品、肥皂、合成洗涤剂的常见分类、质量特点、选用要点。

巩　固　练　习

一、填空题

1. 服装按（　　）的不同，可分为春秋装、夏装、冬装。

2.（　　）是合成洗涤剂的主要成分。

3.（　　）是指直径一般为几微米到几十微米，而长度比直径大许多倍的细长物质。

4. 茶叶按加工过程中的发酵过程及程度不同可分为（　　）、微发酵茶、（　　）、半发酵茶、（　　）、（　　）。

5. 针织品按生产方式的不同可分为（　　）、（　　）。

二、判断题

1. 表面活性剂能降低水的表面张力，起到润湿、增溶、乳化、分散等作用。（　　）

2. 消费品中无效成分可以辅助主要成分更好发挥作用，使消费品更全面地发挥使用性能。（　　）

3. 口红的有效成分是色料。（　　）

4. 润唇膏的有效成分是油料。（　　）

5. 家庭人口减少，让小容量冰箱畅销，此时"体积小"成为冰箱的宏观结构卖点。（　　）

6. 经过清洗、消毒、涂抹等简单加工的禽蛋称为鲜蛋。（　　）

7. 纺织纤维的不同微观结构让服装类消费品具有了舒适性、保暖性、方便性等卖点。（　　）

8. 织物按使用的原料不同分为纯纺织物、混纺织物、平纹织物。（　　）

9. 销售人员要根据脚型的特点做出皮鞋的正确选购与导购。（　　）

10. 调香白酒属于蒸馏酒，也属于配制酒。（　　）

三、概念题

1. 食品安全　　2. 食品无毒无害　　3. 酒　　4. 啤酒　　5. 化妆品

四、不定项选择题

1. 下列属于蒸馏酒的是（　　）。
A. 黄酒　　　　B. 五粮液　　　　C. 啤酒　　　　D. 葡萄酒

2. 下列属于红茶的是（　　）。
A. 碧螺春　　　B. 云南七子饼　　C. 正山小种　　D. 婺绿

3. 碳水化合物是食品营养成分之一，以下（　　　）属于糖类碳水化合物中的双糖。

　　A. 葡萄糖　　　　　　B. 蔗糖　　　　　　C. 乳糖　　　　　　D. 半乳糖

4. 属于核果类的水果有（　　　）。

　　A. 南果梨　　　　　　B. 王林苹果　　　　C. 草莓　　　　　　D. 桃子

5. 织物是指扁平、柔软又具有一定力学性质的纺织纤维制品，又称为布，以下关于织物分类描述正确的有（　　　）。

　　A. 织物按加工工艺不同分为机织物、针织物、非织造布、毯、毡等

　　B. 织物按使用的原料不同分为纯纺织物、混纺织物、交织织物

　　C. 织物按染整加工方法的不同分为色织物、色纺布、色布、本色坯布、漂布、印花布

　　D. 针织物按织物组织的不同分为基本组织织物、小花纹组织织物、复杂组织织物

6. 属于单组分塑料的有（　　　）。

　　A. 聚乙烯　　　　　　B. 聚丙烯　　　　　C. 酚醛　　　　　　D. 腌渍蔬菜

7. 化学纤维分类描述正确的有（　　　）。

　　A. 棉纤维、麻纤维、毛纤维、丝纤维

　　B. 合成纤维和再生纤维

　　C. 棉纱、毛纱、麻纺纱、绢纺纱

　　D. 机织物、针织物、非织造布、毯、毡

8. 以下关于陶瓷说法正确的有（　　　）。

　　A. 炻器又称炻瓷，其坯体较厚、呈色且无透明性、吸水率高

　　B. 日用陶器品种可见粗陶器、普通陶器和瓷器

　　C. 陶瓷器一般可分为陶器、瓷器、炻器

　　D. 我国是陶瓷器的起源地

9. 茶叶的主要成分有（　　　）。

　　A. 茶多酚　　　　　　B. 芳香油　　　　　C. 生物碱　　　　　D. 氨基酸

10. 稻谷类属于制米类谷物，其主要品种有（　　　）。

　　A. 籼米、粳米、糯米　　　　　　　　　　B. 早稻、中稻、晚稻

　　C. 深水稻、旱水稻　　　　　　　　　　　D. 长粒米、短粒米

五、简答题

1. 简述食品安全。

2. 简述塑料分类。

3. 简述肥皂与合成洗涤剂的性能比较。

4. 简述织物分类。

六、技能题

分析桑蚕丝连衣裙商品的卖点。

第八章

流通领域的商品养护

📑 **学习目标与知识体系**

知识目标： 理解商品包装的内涵；掌握商品包装材料的性能；掌握商品包装技法的适用；掌握商品包装储运图示标志。

技能目标： 初步具备为商品选用包装材料、技法、储运图示标志的能力。

知识体系：

商品包装	商品包装的功能
	商品包装的合理化
	商品包装的分类
商品包装的材料和技法	商品包装材料
	商品包装技法概述
	物流包装技法
	商流包装技法
商品包装标志	收发货标志
	包装储运图示标志
	危险货物包装标志

📑 **商品故事**

布鲁克林啤酒厂的运输成本控制

布鲁克林酿酒厂在美国分销布鲁克林拉格和布朗淡色啤酒，虽然在美国还没有成为国家名牌，但在日本市场销售额却已达到每年 200 亿美元，这源于布鲁克林酿酒厂的运输成本控制。

（1）时间控制。布鲁克林啤酒在 1 周内就可以从美国来到日本顾客手中，使其成为一种溢价产品，极高的利润弥补了运输的高成本。

（2）包装改变。布鲁克林酿酒厂通过装运小桶装啤酒而不是瓶装啤酒来降低运输成本。虽然小桶重量与瓶的重量相等，但减少了玻璃破碎而使啤酒损毁的机会。此外，小桶啤酒对保护性包装的要求也比较低，这将进一步降低装运成本。

思考： 布鲁克林啤酒厂如何做到了成本的控制？

商品包装意味着生产的结束，流通的开始。它保护着商品，抵御一切来自外部环境因素对商品品质的侵蚀。

第一节 商品包装

商品包装是指在商品流通过程中为保护商品，方便储运，促进销售，按一定技术方法而采用的容器、材料和辅助材料等的总称。商品包装也指为了达到上述目的而在采用容器、材料和辅助材料的过程中，施加一定技术方法等的操作活动。因此，包装有两层含义：一指盛装商品的**容器及其他包装用品**，即包装物，如箱、桶、袋等；二是指产品盛装、包扎和装潢的**操作过程**，如装箱、灌瓶、装桶等。包装辅助材料有黏合剂、捆扎材料、封缄材料和涂料等。

包装材料、包装技法、包装结构造型和表面装潢构成了包装实体的四大因素，包装材料是包装的物质和技术基础，包装结构造型是包装材料和包装技术的具体形式。包装材料、技术、结构造型是通过画面和文字美化来宣传和介绍商品的主要手段。

一、商品包装的功能

包装具有这样几个特点：一是要选用合适的包装材料，二是保护商品不受损失，三是采用一定的包装技术。因此，归纳起来，包装的功能包括如下方面。

1. 保护功能

保护功能是商品包装最基本的功能。商品从生产领域向消费领域转移的过程中，必然会经过多次不同情况、不同条件的空间移动，冲击或震动，以及温度、湿度、微生物等因素的影响不可避免，如果包装不当，就会造成商品的破损、变形、霉变、腐烂、生锈、虫蛀等损失。而科学的包装能有效地保护商品的外观形态和内在品质，维护商品的使用价值。

2. 方便流通

商品包装为商品在流通领域的流转和消费领域的使用提供了便利。在流通领域，实施合理的包装，运用恰当的标志，可以方便运输、搬运、装卸、储存、分发、清点、销售，便于识别、开启和携带，方便使用和回收，可以提高商品物流各环节的适应性，使物流技术管理快捷、准确、可靠、便利。

3. 促进销售

商品包装特别是销售包装，是无声的推销员。良好精美的包装，能引起消费者的注意，唤起消费者的共鸣，激发消费者的购买欲望，促进商品的销售。包装的促销功能是由于包装具有**传达信息功能、表现商品功能和美化商品功能**引起的。

传达信息功能主要是通过包装上的文字说明，向消费者介绍商品的名称、品牌、产地、成分、功用、使用方法、产品标准等信息，起到宣传商品、指导消费的作用。

表现商品功能主要是通过包装上的图案、照片及透明包装所显露的商品实物，把商品的全貌展示出来，以给消费者良好的感觉印象。

美化功能是通过整个包装的装潢设计、造型安排，突出商品的性能和品质，美化商品。

随着市场经济的发展，包装的促销功能越来越被人们重视，得到了不断的开发和运用。

4. 容纳和成组化功能

容纳也是商品包装的基本功能。许多商品，如气体、液体、粉状商品以及许多食品和药品，如果没有包装就无法运输、储存、携带和使用。

成组化功能是容纳功能的延伸。它是把许多个体或个别的包装物统一加以包装，例如一些瓶装饮料商品 24 瓶为一箱。成组的容纳有利于商品运输、保管和销售，并能减少商品流通的费用。

5. 传递信息的功能

商品运输包装上的各种标志，具有向物流人**传递储运操作信息的功能**。通过运输包装上的储运图示标识，物流人可以进行正确规范的储运操作；通过运输包装上的收发货标识，物流人可以将商品准确地送达到收货人手中，并将商品进行合理的归类。

6. 便利和复用功能

包装的便利功能是指商品的包装为商品的空间移动及消费者的携带使用提供了方便条件，如方便运输、搬运，方便展销陈列，方便携带、使用，方便处理。例如，各种便携式结构、易开启结构、气压式喷雾结构等，虽然它们价格提高了许多，但仍受到市场的欢迎。

包装的复用功能是指包装商品的任务完成时，包装物还可以直接再利用，如一些包装，其包装功能完成后可以用来做储存罐，不仅扩大了包装的用途，而且能长期发挥广告的宣传效用。

7. 卫生与环保功能

包装的卫生功能是指包装要能保证商品卫生性能，尤其是用于食品、药品、化妆品的包装，包括两方面内容：一是**包装能阻隔各种不卫生因素**，如灰尘、病菌对内装物的污染；二是**包装材料本身在与内装物接触时不污染商品**。

包装的环保功能是指包装对环境的影响，主要包括两方面内容：一是包装废弃物**能回收再利用**；二是如果不能再利用，包装废弃物在大自然**中能自然降解**。例如，1 千克废纸可回收再利用 0.75 千克，即使没有回收回来的，在自然界也能被微生物分解，所以，纸材料属于绿色包装材料。

在关税税率不断降低，非关税壁垒不断强化的今天，包装的卫生与环保功能在对外贸易中已成为许多国家保护本国市场的重要手段。

8. 提高商品附加值功能

包装是商品的"改良"，不仅保护商品，而且通过优美的造型、色彩、图案和合理的定位来美化商品，把物质的东西和文化的、精神的内涵结合起来。通过包装表现出来的商品，不仅能满足人们的物质需要，同时，也可以满足人们的精神需要；不仅提高了商品的竞争力，增加了企业利润，同时也有利于对外贸易的发展和国家的声誉。

在以上八项功能中，前三项功能，即保护功能、方便流通和促进销售是商品包装的基本功能。

【思考讨论 8.1】

结合图 8.1，讨论分析此包装发挥的作用有哪些。

图 8.1　苹果包装

二、商品包装合理化

商品包装合理化是包装作用能否正常发挥的前提条件。合理的商品包装是随商品流通环境的变化、包装技术的进步而不断改进和发展的。包装既要符合国情，又要满足消费者需要并取得最佳的经济和社会效益。一般而言，合理的商品包装，应符合以下要求。

1. **商品包装应适应商品特性**

商品包装必须根据商品的特性，分别采用相应的材料与技术，使包装完全符合商品理化性质的要求。

2. **商品包装应适应运输条件**

要确保商品在流通过程中的安全，商品包装应具有一定的强度，坚实、牢固、耐用。对于不同运输方式和运输工具，还应有选择地利用相应的包装容器和技术处理。总之，整个包装要适应流通领域中的储存运输条件和强度要求。

3. **商品包装要"适量、适度"**

对于销售包装而言，包装容器大小应与内装商品相宜，包装费用应与内装商品相吻合，预留空间过大、包装费用占商品总价值比例过高，都是有损消费者利益、误导消费者的"过分包装"。

4. **商品包装应标准化、通用化、系列化**

商品包装必须推行标准化，即对商品包装的包装容（重）量、包装材料、结构造型、规格尺寸、印刷标志、名词术语、封装方法等加以统一规定，逐步形成系列化和通用化，以便有利于包装容器的生产，提高包装生产效率，简化包装容器的规格，节约原材料，降低成本，易于识别和计量，有利于保证包装质量和商品安全。

5. **商品包装要做到绿色、环保**

商品包装的绿色、环保要求要从两个方面认识：首先，材料、容器、技术本身对商品、对消费者而言，是安全和卫生的；其次，包装的技法、材料容器等对环境而言，是安全和绿色的。在选材和制作上，遵循可持续发展原则，节能、低耗、高功能、防污染，可以持续性回收利用，或废弃之后能安全降解。

> 商品包装在某种程度上能综合地反映一个国家的科技水平、工业水平以及文化艺术水平，同时还关系到国家和民族的声誉。出口商品销售对象是不同国家、不同民族、不同文化背景下的消费者，因此，设计出口商品包装时，不仅要使其具备商品包装的基本条件，同时还要适应这些国家、民族的文化差异，不仅要起到保护商品、方便运输的作用，而且要引起消费者的购买欲望，增强商品的国际竞争力。

三、商品包装的分类

包装类型很多，按包装在流通领域中的作用、包装使用次数、包装适用性、包装耐压程度、包装制造材料可作以下分类。

包装按其在流通领域中的作用可分为**销售包装**和**运输包装**两大类。

（1）销售包装亦称商品的内包装，能与商品配装成一个整体，随同商品一同出售，并能适应人们复杂的消费需要，在人们的消费行为中发挥效用。

（2）运输包装也称商品的外包装，其作用是保护商品，方便运输、装卸和储存。常见的运输包装有木箱、纸箱、铁桶、竹篓、柳条筐、集装箱、集装袋及托盘等。

包装按其使用次数可分为**一次使用包装和多次使用包装**两类。

（1）一次使用包装，要求经济适用，避免浪费。

（2）多次使用包装，要求包装坚固，可再次使用。

包装按其适用性可分为**专用包装**和**通用包装**两类。

（1）专用包装具有特定使用范围，例如，盛装硝酸、硫酸的专用陶瓷包装，盛放鸡蛋用的纸格箱包装都称为专用包装。

（2）通用包装适应性强，使用范围广，如木箱、麻袋等。

包装按其耐压程度可分为**硬质包装**、**半硬质包装**和**软质包装**三类。

（1）硬质包装：如木箱、木桶、铁箱、铁桶，耐压性较强的包装均属于硬质包装。

（2）半硬质包装：如纸板箱、竹篓、柳条筐等均属于半硬质包装。

（3）软质包装：如麻袋、布袋、纸袋，耐压力差的包装等均属于软质包装。

包装也可按制造材料分类，包装制造材料主要包括纸制品、纺织制品、木制品、塑料制品、金属制品、玻璃制品、陶瓷制品、复合材料制品、草类编制品等。

第二节 商品包装材料和技法

商品包装材料有很多种，选择什么包装材料要根据实际情况决定，选择合适的包装材料也是消除国际贸易"绿色壁垒"的有效手段之一，不能对环境和人类的健康造成危害。

一、商品包装材料

常用的包装材料有**纸、塑料、木材、金属、玻璃**等。使用最为广泛的是纸及各种纸制品，其次是塑料、木材。随着社会经济发展和国内外对环境保护日益重视，以纸代木、以纸代塑的绿色包装已势在必行，纸质包装逐步向中高档、低量化方向发展。

1. 纸和纸板

纸和纸板是支柱性的包装材料，应用范围十分广泛。纸包装材料具有成本低、保护性能优良、加工储运方便、印刷装潢性能良好、安全卫生性好、易回收处理、复合加工性能好等优点，**但受潮后强度降低。**

纸和纸板是按定量（单位面积的质量）或厚度来区分的。凡定量在 250 克／平方米以下或厚度在 0.1 毫米以下称为纸，在此以上的称为纸板。由于纸无法形成固定形状的容器，常用来做裹包衬垫和口袋，而纸板常用来制成各种包装容器。包装纸主要有纸袋纸、牛皮纸、中性包装纸、普通食品包装纸、鸡皮纸、半透明玻璃纸和玻璃纸、有光纸、防潮纸、防锈纸、铜版纸等。包装纸板主要有箱纸板、牛皮箱纸板、草纸板、单面白纸板、灰纸板、瓦楞纸板等。

2. 塑料

塑料是一类多性能、多品种的合成材料，具有质轻、机械性能好、适宜的阻隔性与渗透性、优良的化学稳定性、良好的透明性、纯树脂的无毒性、良好的加工性能与装饰性能等优点。但塑料作为包装材料强度不如钢铁，耐热性不如玻璃，**易老化，易产生静电。**

包装常用塑料有聚乙烯、聚丙烯、聚氯乙烯、聚苯乙烯、聚酯等，可制成瓶、杯、盘、盒等容器，聚苯乙烯还大量地用来制造包装用泡沫缓冲材料。

3. 木质材料

木质材料是传统的运输包装的材料，质轻、强度高，有一定弹性，能承受冲击和震动作用。但木材在环境温湿度的作用下**容易变形、开裂、翘曲和强度降低，具有易腐朽、易受虫害侵袭等天然疵病。**

木质材料包括天然木材和人造板材，具有特殊的耐压、耐冲击性能，加工方便，是大型和重型商品运输包装的重要材料。人造板材有胶合板和纤维板两种。

常用的木制包装容器有木箱（包括胶合板箱和纤维板箱）、木桶（包括木板桶、胶合板桶和纤维板桶）等。

4. 金属材料

包装用金属材料主要是指钢板、铝材及其合金材料，其形式有薄板和金属箔，品种有薄钢板（黑铁皮）、镀锌薄钢板（白铁皮）、镀锡薄钢板（马口铁）、镀铬薄钢板、铝合金薄板、铝箔等。金属材料牢固结实；密封性、阻隔性好；延展性强，易加工成形；金属表面有特殊的光泽，便于进行表面装潢。但金属材料成本高，生产能耗大，化学稳定性差，易锈蚀，所以金属材料包装的应用受到限制。

5. 玻璃

玻璃是以硅酸盐为主要成分的无机性材料，其特点是透明、清洁、美观，有良好的机械性能和化学稳定性，价格便宜，可多次周转使用。但玻璃**耐冲击性低，自身质量大**，运输成本高，限制了其在包装上的应用。玻璃包装容器常见的有玻璃瓶、玻璃罐、玻璃缸等，主要应用于酒类、饮料、罐头食品、调味品、药品、化学试剂等商品。此外，也可制造大型运输包装容器，存装强酸类产品。

6. 复合包装材料

复合包装材料是将两种或两种以上的材料紧密复合在一起而制成的包装材料。塑料与纸、塑料与铝箔、塑料与玻璃、纸与金属箔都可制成复合材料。复合材料兼有不同材料的优良性能，使包装材料具有更加良好的机械性能、气密性、防水、防油、耐热或耐寒性，是现代包装材料的一个发展方向，特别适用于休闲食品、复杂调味品、冷冻食品等食品商品的包装。

7. 纤维织物

纤维织物可以制成布袋、麻袋、布包等，具有牢度适宜、轻巧，使用方便、易清洗，便于回收利用等特点，适用于盛装粮食及其制品、食盐、食糖、农副产品、化肥、化工原料及中药材。

8. 其他材料

毛竹、水竹等竹类材料可以编制各种竹制容器，如竹筐、竹箱、竹笼、竹篮、竹盒、竹瓶等包装容器。水草、蒲草、稻草等可编织席、包、草袋，是价格便宜的、一次性使用的包装用材料。柳条、桑条、槐条及其他野生藤类，可用于编织各种筐、篓、箱、篮等。陶瓷可制成缸、坛、砂锅、罐、瓶等容器。另外，棕榈、贝壳、椰壳、麦秆等也可用于制作各种特殊形式的销售包装。

【思考讨论 8.2】
结合网络实践资料谈谈塑料包装的适用商品与性能优点。

_____

_____

_____

二、商品包装技法概述

商品包装技法包括**商品包装技术和商品包装防护方法**两部分。

商品包装技术主要是指为了防止商品在流通领域发生数量损失和质量变化而采取的抵抗内、外影响质量变化因素的各种技术措施。

环境是造成商品质量变化的外部因素，主要有**气候条件、生物条件、化学物质和机械条件及时间因素**。气候条件包括温度、气压、阳光、湿度、各种气候现象等；生物条件包括微生物、害虫、鼠类、蚁类等；化学物质包括大气污染中的硫化物、有机物、氮氧化合物等；机械条件包括振动、冲击、静负载、动负载等；时间就是效率，时间就是经济效益，时间会让一切商品最终结束其生命周期，商品的储运要做到快装快运，先进先出。

商品本身的自然属性是商品发生质量变化的内部因素，可分为物理、化学、生物等因素。物理因素包括商品结构的机械强度允许承受机械外力、耐热、耐寒能力等；化学因素包括抗氧化、抗腐蚀、抗老化、耐水性等；生物因素包括抗生物侵蚀、鲜活商品的生理生化变化等。

【思考讨论 8.3】

通过包装技术知识学习，结合网络实践资料阅读，谈谈商品包装选用要考虑哪些因素。

_____

_____

_____

三、物流包装技法

对于等待储运的商品，要根据商品的形状、尺寸、结构状态采用不同的包装技法。对于松泡商品应采用真空包装，压缩体积、提高运输储存率；对于不同形状规则的商品，要注意合理摆放；对于形状规则的商品，应合理套装；储运时要注意内、外包装尺寸，外包装与运输工具之间的尺寸协调。

1. 裹包包装

裹包包装是用较薄的柔性材料将商品或经过包装的固体商品全部或大部分包裹起来的方法。用于裹包的材料有纸、塑料薄膜、铝箔、复合薄膜等柔性材料。常用的方法有**折叠式裹包、扭结式裹包、收缩式裹包、拉伸式裹包**。裹包包装可以达到有效防丢失、有利于堆叠等保护目的。

2. 充气包装与真空包装

充气包装是将商品置于气密性包装容器中，一般用氮、二氧化碳等不活泼气体置换容器中原有空气的一种包装方法[①]。这种包装多用于水果、蔬菜等鲜活商品包装。采用充气包装可以改变包装容器内的气体组成成分，降低氧气浓度，抑制微生物的生理活动、酶的

---

① 据《食品工业科技》2014年09期《高氧气调包装对鲜切胡萝卜的保鲜效果》（任丽芳等）等论文显示，60%~100%氧气包装保鲜效果很好，浓度越高效果越好，有可能是未来充气包装的另一种选择。

活性和鲜活商品的呼吸强度，达到防霉、防腐和保鲜的目的。

真空包装是将商品置于气密性包装容器中，在容器封口之前抽真空，使密封后的容器内基本没有空气的一种包装方法。这种方法多用于食品包装，如鲜肉、鲜鱼、鲜肉肠等生鲜易腐性食品。由于包装容器内基本没有空气，就阻止了氧气与食品、微生物接触，限制了好氧微生物的生长繁殖，所以在一定的储藏期内不会发霉、腐烂、变质。对羽绒制品采用真空包装体积可压缩 80%~90%，节省空间。

3. 贴体包装与收缩包装

贴体包装是将物品放在包装底板上，再把透明可以加热的塑料薄膜盖在物品上，从底板背面抽真空，使薄膜与包装物紧贴并热黏合。贴体包装可以很好地保护商品，便于展销，多用于易碎日用器皿、玩具、小五金等商品的销售包装。

收缩包装是用一种具有热收缩性能的塑料薄膜（经过拉伸冷却工艺）包装商品，送入加热室加热，冷却后薄膜按一定比例收缩，紧紧裹住被包装物。收缩包装广泛用于日用工业品、纺织品、小五金及食品的包装。其特点是用于销售包装时，可以使商品型体突出、密封性好，有利于销售。

4. 充填包装

充填是指将固体或液体产品装入包装容器的操作过程。

液体物料的填充是指将液体物料装入瓶、罐、桶等包装容器内的操作，又称灌装。

一般将液体物料按黏度①划分为三类。①**流体**，靠自身重力作用可按一定速度在管道内自由流动，如牛奶、清凉饮料、酒、香水、眼药水、纯净水等。②**半流体**，除靠自身重力外，还需要加上外力才能在管道内流动，如炼乳、番茄酱、发乳等。③**黏滞流体**，靠自身重力不能流动，必须借助外力才能在管道内流动，如洗发膏、牙膏、花生酱、果酱等。

影响灌装的主要因素是**液体的黏度和液体内是否有气体**。低黏度不含气、不怕接触大气的液体商品可用**常压灌装法**，如酒、酱油、牛奶等。不含气体怕接触空气的黏度较大液体商品以及有毒商品可用纯真空灌装法，如果汁、果酱、糖浆、油类、农药等。含汽饮料的灌装多采用**重力压力灌装法**，如啤酒、汽水、香槟等，可以减少二氧化碳的损失，保持含汽饮料的风味和质量，并能防止灌装中过量泛泡，保持包装计量准确。对于黏度大、流动性差的黏稠物料，可采用**压力灌装法**，有利于提高灌装速度。对于一些低黏度液体物料，虽然流动性好，但由于物料特性或包装容器材料及结构限制（狭颈容器），也可采用压力灌装法。

固体物料充填是指将固体物料装入包装容器的操作过程。影响固体物料充填的因素包括固体物料的形态、黏度及密度的稳定性，固体物料填充的精度要求，容器的结构和材质，充填速度等。

一般将固体物料按黏性划分为三类。①**非黏性物料**，可以自由流动，倾倒在水平面上，可以自然堆成一个圆锥形的堆，也称为自由流体物料，如干谷物、种子、大米、砂糖、咖

---

① 黏度范围在 0.001~0.1 帕·秒的液体称流体；黏度范围在 0.1~10 帕·秒的液体称半流体；黏度范围在 10 帕·秒以上的液体称黏滞流体。

啡、粒盐、结晶冰糖、各种干果等。②**半黏性物料**，不能自由流动，填充时会在储料斗和下料斗中搭桥或堆积成拱状，致使填充困难，需采用特殊装置，如面粉、粉末味精、奶粉、绵白糖、洗衣粉等。③**黏性物料**，本身黏结成团，甚至黏结在金属壁上和聚四氟乙烯涂层的表面，致使充填困难，有的根本不能用机械方式自动充填，如红糖粉、蜜饯果脯和一些化工原料等。

常见的固体物料充填方法主要有称重充填法、容积充填法、计数充填法。

5. 防震包装

防震包装又称缓冲包装，是为了保护商品的性能和形状，防止商品在流通过程中受到冲击和振动的破坏，采取一定防护措施的包装技术。防震包装设计是要选择适当的缓冲材料与包装结构，使商品在运输、搬运过程中传递到商品上的冲击力、振动力不至于超过商品自身的强度。为此，首先要了解环境条件的各项参数，如冲击加速度、振动幅度和频率等；其次还要了解商品本身的脆值或易损度、抗破坏性能等，然后确定包装的整体结构和缓冲材料的种类、形式和厚度。包装的防震性能可以通过垂直冲击跌落试验、滚动试验、振动试验来检验。

常用的缓冲技法有**防震衬垫**、**现场发泡**、**弹簧吊装**、**机械固定**。常见的防震包装类型有**全面防震**、**局部防震**、**悬浮式防震**、**联合式防震**。

6. 防锈包装

防锈包装是防止金属制品与周围介质发生化学腐蚀和电化学腐蚀而采用一定防护措施的包装。

防锈包装的方法很多，常见的技法有对金属制品表面进行防锈处理、延缓锈蚀过程、阻断有害介质与金属的接触。常见的类型有**防锈油脂法**、**气相防锈法**、**可剥离性塑料**等。

7. 防潮包装

防潮包装是指用具有一定隔绝水蒸汽能力的防潮材料对产品进行包装，隔绝外部湿度对产品的影响，同时使包装内的湿度满足产品需求。常见的类型有**刚性容器密封包装**、**柔性材料容器加干燥剂密封包装**。

8. 防霉包装

防霉包装是防止商品霉变而采取一定措施的包装。霉菌以孢子繁殖，当孢子落在商品或包装上，遇到适宜的温、湿度条件，孢子就会生长发霉，并吸收商品或包装中的有机物作为营养物，使商品结构受到破坏，产生霉变、变色等质量变化。常见的类型有**化学药剂防霉腐**、**气相防霉腐**、**气调防霉腐**、**低温冷藏防霉腐**、**干燥防霉腐**、**电离辐射防霉腐**等。

9. 防虫包装

防虫包装是通过各种物理因素或化学药剂作用于害虫的肌体，破坏害虫的生理机能和肌体结构，劣化害虫的生活条件，促使害虫死亡或抑制害虫繁殖，以达到防害虫的目的。

这里的害虫主要指仓库害虫。常见的类型有**高温防虫害、低温防虫害、电离辐射防虫害、化学药剂防虫害、微波和远红外线防虫害**。

10. 集合包装

所谓集合包装，是指将一定数量的产品或包装件组合在一起，形成一个合适的运输单元，以便于装卸、储存和运输，又称组合包装或集装单元。常见的有**集装箱、集装托盘、集装袋**等。集合包装的出现一方面进一步提高了物流效率和顾客服务水平；另一方面也是对传统储运的更大改革，使传统的物流发生了较大的变化。

（1）集装箱，是具有一定强度、刚度和规格，专供周转使用的大型装货容器。集装箱又称为"货箱"或"货柜"。

（2）托盘包装，根据国家有关标准，其定义为：以托盘为承载物，将包装件或产品堆码在托盘上，通过捆扎裹包或胶贴等方法加以固定，形成一个搬运单位，以便使用机械设备搬运。

（3）集装袋，俗称吨装袋，是一种运输包装容器，以聚丙烯编织布为主体材料的柔性包装产品。是工业散货、粉体包装运输的主要工具之一，在化工、矿产、农业、建材、食品、医药等众多领域被广泛应用。

阅读案例

机电产品的出口运输木箱包装设计

始发国家：德国　　　**目的地国家：**中国

运输方式与工具：海运，船

已知参数及项目要求：该设备的重量、尺寸以及对防锈包装的要求

目的：机电产品的出口运输包装必须保护产品在运输过程中不发生破损，不被锈蚀。

以下为包装工艺流程及要素介绍。

1. 包装技法

防锈包装技法、防震缓冲包装技法。

2. 材料选择

木材、复合防潮材料、塑料缓冲材料、钢铁。

3. 包装设计与制作

通过相应软件很快计算包装箱的结构尺寸和干燥剂用量的多少，验算后得知将要采取的固定防护措施是合理的。

将包装木箱的结构尺寸通过计算机传输给加工车间，这里就会按设计要求选用相应的包装材料和包装辅助材料，并把由五根滑木、两根端木和底板组成的底座，由上下框木、斜撑、箱板等组成的侧板端板，由梁撑、连接梁、顶板和防水材料等组成的顶盖分别加工组装好，然后运往包装车间。

问题：机电商品包装用到了哪些包装技法？

4. 包装操作

包装时首先按照紧固螺栓的位置在底板滑木上钻好所需螺孔。在底板上铺上一层气泡塑料薄膜，防止底板损伤热封复合膜，其上再铺一层塑料铝箔薄膜，然后再在复合薄膜上铺上一层气泡塑料薄膜。这时就可以把设备吊放在薄膜之上。因为底角螺栓要穿过薄膜，所以此处必须在塑料铝箔复合薄膜两面用橡胶密封垫圈加以密封，以防将来外部湿气进入塑料铝箔封闭起来的空间里。上紧螺母后用两根安全捆扎带将设备紧固在木箱底座上，并注意安全捆扎带与设备接触的地方要用纸板棱保护起来，以防损伤设备表面。再把两块木条定在侧面底座上卡紧设备。接下来悬挂干燥剂袋，在设备顶部先覆盖一层气泡塑料薄膜，再覆盖一层塑料铝箔复合薄膜。然后将上下两块塑料铝箔复合薄膜热封，封至还剩一个小洞时，用抽气装置检查密封情况，然后将此孔热封起来。

最后用钢钉钉上端板，在底座两侧钉上辅助立柱，然后钉上侧板，再将横梁搭在辅助立柱上并钉连它们，接下来钉好顶盖。这里要说明的是，德国很多出口包装企业都采用辅助立柱与侧板、横梁与顶盖分开装配的方法，实践证明这样装配的确简单、方便。接下来在由此起吊的底棱上分别钉上护铁。然后在顶盖外表钉上一层防晒、防雨的塑料薄膜，其下垂边缘覆盖端侧板上部 20 厘米，这时即可钉上棱护铁。

5. 运输标志

接下来在端侧板喷印向上、怕湿、重心点、包装合同号、木材预处理等标志，并注明产品名称、包装尺寸、重量、运往目的地等信息。到此为止，整个设备的出口运输包装得以完成。

本部分内容整理自中国包装网《机电产品的出口运输包装的设计研究三》（西安理工大学印刷包装工程学院向明、骆光林、郭彦峰）。

四、商流包装技法

商流包装就是我们所说的销售包装，根据我国国家有关标准，其定义为：是直接接触商品，并随商品进入零售网点和消费者或客户直接见面的包装。

（一）商流包装的构成要素

商流包装在设计时重点考虑的是包装造型、结构和装潢。因为与商品直接接触，因此，在包装材料的性质、形态、式样等方面都要为保护商品着想，结构造型要有利于流通。图案、文字、色调和装潢能吸引消费者，能激励消费者的购买欲，为商品流通创造良好条件。另外包装单位要适宜顾客的购买量和商店设施条件。这种包装同时具有一定的保护功能和方便功能。

（二）商流包装的造型与技法

1. 销售包装造型

销售包装应适应陈列展销，包含挂式造型包装、展开式造型包装和堆叠式造型包装。挂式造型包装适应自选销售方式，能充分利用货架空间陈列展销商品，在服装行业得到广泛应用。展开式造型。展开式造型包装翻开后，商品开放能够直接取用。这种包装外观造型平整，易于摆放。堆叠式造型包装在不同包装之间的上下有相互咬合的装置，可以堆叠陈列商品，节省货位。

便于识别的包装，包含透明包装、开窗包装和惯用包装。透明包装和开窗包装有利于消费者看清包装容器内的商品，做出购买选择。惯用包装是指某种商品销售包装的造型已经约定俗成，成为了一种标识，消费者一看到这种造型，就能知道是何种商品。

方便消费者携带和使用的包装，包含便携式包装、便于开启包装、喷雾式包装、组合包装、双重用途包装、礼品包装、分量包装等。

2. 销售包装技法

（1）结账装袋原则。顾客购买货物如需装袋，应遵循美观牢固、方便携带的原则，同时应符合以下要求：选择合适尺寸的购物袋，熟悉其标准和承受重量。不同性质的商品应分开入袋。硬与重的商品要垫底装袋。方形商品放两侧做支架。瓶装或灌装商品放中间免受外压破损；易碎流汁商品包装好放入大的包装袋内。袋内商品不宜高于袋口，避免提拿不便。

（2）常见销售包装技法。销售包装技法是指销售包装操作时所采用的技术和方法。目前，商品销售包装的技法有贴体包装技法、泡罩包装技法、收缩包装技法、拉伸包装技法、真空包装技法、充气包装技法、吸氧剂包装技法等。在做销售商品的礼品包装时，还会涉及裹包包装技法、捆扎包装技法等。

第三节　商品包装标志

商品包装标志主要是指商品运输包装标志，是指按规定在包装上印刷、粘贴、书写的文字和数字、图形以及特定记号和说明事项等。包装标志便于识别商品，便于运输、仓储等部门工作和收货人收货，对保证安全储运、减少运转差错、加速商品流通有重要作用。运输包装标志可分为**收发货标志**、**包装储运图示标志**、**危险货物标志**等。

一、收发货标志

商品运输的收发货标志是指在运输过程中识别货物的标志，也是一般贸易合同、发货单据和运输保险文件中记载的有关标志事项的基本部分。

　　发货标志，又称唛头，通常由一个简单的几何图形和一些字母、数字及简单的文字组成，它不仅是运输过程中辨认货物的根据，而且是一般贸易合同、发货单据和运输、保险文件中，记载有关标志的基本部分。

　　收发货标志的具体要求在国家标准《运输包装收发货标志》（GB/T 6388—1986）中均有明确规定，参见表 8.1。

表 8.1　运输包装收发货标志内容

序号	项目			含义
	代号	中文	英文	
1	FL	商品分类图形标志	CLASSIFICATIONMARKS	表明商品类别的特定符号
2	GH	供货号	CONTRACTNO	供应该批货物的供货清单号码（出口商品用合同号码）
3	HH	货号	ARTNO	商品顺序编号，以便出入库、收发货登记和核定商品价格
4	PG	品名、规格	SPECIFICATIONS	商品名称或代号，标明单一商品的规格、型号、尺寸、花色等
5	SL	数量	QUANTITY	包装容器内含商品的数量
6	ZL	重量	GBOSSWT NETWT	包装件的重量（千克），包括毛重和净重
7	CQ	生产日期	DATEOFPRODUCTION	产品生产的年、月、日
8	CC	生产工厂	MANUFACTURER	生产该产品的工厂名称
9	TJ	体积	VOLUME	包装件的外径尺寸，长×宽×高=体积
10	XQ	有效期限	TERMOFVALIDITY	商品有效期至某年某月
11	SH	收货地点和单位	PLACEOFDESTINATIONANDCONSIGNEE	货物到达站、港和某单位（人）收（可用标签或涂写）
12	FH	发货单位	CONSIGNOR	发货单位或人
13	YH	运输号码	SHIPPINGNO	运输单号码
14	JS	发货件数	SHIPPINGPIECES	发运的货物件数

二、包装储运图示标志

　　包装储运图示标志是根据不同商品对物流环境的适应能力，用醒目简洁的图形和文字标明在装卸运输及储存过程中应注意的事项。按国际标准 GB/T 191—2008《包装储运图示标志》规定，标志要求白纸印黑色，共分为 17 种，参见表 8.2。

三、危险货物包装标志

　　危险货物包装标志是针对**易燃、易爆、易腐、有毒、放射性**等危险性商品，为起警示作用，在运输包装上加印的特殊标记，也是以文字与图形构成。参照国家标准《危险货物包装标志》（GB 190—2009），危险货物包装标志的图形、适用范围、颜色、尺寸、使用方法均有明确规定。

表 8.2 包装储运图示标志

序号	标志名称	标志	含义	序号	标志名称	标志	含义
1	易碎物品	易碎物品	表明运输包装件内装易碎物品，搬运时应小心轻放	10	禁用叉车	禁用叉车	表明不能用升降叉车搬运的包装件
2	禁用手钩	禁用手钩	表明搬运运输包装件时禁用手钩	11	由此夹起	由此夹起	表明搬运货物时可用夹持的面
3	向上	向上	表明该运输包装件在运输时应垂直向上	12	此处不能卡夹	此处不能卡夹	表明搬运货物时不能用夹持的面
4	怕晒	怕晒	表明该运输包装件不能直接照晒	13	堆码质量极限	堆码质量极限	表明该运输包装件所能承受的最大质量极限
5	怕辐射	怕辐射	表明该物品一旦受辐射会变质或损坏	14	堆码层数极限	堆码层数极限	表明可堆码相同运输包装件的最大层数
6	怕雨	怕雨	表明该包装件怕雨淋	15	禁止堆码	禁止堆码	表明该包装件只能单层放置
7	重心	重心	表明该包装件的重心位置，便于起吊	16	由此吊起	由此吊起	表明起吊货物时挂绳索的位置
8	禁止翻滚	禁止翻滚	表明搬运时不能翻滚该运输包装件	17	温度极限	温度极限	表明该运输包装件应该保持的温度范围
9	此面禁用手推车	此面禁用手推车	表明搬运货物时此面禁止放手推车上				

教学做一体（自学实训） 果蔬的包装、销售、储运养护

场景： 庄河草莓欲搭建电子商务销售平台，现需要招标物流运输商，请你制订一个储运养护方案参加招标。

🛠 实训要点记录	📖 资讯支撑
草莓的形态结构：	
	水果的分类
草莓养护归类： □怕干、湿　　□怕冷、热　　□易虫蛀　　□怕光 □易生锈　　　□易碎　　　　□易霉腐	果蔬的生理特性
草莓的储运特性：	果蔬的储运外部 条件分析
草莓的储藏养护要点。 草莓的采摘：	
草莓的采后处理：	果蔬的储运管理
草莓的包装：	
草莓的验收：	草莓储运养护方案 的制订
堆码与苫垫：	

装卸：	
草莓储运时间与温湿度控制值：	
安全卫生：	

本 章 小 结

商品包装是指在商品流通过程中为保护商品，方便储运，促进销售，按一定技术方法而采用的容器、材料和辅助材料等的总称。商品包装也指为了达到上述目的而在采用容器、材料和辅助材料的过程中，施加一定技术方法等的操作活动。

商品包装具有保护功能、方便流通、促进销售、容纳和成组化功能、传递信息的功能、便利和复用功能、卫生与环保功能、提高商品附加值功能，其中保护功能、方便流通和促进销售是商品包装的基本功能。

商品包装在选择时要注意适应商品特性，适应运输条件，要"适量、适度"，应标准化、通用化、系列化，要做到绿色、环保。

商品包装技法包括商品包装技术和商品包装防护方法两部分。物流包装要根据商品的形状、尺寸、结构状态采用不同的包装技法。常见的物流包装技法有裹包包装、充气包装与真空包装、贴体包装与收缩包装、充填包装、防震包装、防锈包装、防潮包装、防霉包装、防虫包装、集合包装等。商流包装既要考虑技法又要考虑造型，还要注意结账装袋原则。

商品包装标志主要是指商品运输包装标志，运输包装标志可分为收发货标志、包装储运图示标志、危险货物标志等。

巩 固 练 习

一、填空题

1. 构成包装实体的四大要素是（   ）、（   ）、（   ）、（   ）。（   ）是包装的物质和技术基础。

2. 常见的集合包装有（   ）、（   ）和（   ）。

3. 运输包装标志根据作用不同分为（   ）、（   ）、（   ）等标志。

4. （   ）包装材料的废弃物，若处理不当容易产生"白色污染"问题。

5. (　　　　) 是传统的运输包装的材料，质轻、强度高，有一定弹性，能承受冲击和震动作用。但易腐朽，易受虫害侵袭。

二、判断题

1. 充气包装是将商品置于气密性包装容器中，用氧、二氧化碳等气体置换容器中原有空气的一种包装方法。　　　　　　　　　　　　　　　　　　　（　　）

2. 堆码极限属于运输包装上的指示标识。　　　　　　　　　　　　　（　　）

3. 商流包装与商品直接接触，因此，在包装材料的性质、形态、式样等方面，都要为保护商品着想。　　　　　　　　　　　　　　　　　　　　　　（　　）

4. 运输包装标志可分为收发货标志、包装储运图示标志、危险货物标志等。
　　　　　　　　　　　　　　　　　　　　　　　　　　　　　　　（　　）

5. 所有材质的塑料包装都不易碎，都适合食品包装。　　　　　　　　（　　）

三、概念题

1. 商品包装　　2. 运输包装　　3. 销售包装

四、选择题

1. 真空包装和充气包装是商品销售包装的（　　　）。
   A. 材料要素　　　B. 造型要素　　　C. 技术要素　　　D. 装潢要素

2. 标志图"🍷"属于（　　　）标志。
   A. 收发货　　　B. 储运图示　　　C. 危险货物　　　D. 集合

3. （　　　）因其成本低、无污染、可回收而备受青睐。
   A. 纸质材料　　　B. PE 材料　　　C. 金属材料　　　D. 木材原料

4. 由于包装具有传达信息的功能，使得其具有（　　　）。
   A. 保护功能　　　B. 容纳功能　　　C. 便利功能　　　D. 促销功能

5. 挂式造型包装属于（　　　）。
   A. 充气包装　　　　　　　　　B. 适应陈列展销的包装
   C. 便于识别的包装　　　　　　D. 方便消费者携带和使用的包装

6. 下列包装中，（　　　）适用于果蔬的包装。
   A. 真空包装　　　B. 充气包装　　　C. 无菌包装　　　D. 硅窗气调包装

7. 商品包装在物流中的作用主要有（　　　）。
   A. 保护功能　　　B. 容纳功能　　　C. 便利功能　　　D. 美化功能

8. 过分包装的表现形式有（　　　）。
   A. 材料过当　　　B. 体积过大　　　C. 分量过轻　　　D. 装潢过奢

9. 包装辅助材料通常包括（　　　）等。
   A. 黏合剂　　　　　　　　　　B. 涂料
   C. 包装件用捆扎材料　　　　　D. 封缄材料

10. 下列属于按照包装的原材料种类不同划分商品包装的是（　　　）。
   A. 纸和纸板　　　B. 玻璃　　　C. 陶瓷与玻璃　　　D. 食品包装

11. 结合果蔬产品的储藏特性，在储运环节对包装容器的选择应注意以下几点：
（　　）。

    A. 保护性　　　　B. 通透性　　　　C. 防潮性

    D. 清洁、无污染、无异味、无有害化学物质

12. 属于运输包装的有（　　）。

    A. 木箱　　　　B. 竹篓　　　　C. 集装箱　　　　D. 250毫升玻璃瓶

13. 电视机商品包装常采用（　　）等技法。

    A. 防潮包装　　B. 真空包装　　C. 充填包装　　D. 防震包装

14. 玻璃容器盛装液体商品，运输包装外要加印（　　）储运图示标志。

    A. 易碎物品　　B. 重心　　　　C. 堆码层数极限　　D. 向上

15. 下列描述正确的有（　　）。

    A. 果蔬商品可采用充气包装

    B. 待包装的储运商品，要注意内外包装尺寸，外包装与运输工具之间的尺寸协调

    C. 纸包装要注意湿度对其强度的影响

    D. 用非食品用不锈钢容器盛装酸性饮料符合包装的卫生功能，符合包装对商品特性的适应

五、简答题

1. 商品包装的作用。
2. 简述商品包装材料选用如何做到合理化。
3. 简述商品包装的保护功能。
4. 比较纸和纸板、塑料、金属、玻璃材料的优缺点。
5. 商品包装技法是为了抵抗哪些内外部因素对商品质量变化的影响？

六、技能题

樱桃运输包装的选用。

综合实训

综合实训一　化妆品的销售与储运养护

时　　间：课后 1 周，课上 80 分钟。

实训目标：①明确定义化妆品；②明确化妆品的分类；③明确化妆品的原料与功效，并进行销售图解；④明确化妆品的储运特性，并制订养护方案。

要　　求：化妆品销售与储运基础知识尽量做到无遗漏；结合本班（本校）女同学对化妆品的需求，选择一个具体的化妆品进行销售图解并制订配送、养护方案。

准备工作：①分组，每组 2~4 人为宜，自行确定组内分工；②搜集资料。

实训方法：①撰写销售、养护方案文案并制作演示文稿（PPT）；②选定一人对全班讲解本小组制订的销售、养护方案。

实训步骤：

1. 分组

每组 2~4 人为宜，自行确定组内分工。

2. 资料收集与分析

（1）通过书籍、网络查找化妆品基础知识相应文章、视频、图片等资料，通过资料的搜集明确化妆品的定义、作用、分类、原料、质量变化、质量要求、储运养护要点以及化妆品广告中的卖点展示。

（2）调研本班（或本校）女同学化妆品需求，对调研结果进行分析整理。通过分析整理明确小组选定化妆品的原因，并从商品知识的视角分析该化妆品满足消费者的何种需求。

（3）搜集采购员、仓储员、运输员、销售员的工作内容、岗位职责。通过知识的搜集，抽取出与商品知识有关的内容，形成化妆品商品知识培训提纲。

（4）将（1）和（2）知识进行综合整理形成小组选定化妆品的销售卖点图解。

（5）将（1）和（3）知识进行综合整理形成化妆品商品知识培训详案，并制作讲解演示文稿（PPT）。

3. 文案格式要求

（1）页面布局：纸张大小选择 A4 纸，页边距选择普通（上下 2.54，左右 3.18），纸张方向选择纵向。

（2）文稿基本格式要求：标题居中，黑体小三；正文宋体小四，首行缩进两字符，固定行距 22 磅；落款右对齐，内容为小组成员（学号、姓名）+工作分工。

4. 展示、讲解

（1）配合演示文稿讲解养护知识，展示交流原始文案。

（2）配合演示文稿讲解销售知识，展示交流原始文案。

5. 成绩评定

成绩评定可参考附表 1。

附表 1　化妆品的销售与储运养护实训评分表

评价内容	自我评价	小组互评	教师评价	合计分数
PPT 设计	2	3	5	10
文案资料分析	4	6	10	20
文案格式	2	3	5	10
语言表达	2	3	5	10
合计分数	10	15	25	50

综合实训二　服装的储运养护

时　间：课后 1 周，课上 80 分钟。

实训目标：①明确服装面料的主要成分；②能够结合成分分析服装的储运特性与养护要点；③能够制订包装方案；④明确仓储与运输管理要点。

要　求：服装储运特性分析，尽量做到所有成分的分析；包装方案的制订要做到材料容器、技法、标志内容的全面搜集，并能分析缘由；仓储与运输管理要做到所有工序作业的分析。

准备工作：①分组，每组 2~4 人为宜，自行确定组内分工；②搜集资料。

实训方法：①撰写储运养护方案文案并制作演示文稿（PPT）；②选定一人对全班讲解本小组制订的储运养护方案。

实训步骤：

1. 分组

每组 2~4 人为宜，自行确定组内分工。

2. 资料收集与分析

（1）通过图书、网络等渠道搜集服装面料主要成分的知识。

（2）结合面料主要成分知识完成服装商品养护要点的分析。

（3）搜集包装材料容器、包装技法、包装标志相关知识，结合服装商品养护要点分析，形成高档毛呢、裘皮类服装和普通中低档服装的包装方案。

（4）将（1）和（2）知识进行综合整理形成服装商品的仓储和运输管理。

（5）将以上知识综合到一起，形成服装商品的储运养护方案，并制作讲解演示文稿

（PPT）。

3. 文案格式要求

（1）页面布局：纸张大小选择 A4 纸，页边距选择普通（上下 2.54，左右 3.18），纸张方向选择纵向。

（2）文稿基本格式要求：标题居中，黑体小三；正文宋体小四，首行缩进两字符，固定行距 22 磅；落款右对齐，内容为小组成员（学号、姓名）+工作分工。

4. 展示、讲解

配合演示文稿讲解养护知识，展示交流原始文案。

5. 成绩评定

成绩评定可参考附表 2。

附表 2　服装储运养护实训评分表

评价内容	自我评价	小组互评	教师评价	合计分数
PPT 设计	2	3	5	10
文案资料分析	4	6	10	20
文案格式	2	3	5	10
语言表达	2	3	5	10
合计分数	10	15	25	50

主要参考文献

白世贞，郭健，姜华珺. 2006. 商品包装学. 北京：中国物资出版社.

白世贞，牟维哲. 2014. 基础商品学. 北京：中国财富出版社.

白世贞，曲志华. 2014. 冷链食品商品学. 北京：中国财富出版社.

曹汝英. 2014. 商品学概论. 北京：高等教育出版社.

窦志铭. 2014. 商品学基础. 北京：高等教育出版社.

菲利普·科特勒. 2006. 营销管理. 梅清豪，译. 上海：上海人民出版社.

高翔，姜英杰. 2014. 食品商品学. 北京：中国轻工业出版社.

苗述凤. 1994. 外贸商品学. 北京：对外经济贸易大学出版社.

谈留芳. 2004. 商品学. 北京：科学出版社.

汪永太. 2005. 商品检验与养护. 大连：东北财经大学出版社.

汪永太. 2011. 商品学. 北京：电子工业出版社.

王力平. 2006. 物流商品检验与养护. 北京：科学出版社.

徐东云. 2011. 商品学. 北京：清华大学出版社.

叶汉英，李莹. 2013. 食品商品学. 武汉：武汉理工大学出版社.

朱进忠. 2011. 实用纺织商品学. 北京：中国纺织出版社.

周素萍. 2011. 商品包装标志技术. 武汉：华中科技大学出版社.

更新勘误表和配套资料索取示意图

说明 1：本书配套教学资料存于人邮教育社区（www.ryjiaoyu.com），资料下载有教师身份、权限限制（身份、权限需网站后台审批，参见示意图）。

说明 2："用书教师"，是指为学生订购本书的授课教师。

说明 3：本书配套教学资料将不定期更新、完善，新资料会随时上传至人邮教育社区相应的页面。

说明 4：扫描二维码可查看本书现有"更新勘误记录表""意见建议记录表"。如发现本书或配套资料中有需要更新、完善之处，望及时反馈，我们将尽快处理！

咨询邮箱：13051901888@163.com

更新勘误及意见建议记录表

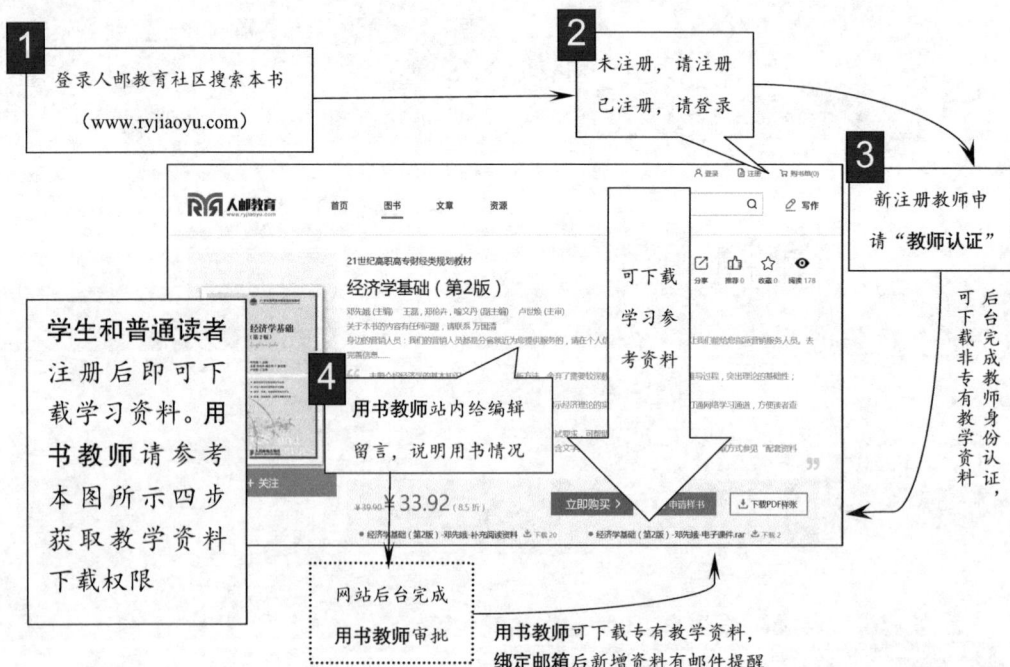